アジア都市に学ぶ
集住と共生のかたち

馬場健彦

序
要約および目次

ハノイ：茶屋の夜

II 序 要約および目次

1. 要約

　都市生活を考える上で、密度の問題は避けては通れない。かつて都市の密度は忌避され、緩和されるべきものであると決め付けられてきた。心理学でのいくつかの研究結果もこれを支持していた。しかし都市の成り立ちを考えると、高密度環境は都市の必然でもあり、また高密度環境での居住についても必ずしも劣悪な環境であると決め付けるわけにはいかない。人間の生活に低い密度が必要ならば、都市は現在のように発展したか疑問である。また本邦においても、都心居住はひとつの夢であるが現実には地価の為にやむを得ず郊外に住宅地が移動していった歴史を持つ。

　本論文は、古くから集住の歴史を持っているアジア米作地域を対象として、大都市の都心に存在する住商混合の場の特質を明らかにし、都市の役割と人々の生活の知恵を集め、現代の都市への応用可能性を探るものである。

　本論文の第1章では、過去の知見を整理し、都市中心部の高密度地域がどのような見方で取り扱われてきたかを概観する。これまでの欧米の知見では、大都市の高密度居住地区は、貧困層が集まるスラムとして描かれることが多かった。実際に欧米諸都市の高密度地域には貧困や犯罪などの問題が同居している場合が多い。しかしアジア諸都市では、スラムとは異なり、「あえてそこに住む人々」の住宅地が都心に存在し、活発な都市活動と居住が同居してきた歴史をもつ。特に米作文化圏においては、もともと人口扶養力が高い土地に、労力や生産手段の融通を行う社会的なつながりをもって集住する文化があった。

　第1章の後半において、都市の活動力、賑わいと同居する都心高密度居住を取り上げ、今まで顧みられることのなかった都心集住の積極的意義に言及し、都市高密度空間の意義、高密度居住環境、住商混合地域の生活について、これらを運営してきたアジア諸都市からの実地調査を元に、当該地域の実情、維持管理上の工夫や習慣、それらが組み合わされて出来ている維持システムなどを明らかにすることを本稿の目的として掲げた。また同時に、これらが明らかになったあとで、日本をはじめとする先進諸国の都市において、都心部や高密度地域、住商混合地域に対する応用の方向性を提示することも同時に目的とした。

　第2章から第3章は、調査対象として台湾の夜市を選択した。主として台湾台中市の逢甲夜市を調査対象として行なった。実地調査の結果に基づいて記述した。

　第2章では、台湾、台中市についての全般的な説明を行い、台湾における夜市の文化と、現在夜市がおかれた現状について述べた。居住地と小売市場地区が一体化して営まれる台湾夜市市場は、交通上の問題や安全・衛生の点でも問題を抱えながらも

利用者からは支持を受けているため、関係当局も単純に改善命令を出すわけにはいかない状況にある。

　さらに現代的な夜市である台中市逢甲夜市と、伝統的なスタイルを残す中華路夜市の利用者に対して聞き取り調査を行い、その結果を分析して夜市の抱える問題について考察した。回答を分析すると、夜市は利用者にとって非常に便利であり、頻繁に利用される一方で、「自分の家のそばにはあってほしくない」存在であり、「必要だが近所にあると迷惑」な存在であることが判明した。

　第3章では、さらに夜市の利用状況を解き明かすために、利用者の歩行軌跡の分析と、店頭の利用者の行動について記録し分析した。利用者の歩行軌跡はほとんどの者が道路軸から17度以上の逸脱を示し、観察対象の街路が道路としての機能を失い、広場として存在していることが判明した。また店頭の観察から、利用客が店を利用する場合、時間に対して平均的に客が次々と来るのではなく、何組もの客が同時に来る時間帯とまったく客が来ない時間帯があった。周辺の状況から見ると「既に店頭に居る客」が一種の広告となって、客が居る時間帯には次々と客が来る一方で、一旦客が離れると、次の客が来なくなる傾向にあると考えられた。これを敷衍して考えると、夜市には客が次々と来るための人の集まり方の「閾値」があり、人出がこれを超えると、市場としての集客力を発揮し続けるのではないかと考えられた。一方で、事故や事件によって人がある場所に集まり始めると、制御できない凝集力が働くこともありうることを指摘した。夜市の管理運営には、地方政府や業者の自治会などがある程度の努力を行っており、これは評価もされてはいるが、一方で不完全な面もあった。この点が前述の「近くにあるのは困る」という利用者の意識につながっているのではないかと考えた。夜市の運営管理をより合理的で強力なものとするには、夜市の将来像を示し、方向付けがなされることが必要であるが、台湾の夜市はさまざまな問題を内包しており、現在の状況のままで維持されてゆくのか見守る必要がある。ただし、この調査では、実際に夜市が行われる地域に居住する住民の意見を集めることが出来なかったために得られた考察は限られたものとなった。次の調査での課題となった。

　第4章から第6章では、台湾に続く調査地として選定されたハノイ市旧市街地区の実地調査のデータを分析し記述した。

　第4章では、ハノイおよび旧市街地区についての基礎的な背景を説明し、第5章と第6章で行った調査の対象である街路について詳細に述べた。当該街路はハノイにおいて、伝統を持つ市場地区かつ高密度の居住地区である旧市街地区の表通りと路地である。

第5章では、前述の街路を対象に、一日の異なる時間帯での道路上にとどまる人々の密度を記録した。記録された人々の密度は時間帯によって大きく異なり、また場所によっても異なることが分かった。特に人が多く集まる場所にはテーブルが設置されて何らかの役目を果たしている場合が多かった。その中でも露天の茶屋が通りの上で数多く記録され、しかも人を集める力が強く働いていることが分かった。

この観察の過程で調査者自身が茶屋の客となることによって、ハノイ旧市街の茶屋のもつ機能が明らかになった。茶屋は住民にとっての門番であり、井戸端会議の場であり、情報が集まる場所である。来訪者にとっては自己紹介の場であり、居住区への案内役である。茶屋は道路を監視し、安全を確保する役目も負っている。そして、なにより「茶」をもって住民同士や住民と訪問者との間を仲介し、穏やかな関係を演出する。このような茶屋のもつ機能が高密度な住商混合地での居住を援助していることが明らかになった。

第6章では、路上滞留者と路上の物品との関係を回帰的な手法によって明らかにした。上記の通り、路上のテーブルのもつ「集わせる力」が有意に高いことが明らかになった。しかし時間帯によって、テーブルをはじめとする路上の物品と、路上の密度との関係は変化し、時にはまったく力を失う場合もあった。路上の設備・物品は適切な時間・場所に出すことによって初めて人々を集める力を持つことが明らかとなった。また敷衍すると、路上の密度や街区の密度にはさまざまな要因による上下の波があり、たとえば、一日の中での変動から、曜日による変動、季節による変動、時代による変動など、さまざまなモードの波が重なって現実の密度として現れるという、累積的な視点が得られた。

第7章では、第6章までの調査および分析から明らかになったことをまとめ、両調査地の抱える問題や備わっている資源について論述した。

第2章から第3章にかけて論じられた台湾台中市の夜市は、健全な夜の文化を形成しており、また非常に気軽で、利用者からも支持される存在である。日本には替わる存在のない場であり、年齢を問わず、利用できる点は高く評価できる。その一方で、群集や販売活動の管理の難しさや交通機能などと調整に難があり、何らかの改善策が望まれるが、確たる方針が見出せない状況にある。

ハノイ旧市街の調査からは、市場としての時間の管理が厳密に行われていることや、隣近所のみならず、市場を訪れる人まで巻き込む社会的窓口―茶屋の存在が、住民の生活にも来訪者にも有効な手がかりとして使われていることを指摘した。

以上の結果と考察から、第8章では第一に密度に対する考え方を整理し、過去の知見との比較検討を行った。特に近年のEvansらの密度研究との照合の結果、本研

究で新しく検討材料とした時間軸と、従来から問題となっている文化の定義や取り扱いについての差異とが認められた。研究の目的・方向性の違いから密度に対する異なる解釈となったと考える。一方で、社会的資源の重要性などの共通点もある。また密度に関する Rapoport(1975) の基礎的知見と本論文の結果を比較すると、あらゆる資源が結果的に対人関係を調整する社会的手がかりに帰結しており、その社会的手がかりの豊富さが、密度の高さ・活動や人々の多様さ・刺激の多さなどの要因を抑える働きを持っていることが示唆された。アジア的高密度空間では社会的な手がかりを最終的な目標とした空間のデザインや場の運用が行われており、その応用可能性にも留意する必要がある。

　次に、2つの調査都市において見出された高密度都市空間を支える要素について、以下の7つの資源や背景が、高密度都心居住を支え、住民を健康に保ちながら、来訪者にとって有意義な環境を提供していることが示された。

　第一に住民と来訪者の双方に対する「参加の自由」の存在である。居住している人々は、やむにやまれず調査対象地に住んでいるのではなく、「そこに居続けたい」と思う人々である。この住民の意識は、出て行くにもあてが無い人々の住むスラムとは一線を画している。また来訪者にも訪れるかどうかの自由があり、だからこそ市場の活気を共有するという、来訪者同士の仲間的な感情が発生する。こうした自由があるからこそ、その場が「そこに居ることを積極的に選んだ者」が占める関係性豊かな場になるのである。

　第二に、出会いや「交錯」を援助し、関係性を援助する構造である。商店や市場では、店主が客に対して、さまざまな方法を使って働きかけ、客もそれに応える。また新しい客を歓迎し、輪の中に加えることも行われる。こうして客の嗜好や流行などが店主に伝達され、客には相場や新商品についての情報がもたらされ、客同士の交流も促進される。これは「小売市場地区」において、店主が最大限の努力を払って場を演出しているために実現されている。そして「商売の一環」でありながら、客にとってはそれこそが目的で市場地区を訪れるものも多いほど、魅力的な「商品」である。

　第三に場所によって、来訪者と住民を穏やかに区切る界面空間が生じる場合があることである。これはハノイの茶屋の観察によって明らかになった。界面空間は、防壁・門・守衛・セキュリティシステムがつくる「堅固な防衛線」とは異なり、住民と来訪者をやわらかく隔てながらも、強力な監視機能をもつ。一方で近隣を利用する住民・来訪者双方にとっての「憩いの場」であり、また善意の来訪者にとっては案内者でもある。つまり趣旨のはっきりした訪問には歓迎した上で情報を提供し、不審な訪問者には侵入を監視し制止することのできる、極めてインテリジェントな近隣共有の界面である。

　第四に、対面で行われる交流が絶妙に調整されている点が挙げられる。街中で、何の情報も脈絡もなく、二人が出会って交流せよといわれても、恥ずかしさや疑念が隠

せず、うまくいかない。しかし、そこに「店主と客」に代表される役割や文脈が加わると、そこに交流が生まれるチャンスが芽生える。ここに「住商混合」の環境が持つ独特の機能がある。不特定多数が押し寄せる他人の視線に曝される場ではなく、自身の生活をその場で営みながら、おおぜいやってくる訪問者とは「店主と客」の関係を利用して交流し、危険や視線をうまくかわすことができる。また訪問者の方も「客」として待遇される場では、気まずさのない交流が行える。

　第五に、その場所が、そこに住む誇りがもてる場所である場合、そこに住み続ける根拠となることである。住民同士や、住民と営業者の共同の自治の働きや、その場所の歴史的な経緯を知っており、それをよしとするならば、その場所に住み続ける意欲が増す。

　第六に、明るい未来を予測できる根拠があれば、その場所に住み続ける根拠となることである。自身の生活を含め、近隣・街区の過去を知り、また現在の状況を把握した上で、さまざまな情報から想像できる未来が「もっとましになる」「今よりはよくなる」などの希望を持てるイメージならば、その場に住み続けていく意欲を増す。

　第七に、第六の手がかりに有効な資源を提供するものとして、場所に対する愛着や肯定的な感情、さらにそれを喚起する資源として「場所の歴史的位置づけ」が挙げられる。

　これらの7つの手がかりが台中・ハノイに存在し、その働きによって一見異様にうつる、密度の高さ、活動の活発さ、刺激の多さによって特徴付けられる都心住商混合地でも、健康な居住と活発な商業活動が両立され営まれている。

　本邦での応用を考える上では、具体的なルールや歴史的なシンボル、共有される活動など上記の結果から、応用する場所にあわせていくつかの資源を組み合わせて運用することが考えられる。また密度が低下しつつある都市の再生についてもコミュニケーションを促進する都市の資源を有効に活用する方法が有効であることを提案した。

　今後、他の要素と絡み合いながら存在している密度の側面を、その絡み合いを理解しながら純粋な密度の指標を打ち立てること、また時間と環境とをより精密に扱う工夫に何らかの進展があると、さらに詳しく密度の様相を明らかにできる。

目次

第1章　高密度都市環境への視点
1. 都市と高密度環境	2
2. 現代の都市人口と都市高密度環境	2
3. 都市の密度に関する視点	4
4. 都市建築関係者の視点	14
5. アジア都市と公的空間の密度	17
6. アジア都市公共空間の密度の検討	23
7. 本研究の目的	26
引用文献	31
参考文献	32

第2章　台湾夜市の密度と賑わい
1. 都市と市場	34
2. 小売市場に見る都市の活力	35
3. 台湾夜市事情	37
4. 逢甲夜市利用者に対する面接調査	42
引用文献	49
参考文献	49

第3章　台中逢甲夜市に見るにぎわいのダイナミクス
1. 夜市の場と生態の観察：目的	52
2. 夜市の歩行者の観察	52
3. 屋台店頭の取引の分析	57
4. 逢甲夜市に見る夜市の場の考察	64
引用文献	73

第4章　ハノイ旧市街地区の概要
1. 居住と密度	76
2. 調査対象の選定	76
3. ハノイ旧市街地区	78
4. 旧市街地区街路調査目的	84
5. 観察対象街路	84
引用文献	90
参考文献	90

第5章　ハノイ旧市街街路現地調査と路上密度の分析

1. 現地調査手続き	92
2. 調査結果のアウトライン	94
3. 観察記録の分析	97
4. 路上占有物と滞留者	102
5. 路上のテーブルの分類と集計	105
6. 茶屋の機能	110
7. 密度の濃淡	118
引用文献	127

第6章　とどまる場の構造

1. 路上空間の数値化	130
2. 方法	130
3. モデルの適用結果	139
4. 考察	143
引用文献	147

第7章　都市の高密度環境の意味

1. 都市の魅力・都心の魅力	150
2. 台湾夜市の光と影:調査の結果から	152
3. ハノイ旧市街の魅力:観察された現象と計算された現象	173
引用文献	182

第8章　結論

1. アジア高密度都市環境の現状と密度を見る視点	184
2. 都市高密度環境の資源	204
3. これからの共生社会のデザイン	212
引用文献	222
参考文献	223

余録（文献）

第1章
高密度都市環境への視点

香港：高層アパートの間の路地

1. 都市と高密度環境

　都市とはどんなところか、古典的な定義としては Wirth(1938) による 3 条件の定義が挙げられる。「大量」「異質」「高密度」の 3 条件である。大量とは、人間・物資・情報の大量性を指している。今日では物資の集積は郊外で行われるようになった都市もあるが、人間や情報の集積性の高さは都市の一条件である。「異質」とは、かつての村落共同体のように出自・職業が同じ人々だけで成立する人々の集まりではなく、様々な出自・職業・価値観を持った人々が行き来する場所が都市であるとする。これに伴い、都市では、多様な商品やサービスが存在し得る。この「異質」は人々や商業、思想や価値観の「多様性」と言い換えても良いだろう。都市は多様性を持つことで、様々な人々や物品、情報を収める柔軟性を持っている。また、この多様性を柱に都市を論じる視点も有る (例えば Fischer, 1984)。最後の「高密度」は、最初の「大量」と関係がある。大量の人々や情報がある一定の範囲に集積されている事を示す。大量であっても、それがばらばらに広い範囲に散らばっているのではなく、これらが一定の範囲内に密度高く集まり、かつ多様であることが Wirth の考えた都市の必要条件である。

　本論文では都市の高密度環境と人間とのかかわりについて考察する。高密度環境は後述するとおり、害悪と見なされたり忌避されたりしながらも、都市の環境の必要悪とされる傾向にあった。Wirth やその同僚・弟子たちも、高密度環境を含め都市の生活環境を良いものとは述べていない。しかし、都市の定義とその機能とを考えると高密度環境は都市においては必然的であり、高密度に集積される人間・財・情報が都市の生産性の源であり、密度を失うことは都市の機能を失うことにもつながることに注意するべきである。

2. 現代の都市人口と都市高密度環境

　都市が成立してから 4000 年とも 6000 年ともいわれる。Kotkin(2005) によれば、最初は人口数万人程度の小さな町がメソポタミアに、それから最初の「大都市」とよばれるバビロンが紀元前 1900 年頃に絶大な権力を手にした古バビロニア王朝によって築かれた。バビロンの人口は 20 万人以上と見積もられており、当時世界一の都市

Wirth, L., 1938, Urbanism as a way of life. *American Journal of Sociology 44*, 1-24.

Fischier, C. S., 1984, *The urban experience.* (2nd Eds.). New York: Harcourt Brace.
　（邦訳: 柿本照夫 (訳) 1994 City: 都市という劇場: アメリカン・シティ・ライフの再発見 . 東京: 日本経済新聞社 .)

Kotkin, J., 2005, *The city: A global history.* London: Weidenfeld & Nicolson.

であったといわれる。バビロンには都市と国家の運営に必要な人材、各種行政官や職人、商人などが集まり、比較的自由にそれぞれの仕事に従事していたという。しかし現在の都市の問題は、都市への人口の集中の速度が速く、バビロンの隆盛時代とは若干その様子が異なる。つまりバビロンが隆盛を誇った時代、またその後近代まで、都市に流入する人口は低く抑えられ、都市の人口や産業が発展するスピードは遅かった。こうした時代では、都市の世界への影響力、人間への影響力には限られたものであった。また都市人口率は非常に低く「選ばれたもの」だけが都市に居住していた。

一方、現代の都市の影響力、また都市人口の上昇率は、上記の時代を大幅に上回っている。急速な都市の膨張に伴って、都市のゆがみが生じやすくなっている。国連 (2008) の統計によれば 1950 年には世界の都市人口は、総人口の 29.1% であった。それが次の 20 年間で 6.9% 上昇し、1970 年には 36.0% に、次の 20 年を経た 1990 年には 7.0% 上昇して 43.0% になった。さらに 10 年を経た 2010 年には 7.6% 上昇して 50.6% に達する*。またさらにその 20 年後の 2030 年には、9.1% 上昇して 59.7% に達すると予測されている。先進諸国では都市人口率が既に非常に高く、都市人口率の急上昇は見込まれないが、発展途上国において都市人口の急増が目立つ。21 世紀は「都市の時代」もしくは「都市化の時代」である。

都市への人口の流入は、先進諸国の食糧事情・医療技術の革新や産業革命の進行がその発端となっている。つまり、都市の歴史が古くても、都市の機能が多様かつ加速的に発展し、多くの人々を都市に吸引するようになったのは、実質ここ 100 年、長く見積もっても産業革命の影響が各地に波及して以後と思われる。この最近の都市の変化にともなって現代的な都市の問題のいくつかが科学的な手段をもって考察されるようになった。都市の人口や密度環境に関する考察が行われ始めたのもこの頃からである**。

---

* 都市人口率の統計部分は国連統計によった。この統計では、1950 年から現在までに幾つか「都市人口」の定義修正が行われているので、厳密には年代比較が出来ないが、代わりとなる信頼できる資料がないため使用した。
** 日本およびアジア諸国の都市については後節で述べる。

United Nations, 2008, *World urbanization prospective*: *The 2008 revision database.* retrieved April 25, 2009, from United Nation Population Division Database site: http://esa.un.org/unup/

3. 都市の密度に関する視点

3-1 決定理論からみる都市高密度環境

　新しい力を持つようになった都市についての科学的研究は、20 世紀の初頭に米国シカゴ大学を中心に「都市社会学」として行われた。その背景には、欧州からは遅れたものの、都市の肥大化とそれに伴う問題がようやく米国で認識され始め、危機として扱われるようになったことが挙げられる。

　シカゴ大学を中心とする都市社会学は、都市の「病理」を、物理的環境の劣悪さと、その影響下の住民の「非人間的行動」にあると見なしていた。物理的環境の主要な側面の一つとして、過密な環境が採り上げられている。この時代の理論をリードしていた Park ら (Park, Burgess, & McKenzie, 1925) は、都市に住む人々は都市にしか存在しない劣悪な環境の下で生活し、その結果、人間らしさを失い、人々の交流は破壊されると述べ、これらの一連の現象を「社会解体」という概念を用いて説明している。

　また冒頭に取り上げた Wirth(1938, 既出) は、都市環境に生活する人々が都市の特有な物理的条件に影響されて、特有な行動傾向を示すことを 20 種にまとめ、「アーバニズム」と名づけて整理している。

　こうした都市と人間への影響に関する視点は、都市研究の初期に Simmel(1905) が成した論考による影響が大きい。Simmel は、都市を、しばしば過剰で間断のない変化によって人間を刺激する場であると捉え、この刺激の多さが人間に変化をもたらすとしている。このこと自体は人間に悪い影響だけを及ぼすわけではない。しかし後に密度環境の研究では、Simmel の視点が引用され、高密度空間の過剰な刺激が人間に害をもたらす「過剰負荷理論」として受け継がれた。例えば Milgram(1970) は密集のもたらす、多様な光景、間断のない音声や光、匂いなどの過剰な刺激が人間を適応できない過剰負荷状態に陥れると述べ、後の都市密度研究に大きな影響を与えた。

　なお、ケース研究に偏った手法と、都市は害悪の根源であるとする暗黙の前提に基づいたシカゴ学派の研究は、特に人間と環境の相互作用を重視する立場から「環境決

---

*Urbanism －日本では「都市的生活様式」と訳される場合が多い。

Park, R. E., Burgess, E. W., & McKenzie, R. D., 1925, *The city*. Chicago: Chicago University Press. (邦訳 : 大道安二郎・倉田和四生共訳 , 1972, 都市 : 人間生態学とコミュニティ論 . 東京 : 鹿島出版会 .)

Simmel, G., 1905. The Metoropolis and mental life, In R. Sennet, (Ed.), 1969, *Classic essays on the culture of cities*. New York: Appleton Century Crofts (Paperback ed., 1969, from New York: Prentice Hall College Div.)

Milgram, S., 1970, The experience of living in cities. *Science, 167*, 1461-1468.

定論的 (Krupat, 1985)」という否定的な評価も多い。しかし、都市の抱える「解決すべき問題」をテーマとし、都市の危険や悲劇を啓蒙しようとしたシカゴ都市社会学の一連の論考には、観察対象や結果の一般性を求めることに制約があるのは自明であろう。

その後の都市社会学は、上述のような啓蒙的だが画一的な都市環境の捉え方をあらため、上述の批判に耐える新しい都市観、新しい理論を提供してきた。ここに至り、多様な視点から都市を見つめることが可能になった (例えば Gans, 1962)。その中には、都市の多様性が高密度に集約されている都市ならではの多様な交流の生産性を重視した Fischer(1984, 前出) のように、都市の高密度環境を積極的に評価したものもある。本論文では都市環境の正当かつ積極的な評価を目指していることから、都市社会学上の理論としてはシカゴ都市社会学よりも後の理論に注目している。

3-2 心理学的研究からの視点

密度の問題には、都市社会学者が都市環境の人間への影響を指摘してから (Simmel, 1905, 前出 ; Park, 1916; Wirth, 前出)、その原因の一環としての密度の影響の証拠を得るために心理学者が多大な労力を提供してきた。幾つかの方法、アプローチの分類があるが、ここでは主にデータの収集方法と、決定理論からの距離を分類の目安とした。各カテゴリは決定理論の影響が強い順になっている。

a) 実験室的研究

第一のやり方は、密度を唯一の独立変数、あるいは単純化された実験の一条件として取り扱う方法である。これらの研究では、密度の、人間や動物に対する悪影響、他の条件を統制した場合に見いだされる異常行動やストレスが見出されている。

著名な研究結果としては Calhoun(1962) によるセンセーショナルなラットの実験が挙げられる。この実験では、一定の区画に置かれたラットはやがて個体数の上昇に伴い、出生率が下がり、乳児死亡率が増加した。また実験者によってラットの生活区画に手が加えられると、他の個体からの侵入が少ない区画では強い個体が占有しようと

Krupat, E., 1994, *People in cities: The urban environment and its effects.* London: Cambridge University Press.

Gans, H. J., 1962, *The urban villagers: Group and class in the life of Italian-Americans.* New York: Free Press

Park, R. E., 1916, The city: Suggestions for the investigation of human behavior in the urban environment, *American Journak of Sociology* 20, 577-612.

試みられ、他の個体の出入りの激しい区画には、競争力の低いラットの多くが留まった。そのほか行動の異常 (生殖行動の変化や攻撃行動の増加) が見出された。この実験は都市問題に関わる多くの人に影響を与えた。密度による害悪が、ラットと同様の形で人間にも生じるのではないかと考えた人々がいた。一方で、ラットと人間の適応能力の差に関心を持つ人々、都市環境と実験環境の違いに注目する人々もいた。

　人間を対象とした検討として、小集団を用いた実験を積み重ねた成果としてFreedman(1975) の研究が挙げられる。彼は、人間に対して密度の高さが常にストレスとなるとは限らず、高密度環境は人間の反応を強化する「触媒」のような存在ではないかと述べている。つまり、高密度の状況が、楽しければより楽しく感じさせ、憂鬱ならばより憂鬱に感じさせるというわけである。実際に彼は、例えば映画館のような場面で、密集がその状況での体験や感情を強化する (映画館では上映後の「拍手」が伝播する) ことを確かめている (Freedman, Birsky & Cavoukian, 1980)。彼の「密集強化説」を採用するならば、密度と人間の関係を考えるには、密度以外の環境や文脈、あるいはその場に居る人々のコミュニケーション (未知の他人同士の言語以外の交流を含む) などの効果に注意しなければならない。これらの点、Freedman の論拠となる実験は、非日常的で実際の生活からかけ離れていると言う批判は多い。しかし客観的な立場を守ろうとした努力とその成果には価値があると思われる。

　また空間の条件を統制できる監獄の中の密度について、McCain, Cox & Paulus が一連の研究を行っている (McCain, Cox & Paulus, 1980; Cox, Paulus, & McCain, 1984)。彼らは、社会密度の増加 (一定の空間に対する人数の増加) が、囚人に悪影響を与えていることを見出した。また、密度の増加に対応して、囚人同士の相互作用を制限する為の敷居を設けたところ、敷居を設けた場所の囚人は、敷居のない場所の囚人よりストレスを受けていないことも報告されている (McGuire & Gaes, 1982)。

　一方で、実験的研究にはしばしば言われることであるが、これらのアプローチの欠

Calhoun, J. B., 1962, Population density and social pathology. *Scientific American 206*, 571-603.

Freedman, J. L., 1975, *Crowding and behavior*, San Francisco: Freeman.

Freedman, J. L., Birsky, J., & Cavoukian, A., 1980, Basic and environmental determinants of behavioral contagion: Density and number. *Applied Social Psychology 1*, 155-161.

McCain, G., Cox, V. C., & Paulus, P. B., 1980, *The effect of prison crowding on inmate behavior*, Washington, DC: Nationalinstitute of Justice.

Cox, V. C., Paulus, P. B., & McCain, G., 1984, Prison crowding research: The relevance for prison housing standards and a general approach regarding crowding phenomena, *American Psychologist 39*, 1148-1160.

McGuire, W. J., & Gaes, G. G., 1982, *The effects of crowding versus age composition in aggrigate prison assult rate*, Washington, DC: Office of Research, Federal Prison System.

点として、「文脈」の欠落、あるいはそれに伴う妥当性の低下が挙げられる。同じ密度でも、生活の中で体験する密度と、実験条件として与えられた密度は異なるのではないか。このような批判から、次節のような実際の環境を測定する検討が進んだ。さらに「文脈」という言葉がどんな内容を含むかについては、十分検討しなければならないので、後節にて詳述する。

b) 日常的な環境の観察

　より日常の生活に近い条件を用いた実験では、居住空間を観察対象にした実験的手法として、Baum & Valins(1977) の大学生寮の検討が挙げられる。この研究では、面積や人の密度と言うよりも、建物の構造の違いが焦点となり、他人と常に接する機会が多い作りの大学寮に住むものは、そうでない作りの寮に住むものより、社会的接触を統制できないストレスや、それによる社会的引きこもり、寮内での人間関係の希薄化が示された。前述の通り、この研究では面積や人口密度は同じ環境を比較したものであり、既にその概念が広まりつつあった「クラウディング」の考え方 (Stokols, 1972: 後述) を推し進める材料となった。

　これらの検討からは、他の環境の側面を統制した上での密度環境がもたらすいくつかの確かな影響が報告されている。これらの研究は密度環境の持つ基本的な情報を提供してくれる。もし他の条件が同じならば、密度はおおむね人間に対して否定的に働くことを明らかにしている。

　実験室ではない、日常の環境で行われた、文脈のある実験として、都市の様々な場面で課題を課す Saegert(1975) の実験や、屋外の歩行者に関する Corte & Grant(1980) らの実験が挙げられる。どちらも課題遂行に対する密度・クラウディングの影響を測定するものだが、実験室実験ではなく、現実の都市の中で行われた点が注目される。

　Saegert は、課題解決を従属変数とし、都市の喧騒のある場所とそうでない場所において、被験者が与えられた課題を解く能力に違いがあることを見出した。この研究は、

Baum, A., & Valins, S., 1977, *Architecture and social behavior: Psychological studies in social density.* Hillsdale, NJ: Erlbaum.

Stokols, D., 1972, On the distinction between density and crowding: Some implications for future research. *Psychological Review 79*, 275-278.

Saegert, S. (Ed.), 1975. *Crowding in real environments.* Beverly Hills, CA: Sage Publications.

Korte, C., & Grant, R., 1980, Traffic noise, environmental awareness, and pedestrian behavior. *Environment & Behavior 12*, 408-420.

実際場面での密度検討の嚆矢となった。

　Korte & Grant は、歩道を歩く人を対象に、交通の騒音が激しくかつ混み合っている場所を歩く場合と、そのような騒音や混雑がない場所とで歩行者の"注意力"を検討した。その結果、騒音や混雑のある場では、道路上の新しい物体や出来事に関して注意を向けることが少なく、それと同時に人々はより早く歩き、視線を固定することを報告している。道路という都市公共空間での快適性について先駆的な検討である。

c) 社会調査的手法

　第二のやり方は、社会調査に基礎を置いた方法論である。被験者の周囲の密度の状況が、例えば、住居面積や一人当たりの床面積といった具合に、被験者の属性のひとつとして尋ねられる。多くの研究例では、密度を含めた被験者の周囲の実際の物的環境が及ぼす影響をより明確に見出すため、2つかそれ以上の被調査者の居住地域を調査の対象としている。

　しかしながら、原因と従属変数の間の関係を分析する上で、この種の研究はいつも困難を抱えている。というのも、現実世界では、数え切れない要素が相互に影響しあって人間の生活に影響しているからである。ある因子の効果が別の因子の効果と交絡していることが頻繁にある。そのため密度の人間への影響力はいまだに確定しがたい。皮肉なことだが、最も身近で、最も応用できそうなアプローチは、また最もコントロールしがたいアプローチでもある。社会調査的アプローチに基づく過去の結果に関して、これらをレビューする各書すべてが、「一貫していない。調査対象・方法などによって容易に変わりうる」と述べている (例えば Insel & Lindgren, 1978; Krupat, 既出)。このことは、密度とその影響の関係が線形ではないことを示唆するいくつかの理論 (例えば密集強化理論) を支持することにもなる。

　一方で社会調査的アプローチによる検討結果が一貫しない事は、研究の焦点が例えば住居の密度や、その影響にあまりにも集中しており、他の要因や測定しなかった要因についての配慮が不十分であったという反省がなされている。

　こうした社会調査的アプローチの弱点に挑戦する試みとして、Evans らの提示した方法は注目すべき点を含む。例えば、Evans & Lepore (1992) は、過去の調査研究

Insel, P. M., & Lindgren, M. C., 1978, *Too close to comfort*. Englewood Cliffs, NJ: Prentice-Hall.
Evans, G. W., & Lepore, S.J., 1992, Conceptual and analytic issues in crowding. *Journal of Environmental Psychology 12*, 163-173.

は要因の交絡にあまりに無頓着であり、資料として役に立たないと述べている。それを克服するために、Baron & Kenny(1986) の示した要因の整理法 (Moderator, Mediator という背後因子や媒介変数を導入する) を取り入れ、検討を行っている。Evans らは既存の要因に影響する他の要因、例えば交互作用をもたらす他の要因や、影響を取り結ぶ媒介の存在を前提として分析を行うべきであると主張している。高密度都市環境に多くの場合付随している貧困や犯罪率の高さは、直接的に人間の生活に影響するが、高密度環境そのものとは本来分けて考えるべきである。Evans と Lepore は密度そのものと、混合された付随する要因とを分け、その上で限度を超えた密度は人間にとって有害であることを示している。(Evans の一連の研究については非常に重要なので後に詳述する。)

また近年、従来の線形モデルを排し、密度と人間の非線形の関係について明らかにしようとする試みがなされ始めた (例えば Regoeczi, 2003)。また出口と南 (2001) は、アジア地区の高密度都市環境を評価するに当たって、密度とその人間への影響や、人間の評価や快適性が非線形である一定のカーブを描き、密度がある範囲から高すぎても低すぎても、人間に不快感や場違いな感覚をもたらすのではないかと提案している。

d) 物理的密度と知覚される密度を分離する方法−「クラウディング」概念の導入

上述の検討の内、近年になされた多くの検討は、「クラウディング」という概念を導入した研究である。クラウディングとは、Stokols (1972, 前出) が整理したところによれば物理的な密度そのものではなく、「混雑している」「混み合っている」と感じとる主観的な体験・認識のことである。日本ではカタカナ専門用語として「クラウディング」と表記されることが多いが、訳語として「混雑感」「クラウディング感」が使用される場合がある。同じ物理的環境であっても、個々人によって体験されるクラウディングは異なる。これは、個々人の文化的背景や過去の経験、場に対する好みや慣れが影響する。Stokols の定義がなされ、その後、物理的な密度と人間が感じるストレスが線形の関係ではないことが明らかになるにつれ (Baum & Valins, 1977,

---

Baron, R.M., & Kenny, D.A., 1986, The moderator-meiator variable distinction in social psychological research: Conceptual, strategic, and statistical considerations. *Journal of Personality and Social Psychology 51*, 1173-1182.

Regoeczi, W. C., 2003, When context matters: A multilevel analysis of household and neighbourhood crowding on aggression and withdrawal. *Journal of Environmental Psychology 23*, 457–470.

出口敦・南博文 , 2001, アジア的「高密度環境 」の再考 . アジア都市研究 *1*(1), 3-6.

前出)、クラウディング概念を取り入れた研究が盛んになった。主観的な体験・認識を研究対象とすることは、外界の指標がどうであれ、もたらされるストレスが必ずしも一定せず、また個人差があることを、前提としているためである。

付け加えておきたいのは、クラウディング (混雑感) という名称に示される本質的な意味についてである。クラウディング研究では密度の高い場面や環境が、暗黙のうちに、多かれ少なかれ人間にとっての害であることを前提としている。密度が高いことによるメリットや心理的な「良い」影響については一切考慮されない。Insel & Lindgren (1978, 前出) は、ロックコンサート・スポーツ競技場・カーニバルについて言及し、それらの高密度について言及しながら、混みあっている状況を安易に悪い環境として諸悪の責任を負わせることを戒めている。コンサート・野球場など、いかなる居住よりも明らかに密度が高く、しかも他人の中に入り込まなければならない。混雑する場所にわざわざそれに参加しに行く行動は、コンサートの内容やスポーツ観戦の魅力だけでは説明できない。都市の密度環境を考える上で、言及すべき事象の一つである。

e) 密度と生活や都市に関する最近の視点と検討

いくつかの研究は密度それ自体は肯定的でも否定的でもなく、中立な要素であることを示しているが (Freedman, Heshka, & Levy, 1975; Freedman, 前出)、一貫した多くの人々が納得する結果は出ていない。

Evans および共同研究者達は近年、密度と人間の関係について、要因が交絡する雑な検討方法を批判し (Evans & Lepore, 1992, 前出)、あらゆる要因を統制して、密度の影響のより純粋な追究を可能にする方法を用いて検討を行っている。彼らは、一連の研究でほぼ例外なく、高密度環境が人間の健康や子どもの良好な発達、生活の快適さの剥奪など、一定のネガティブな影響があると結論付けている。

Evans の手法は、地区と住民のデータを収集し、要因の交絡を避けるため、あらゆる統計的手段を用いて純粋な密度の影響を抽出することに注意を払ったものである。従来、混同されていたあるいは無視されていた要因の交絡、例えば、基本的なところでは「世帯収入と密度の交絡」を排除することに努力し (Evans & Lepore, 1992, 前出)、文化背景による違い (Evans, Lepore, & Allen,2000)、年齢による影響 (小児に

Freedman, J.C., Heshka, S., & Levy, A. S., 1975, Population density and pathology: Is there a relationship? *Journal of Experimental Social Psychology 11*, 539-552.

Evans, G. W., Lepore, S. J., & Allen, K. M., 2000, Cross-cultural differnces in torerance for crowding: Fact or fiction? *Journal of Personality and Social Psychology 79*, 204-210.

ついての検討：Evans, Lercher, & Kofler, 2002; インドの学童に関する検討：Evans, Lepore, Shejwal, & Palsane, 1998) などを、厳密な条件の統制や、生理的指標を用いたより客観的な測定の上で検討している。その結果は、いずれも高密度環境下の生活は社会的引きこもり、わずらわしさなどに表れ、あるいは生理的指標への影響として表れた。高密度居住環境は、「慢性のストレス要因」(Cronic Stress) の一つであるとしている。

　Evans とその同僚による一連の研究で見逃せないのは、文化の違いによって説明されることの多かった「許容できる密度の差」について、それを実証的に真っ向から否定している点である。パーソナルスペースとその文化による差異 (Hall, 1966; Noesjirwan, 1977) や人口統計資料を分析し、アメリカと比較して高密度な香港の居住環境が「社会的病理」とは全く関連しないことを述べた Schmitt(1963) の古典的検討や、それを確認する幾つかの検討結果 (例えば Mitchell, 1971) は、これまで一定の理解が得られており、それを否定する点は興味深い。実際の住居の密度に関する過去の知見に対しては、過去様々な議論がありつつも、場所・文化による耐性や適応方法が見出されてきただけに、" 混雑への耐性の文化的な差異：本当か嘘か?"(原題 :Cross-cultural differnces in torerance for crowding: Fact or fiction?) という Evans, Lepore, & Allen (2000, 前出) の論文タイトルは過去の考察を覆す挑発的なものである。

　一方で Evans らの検討が過去の検討を全てにわたって覆すかと言えば、必ずしもそうではない。幾つかの点で論点の違いや、検討された範囲の違いが指摘できる。まず第一に Evans たちの検討は「悪い環境の影響から逃れられない人々、特に子どもを救う」という暗黙の前提がある。Evans らの一連の研究では、密度の悪影響を「最大限に見積もって」判定している。つまり安全側にマージンを取り、疑わしい場合は、救済の対象にすべきだと考えているように思われる。また、世帯収入等の住居や近隣

Evans, G. W., Lercher, P., & Kofler, A. W., 2002, Crowding and children's mental health. *Journal of Environmental Psychology 22*, 221-231.

Evans, G. W., Lepore, S. J., Shejwal, B. R., & Palsane, M. N., 1998, Chronic residential crowding and children's well-being: an ecological perspective. *Child Development 69*, 1514-1523.

Hall, , E. T., 1966, *The hidden dimension*. New York: Doubleday.

Noesjirwan, J., 1977, Constrasting cultural patterns of interpersonal closeness in doctor's waiting rooms in Sydney and Jakarta. *Journal of Cross-Cultural Psychology 8*, 357-368.

Schmitt, R. C., 1963, Implications of density in Hong Kong. *The American Institute of Planner, Journal 24*, 210-217.

Mitchell, R. E., 1971, Some social implications of high density housing. *American Sociological Review 36*, 18-29.

の密度と交絡しやすい因子を丁寧に取り除こうとしている点からは、いわゆるスラムやそれに準じる低所得層の居住環境改善を重視していることが伺える。

第二に、Evans らの論文では高密度環境への適応改善・援助方法についても論じられている。彼らは「社会的なサポート」がほぼ唯一の方法であると述べているが、よく考えると「社会的サポート」とは非常に広い意味を持つことに気づく。我々も毎日の生活の中で社会的サポートを与えたり受けたりしているのではないか (あいさつをするのは我々の社会の基本的礼儀であり、かつ、最も日常的な社会的サポートである)。

最後に、Evans らは「住居の密度・居住地の密度 (Housing density, Residents density)」を対象に検討を行っているが、住居はともかくとして「居住地」という地域分類や土地区分が果たして前提になり得るのかという疑問が残る。

今日、日本の社会では商業地や工業地と住宅地は分離され、住宅は住宅地にあるものであり、商業や工業と切り離されて存在することが多くなった。また法律上も特に都市部においては用途地域と呼ばれる土地の利用方法の区分が明確にされ、例えば「農地」に住宅を建てることや、「住宅地」に大きな商業施設を作ることは基本的に出来ない。しかしこうした居住のありかたは、ここ数十年に急速に進んだものであり、かつては、農家・商家・小工業などが、住宅と一体となって運営されることが多かった。例えば、商店街の店舗や「町家」の建物は、通りに面した一階が店舗、一階奥と二回が住居のスペースであった。また町工場とよばれる小規模な工場と住宅を併設している例も多い。日本以外の国では、今でもこうした住居と商工業の混在した街区が多い。例えば中国文化の影響を受けた地域では、道路で行う小売が盛んで、素朴な場合では住居の玄関前や一階テラスで簡易な店舗を営む例が多い。また、本論文で実地調査を行った「都市の台所の街」ハノイ旧市街地区も住居と商業が緊密に一体化している。

Evans の導き出した結論では、「密度は低いのがよい」はずだが、住居と商業が一体化しているならば、改善策や解決策は単純ではない。店が営業する時間にはお客さんにたくさん来てもらい、取引が盛んに行われることによって、毎日の糧を得なければならない。一方で、不特定多数の外来の人々が住居に近い区域にどんどん押し寄せることは、居住地としてはストレスフルな状況になる。こうした矛盾した環境に対しては、純粋な居住地を対象としてきた Evans 教授達の検討結果はあまりあてはまらないように思われる。これまで検討されていない、さらなるアジア都市特有の構造については後節に詳述する。

3-3 密度研究における状況と文脈の問題

　先に実験的研究の節で触れたように、一般に環境心理学分野では、検討対象の環境が重視され、それゆえ実験研究では実験状況のディテールにわたるまで注意が払われる。こうした努力とその成果は、心理学全般領域において非常に進んできており、尊敬すべき工夫や評価すべき試みは多い。こうした分析においては、文脈を重視した、つまり、人間の行動とおかれた環境の時間軸上の一貫性や蓋然性について整えた検討が望ましい。これまでにも扱われてきた文脈、特に実験研究で工夫されてきた文脈の付与・整理の知見があるが、現実社会の人間の行動の再現におおいに役立つかといわれれば、応用にはまだいくらかの距離があろう。以下に問題を挙げる。

　第一に、状況に付与される時間的な展開上での一貫性や蓋然性を確保する「幅」の問題である。実験の場合、実験に参加する人々に対する「教示」から実験の文脈がスタートする。そしておおむね1時間か2時間、長くても数日で実験条件は修了する。いわば、先の見える、短時間の「非日常」体験であり、「先が見えない」日常生活と少し異なる結果が生じるのではないかと思われる。また、適応や馴化の問題もある。大都市の満員電車に毎日乗ることはつらいことだが、多くの人は何回か体験を重ねるうちに自分なりのやり方を見つけ適応していく。また、さらに体験が積み重なれば、いつ、どの電車が混むのかある程度予測できるようになっていく。時間的な文脈の「幅」についてもう少し考慮が必要ではないだろうか。

　第二に、その密度環境に参加したり巻き込まれたりする理由・経緯を考えなければならないのではないか。前出の大都市の満員電車の例を続けると、多くの人は通勤のためにある程度我慢して通勤電車を使う。自動車など他の方法もあるが、どの方法もデメリットがあり（渋滞／高コスト）、電車通勤いわば消極的な消去法によって選択されている。ほとんどの人は、将来的にこの混雑が解消される事を望んでいるが、個人の努力では変化させる手段が無い。一方で、こうした電車に、通勤ではなく余暇の一環として、例えば旅行中に乗る羽目になった人は、感覚が異なるだろう。このような人は、混雑ぶりに驚いたり感心したりした上で、あまりにも混雑が激しいならば、次の駅で電車から降りても構わないのである。こうしたある状況への参画・巻き込まれる理由やそこに辿り着く経緯を重視すべきであるが、それは実験では検討できず、実地調査の果たさねばならない役割が大きいと思われる。場への参画までのダイナミズム、またその参画についての時間的展望を含めて、本論文では文脈と呼ぶことにする。

また第三に、理由や経緯については、「理由の無い理由」「説明できない理由」があることにも注意すべきである。人間は、多様に変化する被験者・観察対象者の内的な状態、動機や欲求、ごく些細な環境からのきっかけによって、ある程度自由きままに反応できる。実験条件では人間の行動全てを外側から観察し、全ての行動を意味づけることが可能であるような錯覚にとらわれる。しかし我々の日常は「言葉で説明できるような理由の無い行動」がいくらでもあるのではないか。特に理由もないが、なんとなくそのようにした、という種類の行動があるのではないだろうか。

さらに、私たちは時に、特段の目的をもって高密度な場所を訪れることがある。また刺激や他の利益を享受するために、あえて混雑する場所に赴くこともある。こうした参加者の目的や欲求は、環境を評価するうえで欠かせない。もしそうでなければ、多くの人々がスポーツの試合やデパート、盛大なお祭りなどに出かけることが説明できない。これらを説明するために「時間的な幅の広い文脈」、「その場に居る理由・経緯をふくめた文脈」「特に理由なく行われる行動」の3つの視点が、これまでの研究に欠けており、補完すべき項目である。

4. 都市建築関係者の視点

4-1 低密度都市

上述のような、密度の影響についての報告を受けて、都市計画行政は、特に都心の密度を下げる努力をしてきた。都市において密度を低下させる努力は、都市環境を整理された、快適で魅力あるものにする上で、意味がある事として支持されてきた。

例えば Howard(1902) の「田園都市」は、その発祥の地イギリスを始め欧州や米国に、さらには日本においても都市開発や住居計画のモデルにされる古典的計画手法で、居住地の人口密度を極力下げる方法をとっている。(ついでながら指摘しておくと、本邦は後節に述べるような高密度モンスーン米作地帯に属し、そもそも人口が多く、かつ国土は現実的には居住不可能地となる傾斜の激しい山岳森林地帯が多いため、田園都市を完全な形で導入し人口の全てを居住させることは不可能である。)

田園都市に基づく都市開発の手法は世界各地で取り入れられ、居住地は「郊外」、勤務地 /CBD(都市の中心業務地区) は「都心」という典型的な都市が世界的に広まった。わが国もまた、都市圏、とりわけ首都圏や阪神地区において住居の郊外化が進み、

Howard, E. 1902, *Garden cities of tomorrow*. London: S. Sonnenschein.
 (邦訳 : 長素連 (訳) 1968 明日の田園都市 . 東京 : 鹿島出版会 .)

遠距離から都心に通勤する人々が非常に多くなった。わが国の場合、1980年代後半から90年代前半までに起こったバブル経済に伴う地価高騰により、都心の地価は個人が購入できる額を大幅に超えた。従来から都心に住んでいた人々のなかには、地価に連動して課せられる相続税や固定資産税の負担に耐えかね、元の都心の地所から郊外に転居する人もあった。

こうして都心の人口は減少した。混み合わない、喧騒の無い都心が実現したように思えるが、一方で都市の魅力・価値は減じた。こうした都心の変化に対して、次節のような新しい都心回帰の提案がなされている。

4-2　都心への回帰

近年、都市の密度を下げることについて、従来とは異なる見解が広まりつつある。例えば、街区の多様性とそれに伴うある程度の密度の高さの必要性を訴えたJacobs(1961)の指摘があらためて広く評価されたり、これまで忌避されてきた高密度居住が見直されたりする動きが見られる。都心の密度を下げるために最大の努力を費やした結果、都心に賑わいや魅力が無くなり、郊外に住む人々には自動車が必要になる都市開発の方法に疑問が投げかけられている。米国の"ニューアーバニズム"(Congress for the New Urbanism, 1999)の都市思想や、英国の"アーバンビレッジ"、欧州の"コンパクトシティー"(Newman, 1992; 海道, 2001)などの新しい都市像は、都心の魅力を取り戻し、都市住民の快適で安全な生活を取り戻すに、いずれもある程度の高密度居住を提案している。配慮された高密度居住は、徒歩圏内への都市サービスの集中配置、自動車の使用制限と公共交通の充実、用途混合の土地利用などが新しい高密度都市居住の鍵とされている。無秩序な高密度居住と一線を画すべく、また無秩序な郊外化を止めるべく始まったこれらの試みは、実は自動車が発展する以前の、まだ素朴であった頃の都市をモデルにしているといわれる。わが国では、かつて「江戸」という世界一の人口と密度を誇る空前の大都市を、機械や動力に頼らず、百年前に運営していたことが思い起こされる。また上記の幾つかの試みは、1980年代に都心の人々の行動の貧困化、アクティビティの少なさを指摘していたWhyte(1988)の、

Jacobs. J., 1961, *The death and live of great american cities*. New York: Rondom House.
（邦訳：黒川紀章 (訳), 1977, アメリカ大都市の生と死 (SD 選書 118), 東京 : 鹿島出版会 .)
Congress for the New Urbanism, 1999, *Charter of the new urbanism*. New York: McGraw-Hill.
Newman, P., 1992, The compact city: An australlian perspective. *Built Environment 18*, 285-300.
海道清信 , 2001, コンパクトシティ : 持続可能な社会の都市像を求めて . 京都 : 学芸出版社 .
Whyte, W. H., 1988, *City: Rediscovering the center*. New York: Doubleday.

かつての都市に対する憧憬と現代の都心への希望の、異なる思いに応えようとする、都市居住環境に重点をおいた試みであることも興味深い。

4-3　アジアの都心

　一方、日本を含めアジア諸国には、「多少の都会の喧騒はあっても都心に住みたい」という欲求があり、さまざまな場面でそれが現れている。東京では「山手線の内側」「環八(都道113号環状8号線道路)の内側」「国道16号の内側」という都心からの範囲を示す言葉が用いられ*、不動産の賃貸や売買において重要な条件として使われている。また台湾の台北における現地調査の合間に、台北市の都心の一つである忠孝東路三段〜四段に面するビルディングを見て回ったところ、ほとんど全てのビルが事務所や店舗だけでなく、住居として住民を抱えていることがわかった(写真1-1)。現地は、東京をよく知る台北人の表現によると「台北の新宿」にあたる交通至便の場所で、デパートメントストアをはじめ大規模小売商店が立ち並ぶ場所であるが、その合間に立つ、日本人の感覚では、住民が居ないはずの、「ビジネスビル」にたくさんの住民が住んでいる。これは中国でも同様である。北京の風景として有名な「四合院住宅」とそれをもとにした胡同の多くが、北京の三環路(第三環状路)や地下鉄の内側、かつ前門などの交通の要所に近い部分にも存在する都心の集住コミュニティである。中国の場合、移転や土地の売買に制限があるため簡単には論じられないが、郊外に移転できるならば、空間的にはもっと恵まれた居住環境が与えられるはずである。ここに例示した都市居住のあり方は何れも都心の高密度環境でありながら、それを悪いものとは扱わず、あるいはなん

写真1-1 台北忠孝東路3段のビル入居者の表札
低層階は企業の事務所や店舗が多いが、高層階は「○寓」(○には姓が入る)と二文字で表記された個人の住居が多い。現地は台北随一の商業地で大通りに面している。

---

* 本文中で出てきた順番に都心に近い。国道16号の内側になると、神奈川県・埼玉県・千葉県などを含む首都圏全域に広がり、都心へのアクセス時間は最寄り駅から40分から1時間程度、自宅から鉄道駅までの交通を含めると1時間強である。

らかの工夫で対処して、現在まで人が住み続けている。またそのために、都心の夜間人口が減らず、小売の市場・店舗が賑わっている点も指摘しておきたい（東京の大手町・霞ヶ関等はこれら小売業者がほとんど存在しない）。

　少なくとも無秩序・無計画な低密度空間の計画は反省されるべきであり、一方で、評価に値する高密度環境、あるいはうまく運営してゆける高密度環境とは何かを再検討する必要がある。そのためには、これまであまり重視されてこなかった、密度の高さの持つ価値について再考する必要があろう。

5. アジア都市と公的空間の密度

　アジア諸地域に於いては、インフラの未整備や平均所得の低さなどから、都市への人口流入の歴史が欧米よりも新しい。一部の都市では、生活に困窮した市民がスラムを形成しているため、生活の向上のみならず、衛生や治安の点からも対策が望まれている。しかし都市の貧困の問題と同様に農村部の貧困の問題も存在していることから、貧困問題と都市環境の問題とは、分けて考えるべき問題とも思われる。現在のアジア諸都市を概観すると、人口 100 万人を超える都市が多く、また都市への人口流入も増え、「都市化の波」が現在この地域に及んでいることを示している。

　このように現在、人口の流入が始まったアジアの新興都市がある一方で、数百年以上前から大都市として多くの人口を抱えてきた都市も多く（例えば東京・上海など）、こうした都市部では、新興都市にはない密度の高さと共生の伝統があった。本章の後節、また次章以降で取り上げる。

5-1　アジア都市の特質

a) 米作アジアの食料生産

　アジア諸地域のうち、南アジア、東南アジア、東アジア等の地域は、温暖な気候と、雨季をもつモンスーン地帯であるため、高緯度の欧州諸国と比べ、食料の確保には困難が少なかったと思われる。これらの地域ではタロイモ等のサトイモ科植物の塊根や雑穀などが古くから採取栽培されてきた。また特筆すべきは米を主食とすることによって、農作業の協働といったの独特の文化が発達し、集落や都市が形成されてきたことを忘れてはならない。

　古くから米を主食としてきた地域は、原産地と思われる中国雲南省周辺から広がり、

現在の国名で範囲を表わすと、中国の南部(淮河―チンリン山脈以南の地域)、ベトナム・カンボジア・ミャンマーなどのインドシナ諸国、タイ、マレーシア、バングラデシュ、インドのブラマプトラ川河畔地区・インドネシアの一部、イランの一部、トルコの一部、アフガニスタンの一部、日本、朝鮮半島の平野部、などが挙げられる。おおむね河川の氾濫原・後背湿地・三角州が大きな栽培地域となることが多い。

　これに対して、現在、米を消費する地域は、米の栽培技術や品種改良の進歩、また運輸と品質保持の技術の進歩もあり、多少広まっている。例えば中国の北京周辺は本来、小麦・大豆・高粱等の栽培が行われる地区であるが、米食も普通に行われている。なお、欧州やアフリカでも米の栽培が行われているが、生産高は世界の1割未満であり、また、ここではアジアの米作地帯とは関係しないので詳細は割愛する。

b) アジア米作地域の特徴 *

　稲は、本来熱帯原産であり、豊富な降水量または灌漑水と、一定の高温を必要とする。品種改良の成果で、現在はある程度冷涼な気候でも生産できるようになったが、それでも冷涼地での栽培の困難さは残っている。また、栽培には大量の水が必要で、初めから河川に接している土地や、降水量が一定以上ある地域は、これを農業用水として稲の栽培に利用する。特に稲を栽培している土地「田」に、栽培中、常時水を張った状態に保っているものを「水田」と呼び、水田から収穫される稲を「水稲」とよぶ。アジア諸地域で行われている米作は、ほとんどが水稲である。田に水を入れないで栽培した稲を「陸稲(おかぼ・りくとう)」と呼ぶが、世界的に陸稲の生産量は少ない。その理由の一つとして、アジアの米作地域では大量の水を利用でき、また稲を水稲として栽培することによって、土地の肥沃度を落とさずに同じ土地で連作できることが、挙げられる。

　ここに西欧諸国で主流の小麦との大きな違いが表れる。小麦は高緯度冷涼地帯やある程度の乾燥した地帯でも栽培できるが、連作が出来ず、古来よりマメ科植物との輪作がおこなわれるなど、土地に対して一定期間内に収穫できる収穫高「単収(反収)」が低かった。結果的に一定の農地から供給できる食料が少なく、養える人口が少ないことになる(人口扶養率が小)。

　気候条件が合えば、米、特に水稲は非常に効率よく収穫でき、栄養値が高く、土

---

* この項、直接引用しなかったが次の書籍を参考にした。
吉川弘之, 1995, コメ. 東京:東京大学出版会.

地面積に対する人口扶養率が高い。従ってこうした米作を古来より行ってきた諸地域では、もともと人口密度が高く、欧州のように食料作物の不作などによる飢饉が比較的少なく、また「ジャガイモ導入」などのように主食作物を新たに導入する必要もなく現在までおおむね食料を自給してきたわけである。また温度の高い地域では、1年の間に2回3回と米を収穫できる地域もある。アジア全体の米の平均年間収穫回数は、1.5回という。

　参考までに米作の人口扶養力について、いくつか数値資料を挙げておきたい。各種作物を同じ条件に並べて人口扶養率を計算することは、飼料にまわす分をどうするか、二期作三期作をどう計算するか、不作と豊作の波をどう平均化するか、などの問題が多く、簡単ではない。コメの人口扶養率を最も高く見積もる例の中には、小麦の4倍(真勢, 2003; 佐藤, 2003)という数値を挙げているものもある。一方、最低限の見積もりとして具体的な数値をあげるならば、国際連合食糧農業機関(FAO, 2008)の統計で示された「農地1km^{2}あたりの人口」が参考になる。大陸別にみると、アジアが674人/km^{2}であるのに対して、2位のアフリカが378人/km^{2}であり、以下ヨーロッパ・南北アメリカ等はさらに値が低い。

　アジアにも麦を主食とする地域が米と同様に存在するし、アフリカ(特にナイル川沿岸)は米作地帯を持っているが、そうした些細な点に目をつぶると、おおむねアジアは他地域の1/2の耕地で人口をまかなっていることになる。最低限の米の扶養力を推定するならば、他の作物の2倍は確実にあることが理解できる。したがって実際の人口扶養率は、大雑把ながら小麦地帯の2倍から4倍の間にあるということができる。

　なお付け加えるに、米作地帯は小麦の2〜4倍の人口を養えるが、例えば四大文明のように古い文明―あるいは都市―を作りえなかった。このことは、水稲とそれに必要な水との関係で論じられる。都市は非農耕者をたくさん抱えるが、時代が新しくなり灌漑が大規模に行われるまでは「水不足」による不作が避けられず、従って農民が自給する以上の収量―すなわち農耕に従事しない都市住民の食料―を毎年一定量

真勢徹, 2003, モンスーンアジアの農業水利. in 山崎農業研究所(編), 2003, 21世紀水危機: 農からの発想. Pp32-45, 東京: 農文協.
佐藤洋一郎, 2003, 稲の文明: PHP新書262. 東京: PHP研究所.
　(同書での米と小麦の比較では、米は小麦に比べ、単収で1.4倍、アジア全体で平均して1.5期作、小麦は半分が飼料になるという点を考慮し4倍としている。)
FAO(Food and Agriculture Organization of the United Nations), 2008, *"FAOSTAT": The FAO database*. retrieved Janualy 20, 2009, from FAOSTAT site: http://faostat.fao.org/

20 第1章 高密度都市環境への視点

供給することが出来なかったためといわれる(桜井,1995)。また、それゆえに歴史上の各地の統治者は、米の安定供給のために、灌漑などの水利工事に多大な労力を費やしてきたわけである。

c) アジア米作地域の都市

米作地帯には太古からの文明や都市が見られないことは前節で述べたが、一方時代が新しくなるにつれ、米作地帯にも都市の形成が進んでいった。米作地の河川は、その河口部に低湿な米作農地をふんだんに抱えるため、収穫された食料の集積、取引、輸送基地(港)として、都市の発展を促すことになる。こうして、もともと人口密度が高く、食物の生産に恵まれていた地域に、取引の場、輸送の基地として河岸に都市が作られる。

例えば、東京は、利根川水系の河川輸送の便のあった場所で、利根川の後背湿地、関東平野の稲作地と河川を通じて往来が可能であった。メコンデルタの一角であるホーチミン、チャオプラヤー川の河口に位置するバンコク、長江河口部の支流岸に位置する上海、珠江河口デルタ上の広州なども、河川の河口部に位置し、背後に米作地帯を抱える物資の集散地として発展してきた都市である。

また、本論文の4章以降の調査の対象地となるベトナムのハノイ市は、まさに同様の例であり、紅河の河口から約100km上流の河岸に位置し、紅河(ソンコイ)デルタ地域の頂部に存在する。河口には100万都市であるハイフォン(ベトナムの重要都市)があり、主に海上輸送や海外との貿易の基地となっている。

d) 米作地域の生活と都市文化

これらの米作地帯の気候は、米作を可能とする気候であり、その一方で住居や集住の形態、小売商業(特に飲食業)の形態に影響していることも重要である。高温多湿な環境では、家の中での活動に制限が加わる。特に食品を扱う「台所」は、風通しの悪い室内に設置されることは少ない。風通しのよい半屋外の台所を数軒で共有するか、都市部ではまったく台所を使わない世帯も多い。それに応じて、都市部やその近郊では気軽な価格で毎日の三食を提供する飲食業が非常に発展しており、「毎日外食」であっても飽きることがない。また温度と湿度の高い台所の維持管理を考えると、外

桜井由躬夫, 1995, 世界の稲作地域と文化. in 吉川弘之, 1995, コメ. Pp115-144, 東京:東京大学出版会.

食に費やすコストが高いとはいえない。また、これらの飲食業も、調理場を屋外や路上に配置している場合が多い。雨風や埃の害よりも、高温多湿な屋内で調理する危険の方が大きいことが理由の一つである。同時に調理する様子をディスプレイすることによる集客も期待されていると思われる。一般の住居においては、上述の台所の共有のほか、トイレ・洗い場・庭 (北京市内の胡同) や、風呂・シャワー・電話 (かつての日本) など、物理的な設備の他、明示されたあるいは暗黙のルールを共有している例が多い。また、こうした地域の住居はスラムとは異なるが、世帯収入がそれほど高くないために西欧型の面積を重視した再開発になじまない。こうした都心の非スラム高密度居住地は、本論文で調査対象地に取り上げたハノイ市旧市街地区のほか、布野 (2003) によれば、カンポン・バリオ・バスティー・ゲジュ コンドゥーなどの名称でマレーシア・インドネシア・フィリピン・インド・トルコなどに分布するという。また先にあげた北京都心部に残る胡同も類似の構造を持っており、同種の構造として扱っても良いと思われる。これらの地域は都心にありながら、自治組織や近隣意識によって強くつながることのできる地域であり「都会のなかの村」の様相を呈する。お互い近接して居住するため、互いの情報はある程度分かってしまうので、その上でルールに従って互いに尊重できる間柄でないと生活していけない。また前述の通り、幾つかの居住に必要な施設を共有することにも、ある種の相互理解・相互扶助の精神が必要とされる (写真 1-2,1-3 参照)。

　相互扶助の一つとして、こうした都市内集落の自治組織の中には金融・共済 (無尽・講) によって経済的にも助け合う地域がある。日本でもこの種の金融システムは戦前まで普通に存在した。例えば福岡に本社を持つ金融機関である、西日本シティ銀行の元となった旧福岡シティ銀行と旧

写真 1-2: 北京中心部の胡同の門
門のある胡同では門がルールに従って運営され、犯罪などに備える。

写真 1-3: 北京中心部の胡同の水場
共有の水場では調理・洗濯などの作業が行われる。

布野修司 (編著), 2003, アジア都市建築史. 京都: 昭和堂.

西日本銀行は、両行共に福岡地域での無尽が起源となっており、大正年間に無尽から銀行へと屋号を変えている。また沖縄では今も個人単位の無尽（頼合）があり、金融上の相互扶助のみならず、参加者同士の親睦などにも力を入れていると聞く。

　このようなアジア都市集住のシステムは、密度に関する一般的な見解と相反し、ある程度の快適性を保ったまま長く続いている。実際に私達が調査した台湾台中市やハノイ旧市街において、最初に現地に立ったときの印象と、調査地になじみ、町のシステムを理解し始めた後の印象は全く異なる。高密度であり、住居は私達の目から見ると古く、都市の喧騒が間近であっても、それらを抱合して上手く機能させる一連のシステムがあるように思える。そうでなければ、そのような都心地区は、貧困と犯罪が同居するいわゆる「スラム」になってしまうはずである。

　最後に気候と文化の関連として、特に南アジア地域では温度が高く不快な昼間を避け、涼しくなる夕方や夜を活動的に過ごす文化がある事を指摘しておく。「夜の文化」と言えば、日本ではアルコールが絡む、あまり健康的ではないイメージが思い起こされる。しかしモンスーンアジア地方の夜の文化は、アルコールの消費とは独立した、健康的な活動が多数ある。第2章から紹介する台湾の夜市は、多くの場合アルコールの提供を行わない。そのため未成年が徘徊しても日本の繁華街ほどには危険がない。また夜遅く（例えば23時頃）にも、幼児を伴う家族連れの姿を見ることが出来る。こうした気候と住民の生活様式は、本論文で検討する都市高密度環境に直接は関係がないが、都市の機能や機能発揮のスケジュールを考える上で重要な手がかりの一つである。

5-2　アジア都市の都市文化と未来

　アジア諸都市では、既に述べたように、都心への価値付けが高いだけでなく、地域全体の人口密度が高いこともあり、密度を下げる方向での都市環境の改善は急に実現させることは難しい。一方で、都市環境の中で密度をうまく制御・処理することによって、都市での居住の快適さを取り戻し、健康で生産的な都市生活を送ることが出来る可能性に富んでいる。というよりも、多くの伝統ある都市ではこうした都市環境の制御を、住民自ら、自然に、もしくは伝統的に行っており、それによって都市での生活を続けてきた。

　しかし、こうした歴史のある都市生活上の技術・伝統は、大規模な国際的資本の移

動や、近代化の強烈な衝撃を受けて失われつつある。例えば江戸時代に起源をもつ習俗 (市・講・駄菓子屋など) は近年まで残っていたが、現在では廃れてしまっている (川添,1985)。また逆に、近代化の進みつつある時代だからこそ、新しい都市生活の技術が生まれることもある。例えば電話がようやく普及しつつあった 1970 年代頃まで、一つの電話回線を複数の世帯で「共有」する、「呼び出し電話」の関係があった。こうした都市生活の伝統・文化について現代の様相を記録しておくことは歴史的に価値があるし (この種の本邦の試みとしては今 和次郎の「考現学」が著名、今 (1987) 参照 *)、特に近代化の波によって都市の伝統・文化を失ったと思われる日本の都市の新しいデザインに役立つはずである。

またうまく制御された都市は、都市のもうひとつの目的でもある「商業の場・取引の場」としての都市、都市の市場機能を高める。多くの人口を抱え、様々なニーズがあり、また様々な商品が運び込まれる都市であるからこそ、多様で活発な市場都市としての機能が発揮される。しかし現状は、スプロールやそれに伴う都市中心部の無力化が指摘され、対策が練られている段階である。

高密度環境にうまく適応し、都市の活気を失わせることなく安全を確保する。こうした理想的な都市を考えるならば、長い高密度居住の伝統を持つアジアモンスーン地区にこそ、そのヒントがあるのではないかと考える。特に、公共の場のデザインについては、個人の方針や努力ではどうにもならないだけに、現在残っている都市生活の知恵や、高密度居住のための努力を記録しておきたい。日本を含むアジア諸都市の開発・再開発の上でも、これまでのアジア的都市文化の叡智を捨てずに、上手く利用することが望ましい。

6. アジア都市公共空間の密度の検討

6-1 アジア都市の都心公共空間

ここまで密度の問題、特に都市の密度について概観し、またアジアの都市の立地や構成について述べてきた。アジア諸都市、特に米作地域に立地する都市は、そもそも本質的に高密度な地域にあり、大都市に成長した現在でも、都市の貧困地域である「ス

川添 登, 1985, 生活の母体としての都市. in 宮田登 (編), 1985, 都市と田舎：マチの生活文化. 東京：小学館.
今 和次郎, 1987, 考現学入門 (筑摩文庫). 東京：筑摩書房.

* そのほか工学院大学付属図書館に今和次郎コレクションが存在する。
  http://www.lib.kogakuin.ac.jp/collection/kon/index.html

ラム」とは別種の、高密度居住が行われている。こうした地域には物理的あるいは空間的な工夫、社会的な相互援助の仕組み、また後述するように、時間の経過の上での手がかりや展望があり、高密度居住を可能にしていると思われる。こうしたアジア的高密度都市居住について、まずは街区や街路など都市の公共・半公共スペースの観察をもとに、アジア的高密度居住のための資源を探してゆこうとすることが本論文の目的である。アジア諸都市において運営されている都市の住商混合密集地区の住民の生活と商業との両立、生活上の伝統や工夫、環境維持や生活のためのルールや慣わしの構造の解読を試みる。具体的な問題点は次節から詳述する。

6-2　住商混合の街と街路の性質

　アジアの都市では (あるいはアジア以外でも急速に発展しつつある都市の特徴かもしれないが)、居住者が生活する居住地と小売・卸を含めた商業地が厳密に区別できていない場合が多い。また、都市の中に、かつては日本でも見られた行商 (徒歩、あるいはリヤカーなどを用いて行う移動小売業)が盛んに見られる。このため、都市の「居住地」というはっきりとしたイメージ、例えば一戸建て住宅が規則的に配置された住宅街や、高層住居が林立する団地などのイメージと異なり、商業と居住が混然一体となっている場合が多い。また計画された住居地域や居住環境の中でも地元に居住する人々のために、その居住地域の中でも商店が経営されていることが多い。

　一方で、もともと商業地や軽工業地域であった場所では、商店や小工業の場を経営する人々がそこに居住している。日本でも「町屋」の構造は商業や軽工業と居住を両立するためのものであったし、商店街の建築物も、一階を店舗にあて、二階を住居としている例は多い。本稿で取り上げるハノイの旧市街地区も正にこの例であり、古い伝統を持つ商業地区と居住地区が渾然一体となった町となっている。

　以上のような商業や工業と居住地の近接は、騒音や安全の問題から近代の都市計画では忌避されてきた存在である。わが国でも、住商が近接している商店街などは少なくなっている。防犯意識の向上によって、不特定多数の訪問者の存在が受け入れられない、またそれをコントロールしようとする住居地域と、不特定多数の来客があって成り立つ商業地域が一体化している町の維持に困難が発生した。都市の発展・開発が進み、分業、工業の分化、商業地の集積が進み、住商の混在した都市の形は変容してゆく。かつて我が国も、こうした用途の混合した町から、用途地域によって厳密

な計画がなされた都市に姿を変えてきた。また地価の上昇や、住にまつわる防犯意識の高まりは、その変化を促した。

しかし、このような計画に基づいたこれまでの都市形成に対してこれまでいくつかの疑問が投げかけられている。例えば重工業と住宅地が混じることは確かに非合理的である。しかし人々が学校や勤務先に行っている日中の時間帯に道路から人が消える住宅地や、オフィスと大規模店舗が連なるが、深夜には人口が激減し治安の悪化する都市中心地など、いくつかの問題点が指摘されている。最大の問題は都心の魅力が無くなったことである。これは都心に人が居住できなくなったことと関係があるのではないか。東京などの大都市は地価の高騰のために、また小規模な都市ではかつて中心部であった商業と住居が混ざった商店街が、自動車化した生活と、郊外型大規模店舗のために集客力を失い衰退している。こうして「人がいる都心」がなくなり、続いて都心で時間を使う人々が減っていったのでないだろうか。

6-3 都市住民のライフコースから見る都市への参加

日本においては、住民の年齢層と、地区や自治－都市の地域自治活動－との関係が、ある程度固定化している例が散見される。例えば未成年者が自治に関わる機会はほとんどない。これらの人々は学業が優先され、地域自治の方向性の決定に参加することがないからである。従って大学生の多い文教地区の自治には、当の大学生はほとんど参加していないのが現状である。

一般的に、自治活動は、職業をリタイアした世代が中心となり、小学生や中学生を持つ親の世代が参加して活動が行われている。先の未成年・独居学生をはじめとして、子どものいない世帯や、勤労独身者世帯は自治活動に参加しにくい。また近年は若い世代の労働環境が悪化しており、職場の拘束から解き放たれて、地域の活動に参加する時間的余裕が簡単にはとれないことも指摘しておきたい。

こうして、本来さまざまな専門性や技能をもつ人々が集住する都市の高密度居住地の運営は、ある特定の年齢層やライフステージにある人々の参加が難しい。それゆえ地域の維持や問題の共有、地域の方針決定などにおいて困難が生じる。結果的に都市とその周辺の居住地の環境維持、都市そのものの機能に影響が及ぶと考えらる。できるならば様々なライフステージの人々が参加できる町のしくみが望まれる。

26   第 1 章 高密度都市環境への視点

7. 本研究の目的

7-1　目的 1　アジア高密度都市を通してみた密度の観点の提示

　既にこの論文が取り扱う密度の問題について様々な視点を提示した。しかし、現実に活動し、機能している高密度都心地域における密度のありようをどう捉えるかについて、視点を定めておく必要がある。過去の検討では密度そのものの定義についてばらつきがあることが指摘されており、根本的かつ汎用性のある密度の指標があるわけではない。

　動物実験や極端な条件の実験室実験を除くと、これまでの検討は、大きく分ければ、住居内の密度、つまり住民一人当たりの住居の延べ床面積や部屋数などを検討してきた住宅内の密度 (以降「内部密度」と呼ぶ) に関する研究の系統と、街区や行政地域あたりの人口密度 (人 /km^2) など、住居の外の基準を用いる住宅外の密度 (以降「外部密度」と呼ぶ) の研究とに分かれる。Zlutonic & Altman(1972) は、内部密度と外部密度のそれぞれに密度の高低を設定し、両方とも密度の低い場所を「郊外地域」、内部密度のみ高い場所を「農村地域」、外部密度のみ高い場所を「都市高級住宅街」、両方の密度の高い場所を「都市スラム」とそれぞれ説明している。この分類に従えば、本論文は「外部密度」を測定しているので、「都市高級住宅地」か「都市スラム」のどちらか、あるいは両方を対象としていることになる。調査対象街路の沿道は、その地域のみを対象とした客観的な資料がないが、住宅地としてかなり高密度な地域でもある。従って、上記の枠組みでは本研究の対象は「スラム」に近いことになる。しかし、次章以降で紹介するが、対象地はスラムではなく、秩序が保たれ、生活に支障がないように運営されているように見える。ここに本研究の狙いがある。既述したとおり、アジア諸都市は地理的条件や伝統から、高密度空間をスラムではない、居住地として利用する手段を持っていると考えられるからである。上述の Evans らの研究はほとんどが内部密度を扱ったものである。また Krupat(1994, 既出) のレビューでは、内部密度の方が人間の行動や評価に現れやすいとされている。その一方で、公に整備できる環境は住居外であることから、都市計画分野では外部密度を重視する。

　別の枠組みとして、密度を客観的な指標から考えるか、それとも住民などの当該地域の人々の主観的な密度の感覚によるか、二通りの考え方が挙げられる。客観的指標

Zlutonic, S., & Altman, I., 1972, Crowding and human behavior. in J. F. Wohlwill, & D. H. Carson, 1972, *Environment and the social sciences: Perspective and applications.* Washington, DC: American Psychology Association.

には、人口密度や一人当たりの床面積、また空間を占める建物を対象としたものも存在する。これらの客観的指標を分ける立場もある (例えば Alexander, 1993)。建物の密度は都市計画や建築法規の重要な指標になっているので都市計画に関する領域では特に重視される。一方、心理・社会系の研究では、一人の人や家族を単位の一部として扱う。すなわち一人当たりの部屋数、家族あたりの面積などである。これらは実際に調査を行ったものと地域や町の人口統計を利用したものとがある。一方、主観的な密度の検討の典型例が、一連のクラウディング研究である。クラウディング研究では、物理的な密度よりも、体験され評価された密度が重視される。

　このように、都市の密度を考える際、上記の様々な指標が用いられるが、本研究のように「外部からの訪問者」を前提にした指標はない。人口統計学的資料は通常は、住民だけを対照としている。

　来訪者を含めた人の集まり方とその影響に関しての心理学的検討としては、"プライバシー"の検討が挙げられる。Altman(1975) は、プライバシーについて、「自己やその所属するグループに、他者の接近に対して選択的にコントロールできること」と定義している。プライバシーの感覚と密度との間には直接の関係はないが、密度が高いと「選択的にコントロール」することが不可能になりやすく、実際には密度との関係が高い。また出口、南(2001,既出)は、密度の変化について、人が増える「社会的密度上昇」と、空間が狭くなる「物理的密度上昇」の2つの現象を分けて考えることを提唱している。

　本研究では「住商混合の地域」を対象とするため、特に大多数の住民にとって「見知らぬ他人」である外部からの訪問者(つまり商業地域への客)を受け入れながら、安心できる居住が一つの重要なポイントとなる。完全な住宅地と異なり、外部からの訪問者は、地域住民にとって身近な隣人ではない、正体不明の部外者でありながら、街への訪問を許すことで地域の商業活動を維持していかなければならない。つまり、来訪客による社会的な密度変化が絶えない都市の密度をどう捉えるべきか考える必要がある。本研究では、人口統計的資料などから内部密度・外部密度共に高いことがわかっている住商混合地を調査対象として、来訪者・住民が混ざりあう公共空間の密度を測定する。したがって上述の様々な密度の定義のうち、外部密度によって街区の密度を測定することになる。公共空間の密度は個人の努力や住居の改善で解決される

Alexander, E. R., 1993, Density measures: A review and anlysis. *Journal of Architectural and Planning Research 10* (3), 181- 202.

Altman, I., 1975, *The environment and social behavior: Privacy, personal space, territory, and crowding.* Monterey, CA: Brooks/Cole Publishing Company.

ことではなく、大局的に計画されるべき空間であり、本研究はそのための基礎資料を
提供するものである。

　調査対象として、公共空間としては最も普遍的で毎日の生活に欠かせない街路空間
を、設定した。測定の単位は「面積あたりの人数」に変換しうる、「時間当たりの通過量」
あるいは「道路 1m あたりの人数」として測定することとした。これは、居住者以外の
来訪者も参画することによって生まれる密度であり、街の密度の性質を測る上で重要
な指標と考える。

　また本論文では、上記の物理的・客観的な指標に加えて、「何をしているところか」「ど
んな活動が行なわれているか」を記録することに努めた。密度は多様な測度で捉えら
れるが、それが即時に人間への影響につながるわけではない。そこで当該密度の状況
下でどのような活動が行なわれているかの記録も共に考察の対象とした。活動の内容
を通して、ここまでに説明した文脈や経緯の手がかりが記録できるように留意した。

　これと同時に、現地に臨む調査者の体験を通して感じられる密度の様相を出来る限
り記録し、具体的なエピソードや写真などの証拠と共に提示して、主観的に体験され
る密度と、それに関わる環境の他の要素についても考察する。

　これらの考察を通し、都市のにぎわいや都心居住に関する新たな密度への観点を
提示することを、本研究の目的 1 とする。

7-2　目的 2　高密度アジア都市の " 隠れた都市文化 " の発掘

　さてアジア諸都市の高密度居住地区では、どのような地域住民の連携や環境維持
の活動が行われているか。実際には調査対象地ごとに政治形態の違いもあり組織や
活動の内容までは本研究で踏み込むことは出来ない。しかし、都心の構造について職
住が近接していること、したがって住民が職業と居住の両面からつながりあい、町を
共有していることになる。また集客の必要な業種が含まれる町は、他地区からの不特
定多数の来客を受け入れながら、個人の居住のプライバシーや安全を守る必要がある。
これに対して、日本においては現状では解決策がなく、商業地と居住地を分けること
によって消極的な対策を行っている。またそのために、前述のような都心の問題も生
じている。

職住近接および集客する町の居住に対処してきたアジア諸都市の都心空間において、いかなる条件や伝統、工夫が、これまでそれを可能にしてきたか、具体的な事例の調査に基づいて考察することが本研究の目的2である。

7-3 目的3 アジア諸都市の都市資源の応用

第三の目的として、これらの伝統や工夫について、それが存在する場の意味や機能、運営のコストなどを推計し、これらの要素を本邦に持ち込むことによって達成できる都市の姿を検討する。アジア諸都市からの都市資源の応用の方向性を提案したい。応用の方向としては、高密度都市空間のもつ潜在的な力を発揮しながら、同時に環境や秩序を維持してゆける方策を目的1の成果から取り上げ、利用することを試みる。

なお日本は現在、高密度都市空間をよりよく維持発展させる必要がある一方で、人口減少やその他の要因による都市の低密度化が指摘されている。可能ならば、日本の現状に合わせた都市の密度の利用や住民の安心感や快適性を向上させるデザインが可能となるアイデアを提案したい。

7-4 目的を達成する手段の前提

a) 街路から見る都市居住環境

本研究では、主として街路上の密度環境を実際に観察することによって、当該街区の背景、役割、また街区に関わる住民、営業者、外来の客の行動、立場を明らかにする。本研究では、「高密度住商混合空間」として既に知られている街を対象としている。住民がおり、しかも外部からの「来訪客」としての訪問者が豊富にいることが事前に分かっている地域である。

住民の数や、住居の面積、街区あたりの住民数などの人口統計データを使うことも可能であるが、これらは参考に留めた。前述の通り「純粋な住宅地」という考え方を取らず、したがって住民だけでなく、外来の客、通勤する営業者なども含めて街を考える。その為に住居内の調査ではなく、住居の入り口までの街路－住民にとっては「我々の街路」であり、外来者にとっても「いつもの街路」であるような－を中心に観察調査を行うこととした。街路は、都市の基本的な公共空間のひとつであり、誰もが利用できる場所でありながら、沿道・街区に居住する/就労する人々によって、性格づけら

30 第 1 章 高密度都市環境への視点

れる場所でもある。また、最も身近でありながら、個人の努力では改良・改善が難しく、逆に行政からみると、一番最初に手を付けやすい空間でもある。

なお観察対象地区は、人口 100 万人以上の都市の市街地区とし、住居が直接公設の街路に接しているような街路を選定することとした。郊外の私道や広大な敷地に街路から見えない位置に建物があるような地区は、本研究で検討する都市環境とりわけ都心の問題とは離れるため除外した。

b) 時間軸上のデータを記録する

本章 3-3 項で述べたように、人間の行動には文脈があり、その場に臨むきっかけや、行動を始める経緯が異なり、同じ行動でも異なる背景を持つ。またこれらの背景の違いによって同じ行動でも将来的には人間の行動やその結果は変わりうる (発達心理学におけるコンピテンス (White, 1959) の考え方に似ている)。そこで本研究では、変わりゆく街路の上の環境と人々の行動を時間経過と共に映像として記録する。この種の記録は、ビデオカメラが小型化され研究用途に用いることで、可能になってきた。時間に沿った映像記録は、近年機器の高性能化と低価格化によって、調査手段として一般的になり、記録が可能になった。ビデオカメラは映像記録と同時に正確な時刻を記録できる。この機能を最大限に利用して分析を行なうこととにする。

一方、人口統計的データは、研究対象となった地区の概要を知るためには用いるが、それ以上の分析には用いない。上述の通り、街の人々は時刻の経過と共に刻々と変化する。人口統計は、ある日にちの、極言すれば、ある瞬間の記録であり、街や人々の動きの文脈や動態を見ようとする本研究の趣旨にそぐわない。日本の統計でも、都心部の「昼間人口と夜間人口の差」が問題となる例を聞く。実際に対象街路の上で時刻と共に記録した情報を優先し、分析することによって、街路の一日の動き、時間帯ごとの役割、住民にとっての街路の働きや、商売の上での街路の役割などを明らかにし、それを通じてアジア的高密度都市環境の利点や、それを可能にする工夫、機能について考察する。

White, R. W., 1959, Motivation reconsidered: The concept of competence. *Psychological Review 66*, 297-333.

引用文献

Alexander, E. R., 1993, Density measures: A review and anlysis. *Journal of Architectural and Planning Research 10* (3), 181- 202.

Altman, I., 1975, *The environment and social behavior: Privacy, personal space, territory, and crowding*. Monterey, CA: Brooks/Cole Publishing Company.

Baron, R.M., & Kenny, D.A., 1986, The moderator-meiator variable distinction in social psychological research: Conceptual, strategic, and statistical considerations. *Journal of Personality and Social Psychology 51*, 1173-1182.

Baum, A., & Valins, S., 1977, *Architecture and social behavior: Psychological studies in social density*. Hillsdale, NJ: Erlbaum.

Calhoun, J. B., 1962, Population density and social pathology. *Scientific American 206*, 571-603.

Congress for the New Urvanism, 1999, *Charter of the new urbanism*. New York: McGraw-Hill.

Cox, V. C., Paulus, P. B., & McCain, G., 1984, Prison crowding research: The relevance for prison housing standards and a general approach regarding crowding phenomena. *American Psychologist 39*, 1148-1160.

出口敦 , 南博文 , 2001, アジア的「高密度環境 」の再考 . アジア都市研究 *1*(1), 3-6.

Evans, G. W., & Lepore, S. J., 1992, Conceptual and analytic issues in crowding. *Journal of Environmental Psychology 12*, 163-173.

Evans, G. W., Lepore, S. J., & Allen, K. M., 2000, Cross-cultural differnces in torerance for crowding: Fact or fiction? *Journal of Personality and Social Psychology 79*, 204-210.

Evans, G. W., Lepore, S. J., Shejwal, B. R., & Palsane, M. N., 1998, Chronic residential crowding and children's well-being: An ecological perspective. *Child Development 69*, 1514-1523.

Evans, G. W., Lercher, P., & Kofler, A. W., 2002, Crowding and Children's Mental Health. *Journal of Environmental Psychology 22*, 221-231.

FAO(Food and Agriculture Organization of the United Nations), 2008, *"FAOSTAT": The FAO database*, retrieved Janualy 20, 2009, from FAOSTAT site: http://faostat.fao.org/

Fischier, C. S., 1984, *The Urban Experience*. (2nd Eds.). New York: Harcourt Brace.

Freedman, J.C., Heshka, S., & Levy, A. S., 1975, Population density and pathology: Is there a relationship? *Journal of Experimental Social Psychology 11*, 539-552.

Freedman, J. L., 1975, *Crowding and behavior*. San Francisco: Freeman.

Freedman, J. L., Birsky, J., and Cavoukian, A., 1980, Basic and environmental determinants of behavioral contagion: Density and number. *Applied Social Psychology 1*, 155-161.

布野修司 (編著), 2003, アジア都市建築史 , 京都：昭和堂 .

Gans, H. J., 1962, *The urban villagers: Group and class in the life of Italian-Americans*. New York: Free Press.

Hall, , E. T., 1966, *The hidden dimension*. New York: Doubleday.

Howard, E., 1902, *Garden cities of tomorrow*. London: S. Sonnenschein.

　(邦訳：長素連 (訳), 1968, 明日の田園都市 . 東京：鹿島出版会 .)

Insel, P. M., & Lindgren, M. C., 1978, *Too close to comfort*. Englewood Cliffs, NJ: Prentice-Hall.

Jacobs. J., 1961, *The death and live of great american cities*. New York: Rondom House.

　(邦訳：黒川紀章 (訳), 1977, アメリカ大都市の生と死 (SD 選書 118), 東京：鹿島出版会 .)

海道清信 , 2001, コンパクトシティ：持続可能な社会の都市像を求めて . 京都：学芸出版社 .

川添 登 , 1985, 生活の母体としての都市 , in 宮田登 (編),1985, 都市と田舎：マチの生活文化. 東京：小学館 .

今 和次郎 , 1987, 考現学入門 (筑摩文庫). 東京：筑摩書房 .

Korte, C., & Grant, R., 1980, Traffic noise, environmental awareness, and pedestrian behavior. *Environment & Behavior 12*, 408-420.

Kotkin, J., 2005, *The city: A global history.* London: Weidenfeld & Nicolson.

Krupat, E., 1985, *People in cities: The urban environment and its effects.* London: Cambridge University Press.

真勢徹, 2003, モンスーンアジアの農業水利, in 山崎農業研究所 (編), 2003, 21 世紀水危機 : 農からの発想, Pp32-45, 東京 : 農文協 .

McCain, G., Cox, V. C & Paulus, P. B., 1980, *The effect of prison crowding on inmate behavior.* Washington, DC: Nationalinstitute of Justice.

McGuire, W. J. & Gaes, G. G., 1982, *The effects of crowding versus age composition in aggrigate prison assult rate.* Washington, DC: Office of Research, Federal Prison System

Mitchell, R. E., 1971, Some social implications of high density housing. *American Sociological Review 36,* 18-29.

Milgram, S., 1970, The experience of living in cities. *Science 167,* 1461-1468.

Newman, P. 1992, The compact city: An australlian perspective. *Built Environment 18,* 285-300.

Noesjirwan, J., 1977, Contrasting cultural patterns of interpersonal closeness in doctor's waiting rooms in Sydney and Jakarta. *Journal of Cross-Cultueral Psychology 8,* 357-368.

Park, R. E., 1916, The city: Suggestions for the investigation of human behavior in the urban environment, *American Journak of Sociology 20,* 577-612.

Park, R. E., Burgess, E. W., & McKenzie, R. D., 1925, *The city.* Chicago: Chicago University Press. (邦訳 : 大道安二郎・倉田和四生 (共訳), 1972, 都市 : 人間生態学とコミュニティ論 . 東京 : 鹿島出版会 .)

Regoeczi, W. C., 2003, When context matters: A multilevel analysis of household and neighbourhood crowding on aggression and withdrawal. *Journal of Environmental Psychology 23,* 457–470

Saegert, S. (Ed.), 1975, *Crowding in real environments.* Beverly Hills, CA: Sage Publications.

桜井由躬夫 , 1995, 世界の稲作地域と文化 . in 吉川弘之 , 1995, コメ . Pp115-144, 東京 : 東京大学出版会 .

佐藤洋一郎 , 2003, 稲の文明 : PHP 新書 262. 東京 : PHP 研究所 .

Schmitt, R. C., 1963, Implications of density in Hong Kong. *The American Institute of Planner, Journal 24,* 210-217.

Simmel, G., 1905. The metoropolis and mental life, In R. Sennet, (Ed.), 1969, *Classic essays on the culture of cities.* New York: Appleton Century Crofts. (Paperback ed. 1969, published from New York: Prentice Hall College Div.)

Stokols, D., 1972, On the distinction between density and crowding : Some implications for future research, *Psychological Review 79,* 275-278.

United Nations, 2008, *World urbanization prospective*: *The 2008 revision database.* retrieved April 25, 2009, from United Nation Population Division Database site: http://esa.un.org/unup/

White, R. W., 1959, Motivation reconsidered: The concept of competence. *Psychological Review 66,* 297-333.

Whyte, W. H., 1988, *City: Rediscovering the center.* New York: Doubleday. (邦訳 : 柿本照夫 (訳) 1994 City: 都市という劇場 : アメリカン・シティ・ライフの再発見 . 東京 : 日本経済新聞社)

Wirth, L., 1938, Urbanism as a way of life. *American Journal of Sociology 44,* 1-24.

Zlutonic, S., & Altman, I., 1972, Crowding and human behavior. in J. F. Wohlwill, & D. H. Carson, 1972, *Environment and the social sciences: Perspective and applications.* Washington, DC: American Psychology Association.

参考文献

吉川弘之 , 1995, コメ . 東京 : 東京大学出版会 .

第 2 章
台湾夜市の密度と賑わい

台湾：台北郊外樹林駅前

1. 都市と市場

　都市のいかなる特質や要素が歴史をリードしてきたか考えてみたい。かつて都市の病理をクローズアップして取り上げた人々によれば、都市は最終的には混沌と無規範に支配される " アノミー " に陥ると指摘された。しかし都市での治安の悪化やスラムの形成はあるにせよ、ある都市全体が " アノミー " と呼ばれるような状態に陥った例は、都市以外に原因 (戦争や政治的混乱) がある場合を除いて、ほとんど無い。そもそも、都市の秩序や治安が悪化するならば、都市から人口が流出し、都市が都市でなくなるだろう。人口統計は、ほとんどの都市で社会的人口減少 (流出人口) が社会的人口増加 (流入人口) より少ないことを示している。人々は都市に向かい続けているということである。

　さて、都市を考える上で Wirth(1938) やそれに連なる初期の都市学者の都市の定義では、都市とは、高密度に集積される人々や情報、それを支える物資やインフラなどが都市を支える根幹をなし、またそれに伴って多様な人々が多様な情報や商品 (以下、両者をあわせて商品とする) を求める場である。都市とは、規模の小さい農村では商品にならなかったようなものが商品として成り立ち、あらゆるものが取引される可能性に富んだ場所であるということが出来る。これは、単に「商業の進んだ場所」「商業優先の街」ということではなく、これまで見向きもされなかった物品や知識、情報が必要になる、極めて多様な場であり、またその交換の形態も「正規の商取引」だけではなく、物々交換的な取引、信用と対人関係をもとに行われる信用取引、代価を要求せず、物資や知識、情報を共有する互恵関係に基づくある種の集まり等のように、多様な形式が存在するということである。こうした都市の人々の多様性の高まりはWirth 自身が「異質性」として取り上げている。この「異質性」の概念は、シカゴ学派を批判しながら、多様性についてより深く取り組んだ Fischer(1982) の考察に連なるものと言える。Fischer は、上述の、「これまで見向きもされなかった物品・サービス・情報」を求める人々が、都市の集積機能の結果、集合することによって、物や考え方の新たな価値基準を共有する集団が生じ、そのために、新たな市場や分野が形成されることを指摘している。この点をもって Fischer の理論を、シカゴ学派の「決定理論」に対して「下位文化」理論と呼ぶことがある。下位文化とは、かつての村落共同体など、多様な人々や情報が行き交うことのない状態では、価値ある商品となりえなかったも

Wirth, L., 1938, Urbanism as a way of life. *American Journal of Sociology* **44**, 1-24.
Fischier, C. S., 1984, *The urban exxperience*. (2nd Ed.). New York: Harcourt Brace.

のが、多様性の集積が進んだ都市において、新しい価値を持ったものを求める一定数の顧客や同好者の集まりが成立する場において、新たな価値や市場をなすことを指し示している。

2. 小売市場に見る都市の活力

さて、都市機能の重要な一側面として様々な商品・情報の交換があり、それが新たな商品や文化を生むことを述べた。商品や情報が行きかう場、都市に住む価値をもたらす、都市ならでは多様な商品と情報とが集まり取引が行われる場は、「市場」である。特に市民に開かれ、誰でも取引に参加できる「小売市場」は、多様な商品の中から自ら手にとって選択のできる、商品の数や種類が集まる都市に特有の魅力的な場である。

日本においては「小売店」は多いが、「市場」は現在では殆どの場合小売市場ではなく、卸売市場であり市民がその取引に直接参加することが出来ない*。日本では、値段を比較したり、値動きを見て商品を購入することは少なく、高度に発達した流通とそれに支えられた大手の小売店が人々の都市生活をまかなっている。

一方、アジア諸都市においては、都市に「小売市場地区」が存在し、また市街地の中でも小売店が存在するなど活発な小売活動が行われている。これらの一部は、公式にあるいは非公式に道路を占有し、街路に仮設的な店舗を設け、あるいは沿道の固定建築内の店舗(以後固定店舗)と共に営業している場合が多い。こうした街路の市場は長い伝統を持ち、日本でも「商店街」として存在している。しかし、日本の「商店街」がどちらかといえば定価志向、地元の有名店舗・老舗が集まるイメージがある。アジア諸国の街路市場ではより過激な商品アピールや価格競争、仮設のテーブルや照明を使っての演出が行われる華やかな場になっている。

反面、街路を市場とするには、街路の交通をある程度制限、場合によっては遮断する必要があり、自動車に輸送の役割を負わせている現代では、街路上の市場の将来は決して明るいものではない。実際にシンガポールでは「ホーカーズ」と呼ばれた街路上の屋台や行商人の活動が禁止され、政府によって用意された「ホーカーズセンター」

---

* 日本で小売市場として成り立っているのは、秋葉原一帯の電子・コンピューター関連の諸店舗、各地に残る幾つかの伝統的市場(例:上野のアメヤ横丁／福岡市柳橋市場など)などが例外的に挙げられる。これらの場所では買い手にある程度の「相場」の知識が必要である。しかし、これらを訪れなくても都市生活は成り立つ。ほとんどの人にとっては必要がない。またスーパーマーケットなどは、その時点の"定価"が存在し、交渉や情報交換の余地があまりない。市場というよりも「大規模小売店」と呼ぶべきであろう。

に入居することとなり、安価で気軽な商いの場は路上からホーカーズセンターへ舞台を移した。

いくつかのアジア都心小売市場地区を検討したのち、台湾における夜市の現状が注目された。台湾における市場にはさまざまな種類があるが、特に一般消費者への小売を目的としていて賑わっている市場が夜市 (本稿では「よるいち」とする) である。夜市は、夕方 5 時もしくは 6 時から賑わい始め、深夜 11 時、場所によっては未明 1 時頃まで行われる夜の市場である。この夜市は広く市民に支持されている。台湾の各大学の正門前には多くの場合、夜市が発達し、大学の学生だけでなく、近隣の人々、特に若年層をターゲットにした夜市があるなど、地元の要望、客層に応じた構成の夜市が運営され、仮設店舗の機動性や柔軟性が最大限に生かされる場となっている。夜市は台湾全土に存在するが、特に南部において活発であり、北部においては政府当局の指導もあり伝統的な形態から変化し画一化しているといわれる。住民の中には夜市と距離を置き、必要のない場所として考える人々も少なくない。しかし南部では、様々な夜市、特に古い形式を残した伝統のある夜市が残っている。

しかし、台湾の夜市も、前述の他国・他地域の市場と同じ問題を抱える。特に道路を市場とする夜市では、交通と関連する問題も大きい。政府当局としても、伝統や観光資源として夜市を全面的に支援するか、交通の安全や円滑さを採って規制を強めるか、あるいは折衷的な計画を作成するか、まだ考慮中とのことであった。市場と交通の折衝はシンガポールほどには進んでおらず、政府の方針はまだ明確でない。また夜市は市民に支持されてはいるが、それが果たして全ての市民の声であるかといえば、そうではないだろう。全体として台湾の夜市は方向性を定めなければならない分岐点に差し掛かっているように思われた。そこで、

1) 都市の小売市場である夜市の賑わいはどのような要素で出来ているか

2) 夜市の賑わいのために犠牲になっているものはないか

3) 夜市の存在によって都市の価値がどう変わっているのか

の三つを明らかにすることを目的に、台中市逢甲大学門外の夜市 (以下逢甲夜市) を対象に調査を行うことを決定した。なお、夜市の物理的な配置や空間については、九州大学工学部建築学部の出口敦教授および都市計画研究室の大学院生の記録分

析 (小倉, 志賀, 出口, 2001; 出口, 小倉, 志賀, 2001; 出口, 松尾, 小倉, 馬場, 南, 2002; 馬場, 佐伯, 小倉, 南, 出口, 2002) に拠った。本章及び第3章の分析において、観察現場の記録に基づくデータが用いられている。

3. 台湾夜市事情

3-1 屋台文化の発展と縮小

世界各地で、屋台や単なるテーブルなど、簡易な設備で小売を行う店舗が少なくない。これらの店舗は、寄り集まって一種の市場地区を成すことがある。インフラの整備が進んでいない地域では、小売市場の多くが、この種の簡易な構造の店舗から成っている場合も多い。こうした屋台では様々な物品が商われるが、基本的に電気や水道などの設備を利用することができないため、特に飲食を供する屋台では様々な工夫によって、調理用の熱源を確保し、洗浄のための水が準備される。また飲食業以外の業種でも、商品をよりよく見せるために発電機を用いて照明設備を使ったり、音楽を流すなどの工夫がなされる。このようにインフラ不足を補って簡易な市場が営まれる。

日本でもこの種の屋台を伴う小売市場は、戦後、闇市などの形として都市に存在した。また地方では地元の産物を商う「朝市」も存在した。しかしその多くが、屋台などから固定された店舗を中心とする市場に変わった。また特に路上で商う露天商に対しては交通の安全を確保する観点から、道路を管轄する警察が道路使用許可を与えなくなった。これらの事情から日本では、屋台を中心とした小売市場はなくなったと考える。現在日本で残っている屋台を使った商売といえば、神社の縁日などの際にその境内等で露天商によって営まれる「タカマチ」がある。しかし、これは神社の特別な日にその管理地内で"ハレ"の場を利用して行う商いで、日常の小売とはやや趣が異なる。そのため本論文で注目する市場や屋台の営業からは除外する。

小倉一平, 志賀正規, 出口敦, 2001, 夜市における攤販の占用形態とにぎわい空間に関する研究. アジア都市研究 *3*(2), 13-26.

出口敦, 小倉一平, 志賀正規, 2001, 台湾・台中市における夜市と攤販に関する制度と課題, アジア都市研究 *3*(2),1-12.

出口敦, 松尾桂一郎, 小倉一平, 馬場健彦, 南博文, 2002, 台中市における攤販集中区の立地と仮設的空間の構成, アジア都市研究 *3*(4), 47-62.

馬場健彦, 佐伯静香, 小倉一平, 南博文, 出口敦, 2002, アジア都市におけるにぎわいの構造 (3), アジア都市研究 *3*(4), 63-78.

3-2 台湾の夜市

　熱帯・亜熱帯アジア地域では、日中の暑さを避け日没後の涼しい時間帯に仕事終えた人々を対象とする夜市が営まれている。夜の小売り市場はアジア各国、特に熱帯に該当する地域の都市圏に散見されるが、取引を夜間に行うことで、すごしにくい昼間の気温や日射を避けながら屋外での商業活動を行うひとつの文化である。台湾でも、夜市と呼ばれる一般消費者向けの夜間市場の伝統があり、現在にいたるまで市民に支持されて利用されている。台湾では、都市のインフラ整備や国民の生活水準の向上も進み、屋台に加えて固定店舗を用いた夜市での営業が一般的に営まれている。しかし、場所によっては、伝統的な屋台を中心とした夜市が多く残り、利用者にも支持され、独特の都市景観・都市機能を提供している。なお台湾では、営業用の屋台やそれに類する簡易な営業設備を攤販 (TanFan, タンファン) と呼び習わしている。

　夜市は、市場によって様相が異なるが、軽飲食店を中心に、屋台と固定店舗の混合した形態で営まれる。外部から屋台を持ち込む者は、沿道の店舗の迷惑にならないよう事前に調整を行っている模様である。またほぼ全ての屋台と沿道の固定店舗は、" 攤販協会 " や " 夜市自治会 " のような民間の組織に加盟して、一定の活動 (違法営業への規制や営業後の清掃活動など) を行っている。

　こうした夜市は、都市の特定の街路 (昔からの市場路)、一定以上の規模の大学の門前一帯、古い社の周辺などに分布し、地方政府もその全貌を把握しきれてはいないのが現状である。従って攤販に関する許可や指導も行き届いていない。政府としても、観光資源・都市の機能の一つとして夜市や攤販を認める方向で政策を打ち出すのか、それとも交通の円滑さや治安を重視し、夜市や攤販の路上営業を認めない方向に進むのか、方針を模索している様子であった。また道路使用についても、長年続いている市場で、合法的に商品を取引する場合には、占有許可なしでの営業が黙認されているようである。こうした台湾の夜市の文化は、台湾全土に及ぶが、特に南部において伝統的な市場が残っているとのことである。そこで本研究では台中市の夜市を取り上げる。首都台北から離れ、夜市の伝統の濃い地方の市場を対象にしたい意図があった。後節で述べるように本研究では台中市のどちらかといえば「現代的な」夜市を観察対象としたが、同時に市内数箇所において夜市の範囲・形態・商品等について記録を行った。本稿ではその大部分を省くが、調査結果については前出の、小倉, 志賀, 出口(2001,

前出), 出口 , 小倉 , 志賀 (2001, 前出), 出口 , 松尾 , 小倉 , 馬場 , 南 (2002, 前出); 馬場 , 佐伯 , 小倉 , 南 , 出口 (2002, 前出) 等の論文に詳しい。

　なお、古い社の周辺で営まれる伝統的な夜市は、前述の日本の「タカマチ」と類似している。この社は道教の神々にあたる神農や媽祖を祭ったものが多い。神農は日本ではあまりなじみの無い神だが、日本の伝統的な露天商集団には神農を祭る風習があり、台湾の屋台商売との関連が推測される。本研究の予備調査として台湾を訪問した際、地元の夜市を案内解説してくれた中学校社会科教師 (当時) の姚卿中氏によれば、かつて夜市といえば社の周辺にあるものであり、それが人の多い他の場所、例えば大学の周辺や大きな交叉点の周辺にひろまったとのことである。ただし夜市の起源には農村集落を夜に巡回する商人集団があったなど、他の起源に言及する説もある。

　姚卿中氏はまた次のように夜市の存在と夜の時間の感覚を説明した。「かつて自分が幼かった時代 (筆者注 :1970 年代と思われる)、眠いのに無理に起こされて、家族で夜市に行った事がある。その感覚は現代の台湾にもある。日本では『早寝早起き』が模範だそうだが、少なくても台湾では『早寝』は子どもに対して強いて教育されるものではない。」こうした夜に価値を置く文化と、ニーズに合わせて広がっていった市場の営みが組み合わさって、台湾の夜市の文化は現代まで生き続けてきたと思われる。

3-3 台中市と逢甲 (FengChia) 夜市

　本論文で主な調査対象地となった台中市逢甲夜市について説明する。まず台湾全土についての概要は以下の通りである。台湾は約3万 6 千 km^2 の面積 (九州の面積よりやや小さい) に、人口 2200 万人強 (調査時 ; 中華民国内政部 , 2007) の人々が生活する、人口密度 619 人 /km^2(UN, 2006) とアジアの中でも高い人口密度をもつ地域である。調査当時、現地に住む調査協力者などから人口について、「台湾は人口の圧力によって破綻するのではないか。」「狭い台湾の島にこれ以上の人口増加は無理だ。」と言う声が聞かれたが、最近の人口統計 (United Nations Population Fund, 2007 年 11 月) では人口が 2295 万人と増加し、それに伴って人口密度も 634 人 /km^2 に増加している。面積が 1 千 km^2(おおよそ東京都の半分) 以下の都市国家・島嶼国家

中華民国内政部戸政司 (2007), 戸籍人口統計月報 , 台北 : 中華民国内政部 .
United Nations (Department of International Economic and Social Affairs, Statistical Office), 2006, Statistical Yearbook: Forty-ninth Issue, New York: United Nations Publications.
United Nations Population Fund, 2008, *State of the world population on-line database*. retrieved December 25, 2008, from database site: http://www.unfpa.org/swp/

(高人口密度国としてシンガポール・バーレーン・モルディブが該当)を除くと、アジアではバングラデシュ(954人/km²)、に次ぐ、第2位の高密度国家である。なお、台湾は日本と同様火山島であり、島の中央部を南北に走る台湾山脈(中央山脈)は3000m超級の著名なピークだけでも10峰以上を数える。日本における日本アルプス(飛騨・木曾・赤石山脈)と同様の大山脈である。この地形のために耕作可能面積は台湾本島全体の30%程度といわれる。日本の地形と同じように沖積平野上の居住可能地域での居住と、耕作可能地域からの産物に多くの人々が依存してことになる。

　台湾第一の都市は台北市で約272km²の面積に、263万人が居住している(東京と同様に都市圏はもっと広く、都市圏人口も多い)。また調査地である台中市は面積約163km²の面積に対して、台北市・高雄市についで台湾第3位となっている調査当時の人口94万人、2007年11月現在で約105万人の人口を擁する。従って人口密度は調査当時5700人/km²、現在6500人/km²であり、人口密度の点でも台北市・高雄市に次ぐ位置にある。かつては「台湾省直轄市」であったが、1998年以後「台湾省」の行政機能は廃止されたため、これまで台北市・高雄市のみが指定されていた「行政院直轄市」に準じる都市となっている。直轄市とは、日本の政令指定都市と同様の扱いと考えてよい。

　台中市は台北と比べて都市圏があまり大きくなく、また周囲に山や農村が存在する都市である。そのため人々の生活や街の構成が完全に都市化したとはいえず、伝統的な台湾の様式が残っている点が指摘される。この点は本研究での調査地選定の上で大きなポイントとなった。台北にも著名な夜市は多数あるが、伝統的なスタイルを残した夜市について調査したいという方針から、台中市が調査対象として選択した*。　実際に台中市は騎楼をもった建物の並ぶ繁華街と、台湾語を使う人々の会話が**、台北と異なる街の雰囲気を作り出している町であり、その市内各所に存在する多用な夜市の物理的配置や営業形態は前出の出口ら(2002)の論文に詳しい。

---

* 夜市そのものが「伝統的存在」ではあるが、昔と変わらぬ形で夜市がよく市民に支持されているのは、台北などの台湾北部よりも、中南部であるとされる。
** 一版的に「華語」(北京地方で使われる中国語)が台湾における「国語・公用語」とされ、教育され使用されている。特に若い世代には華語しか使わない人々も多い。一方で、台湾語・客家語・福建地方の諸語などを使う人々もいる。
　台湾語は、古い福建系方言の中国語といわれるが、正確な由来は現在も研究中である。台湾の人口の半分以上、特に高齢者や地方出身者にとっては第一言語であることが多い。本研究でも、屋台経営者などに対するインタビューでは、台湾語を話せるインタビュアーが活躍する機会が多かった。

3-4 台中市逢甲夜市の構造・内容

　本研究で夜市利用者の観察調査対象地として選択したのは台中市北屯区にある逢甲夜市である。逢甲夜市は、台中市郊外にある総合私立大学「逢甲大学」の門前を中心に展開する夜市で、どちらかというと学生を中心とした若年者向けの商品が多い市場である。逢甲夜市とは便宜的な名称で ***、台中市の把握する夜市や攤販集中区ではない。従って路上を占有して行われる攤販は全て違法営業である。ただし、地域には業者の協会があり、攤販商と沿道の固定建築物の店舗との間では柔軟な調整が行われている模様で、攤販が固定店舗の営業の妨げにならないよう配置される。また固定店舗の販売活動も夜市に合わせて、店頭を拡大する形で自店の攤販を路上に張り出して使う例が見られ、攤販業者と固定店舗の関係はおおむね良好と考えられた。また、営業の違法性に関しては、殆どの攤販業者が路上営業許可を持っていない一方、営業内容が違法な店舗 (例えば商品自体が違法) は、地元の協会に加盟せず、従って周囲の店舗との交渉を持たずに独断で場所を占有する。こうしたルール違反の業者に対しては、他の店からの目は厳しく、「取締りを強化して欲しい」などの意見が聞かれた。

　利用者は若者を中心に比較的広範囲から来訪しており、近くの住宅地から徒歩で訪れる家族連れもいる一方で、「台中市郊外で最近流行っている夜市」として、わざわざ遠方から来る客もいるまで様々な来訪者が見受けられた。総じて毎夜の市場は日本人から見ると異常なまでの活況を呈し、特別の催事があるのかと思うほどの人出・喧騒であった。

　なお逢甲大学は、市政府非公認であっても夜市を公的サービスと見なし、夜間、市場利用者向けに、大学構内を駐車場所として開放するサービスを行っている。大学にとって学生向けに商品を販売してくれる市場があることは便利なため、大学の門前の市場の存在を認めていることになる。また、本稿では詳細を説明できないが、夜市の営業者とは別に、朝は学生の登校時に合わせて朝食を売る攤販、昼～夕方には、軽食の攤販や文具や書籍・コンピューター用品等の店舗が大学生門付近で営業しており、夜市だけでなくこの市場全体が一日を通して大学と持ちつ持たれつの関係であることを示している。

***2006 年、Wikipedia 繁体字中文版に「逢甲夜市」の項目が立てられた。その名称が公的な意味合いを持ったことが推測される。同項目は 2008 年現在まで説明が随時追加されている。現在、毎晩 3 万人、休日は 10 万人を集める、台中市はもとより、台湾全体でも最も大きい夜市の一つであると紹介されている。

" 逢 甲 夜 市 (Feng Chia Night Market)" in 維 基 百 科 (Wikipedia 繁体字中国語版) retrieved December. 04, 2008, from wikipedia (traditional chinese version) site: http://zh.wikipedia.org/wiki/ 逢甲商圏 /

逢甲夜市は、逢甲大学の周辺、逢甲路・文華路・福星路で囲まれる東西約150m南北約300mをおおむね市場の範囲としている。本研究では主に逢甲大学正門前の文華路の観察を行い、攤販と人々の行動を観察する。逢甲夜市に関する具体的な店舗数、取扱い商品の分類とその内訳、物理的な攤販の分類当に関しては前出の小倉, 志賀, 出口 (2001)、また台湾全土および台中市の市場や攤販に関する政府の姿勢は同じく前出の出口, 小倉, 志賀 (2001) に詳しい。

4. 逢甲夜市利用者に対する面接調査

4-1 調査の方法

2000年9月28〜29日の夜19時から22時にかけて、逢甲夜市内の路上、および台中市中心部にある台中市の代表的な夜市の一つで、伝統的なスタイルを残している中華路夜市の路上にて、それぞれ100名、50名の夜市利用者に協力を求め、口頭で質問し、回答を回答票へ記入する方法で行われた。調査に当たっては逢甲大学建築学系大学院生が調査員として調査にあたった。

4-2 調査結果

a) 利用者の夜市利用スタイル

回答者がどのくらいの頻度で夜市を訪れるかを訊いた結果を表 2-1 に示す。

表 2-1: 夜市訪問頻度 (どのくらいの頻度で夜市を訪れますか ?)

回　答	逢甲夜市	中華路夜市
1日に1回	13%	14%
2日から1週に1度	45%	26%
10日から1ヶ月に1度	23%	26%
1年に1度	2%	16%
不定期・初めて・無回答	17%	16%

週に一度以上訪れる来訪客が逢甲夜市では半数を超え、中華路夜市も4割を占める。おおむね夜市の客の半数は、生活の中に夜市を取り入れ、生活スケジュールの一部として利用していることがわかる。

第2章 台湾夜市の密度と賑わい　　43

　後述するが、どちらの夜市も徒歩以外の何らかの手段がないと夜市にこら
れない場所から来ている人々が極めて多いことを考えると、夜市は大きな集客力をも
ち、かつリピータの割合も高い優秀な商業施設であると考えられる。
　次に夜市内での行動について、滞在時間と消費金額を訊ねた。結果は表2-2、2-3
のとおりである。

表2-2: 夜市滞在時間 (質問 : いつもどのくらいの間、夜市に滞在しますか ?)

回　答	逢甲夜市	中華路夜市
30 分以内	8%	28%
30 分を超え1時間以内	36%	36%
1時間を超え2時間以内	37%	24%
2時間を超え3時間以内	12%	4%
3時間を超える	6%	4%
無回答・不明	1%	4%

表2-3: 消費金額 (質問 : いつもどのくらいのお金を夜市で使いますか ?)

回　答	逢甲夜市	中華路夜市
100 元まで	27%	24%
100 元を超え 300 元まで	23%	20%
300 元を超え 500 元まで	17%	20%
500 元を超え 1000 元まで	16%	12%
1000 元を超える	8%	12%
決まっていない・無回答	9%	16%

　※元は台湾元 (新台幣)、調査時 1 元は 3.7 円程度。物価も日本とほぼ変わらないが、
　　夜市の物価は他の大型店舗などより安い。

　以上の二つの質問の回答から、利用者にとっての夜市の存在が明らかになった。ま
た郊外に立地する現代的な逢甲夜市と、市中心部の伝統的な中華路夜市の違いも明
確になってきた。
　まず逢甲夜市の滞在時間は、モードが 1 時間から 2 時間の階級、また 30 分から 1
時間の階級もほぼ変わらない人数となっており、一時間が一つの目安となっているこ
とがわかる (平均は 1.27 時間、ただし正規分布ではない)。食事をするならば軽く食べ
終えて、しばらく夜市の中を見て回るとこの程度の時間になろう。また、何か探してい
る商品がある場合、食事をせずに歩きながら夜市をみてまわるとる、この場合も一時
間程度の時間が必要である。

一方、中華路夜市は逢甲夜市よりも若干滞在時間が短い。中華路夜市は、商品よりも飲食を提供する店舗屋台が多く、専用の飲食スペースがある店舗も多い。飲食以外の店舗が少なく、商品を見て回ったり、商品を探したりするような市場とはいえない。そのために、滞在時間は「食事の時間」が丁度あてはまる。一時間弱というところだろう。一方消費金額は、逢甲夜市に比べて滞在時間が短いにもかかわらず高く、逢甲夜市とは様相が異なる。中華路夜市は市中心部であり、また各国の旅行者用ガイドブックに掲載されていることもあり、郊外の夜市より価格がやや高めのようだ。

次に、各夜市がどの程度の範囲から集客しているかを明らかにするために、どこから夜市にやって来たか(利用者の居住地)を訊いた。結果は次ページの、図2-1, 2-2のとおりである。逢甲夜市も中華路夜市も非常に遠くからの利用者が多い。市外からの利用者も非常に多いが、市内から来る利用客でも徒歩で訪問できる範囲を超えて、何らかの交通手段を使ってまで来る人が多いようである。

逢甲夜市は、「大学門前型夜市」であることから、逢甲大学近辺の比較的市場に近い、大学生と思われる人々が一つの利用者群となっている。それ以外では台中市中心部から来る利用者、また市外の様々な方面から車もしくはバイクで訪れたと思われる利用者が多数ある。

一方、中華路夜市は、逢甲夜市のような「地元客」の群がなく、台中市内から来る利用者が半分強、残りは遠方から来た客(観光客と思われる)が多い。サンプルが少なく断言しにくいが、市場が台中市中心部の商業地区にあることから、そもそも住民の少ない地域であることが考えられる。いずれにせよ、逢甲夜市のような地元の利用者が少ない。

これらの二つの市場とも、互いに他方の市場の至近からも客を呼び込んでいる。利用客は、距離が遠いことを苦にせず移動し、また最寄の市場を常に利用するわけではないことがわかる。両夜市の業種・商品や形態の違いを考えると、利用者は目的によって利用する市場を選択する事が予想される。夜市どうしも、スタイルや商品の違いはあれ、お互いに客を奪い合うライバルなのかもしれない。

なお、居住地の遠近と関係がある事項として、利用頻度・滞在時間・消費金額が挙げられる。利用客の居住地が台中市内の市街地である場合(おおむね台中市政府から10kmの範囲)近距離、それ以外の地域の場合遠距離と二分し、利用頻度・滞在時間・消費金額について分析した。

第 2 章 台湾夜市の密度と賑わい　45

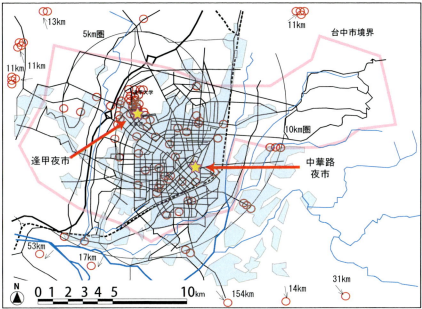
図 2-1　逢甲夜市利用者の居住地　（○は来訪者の自宅・網掛けは市街地）

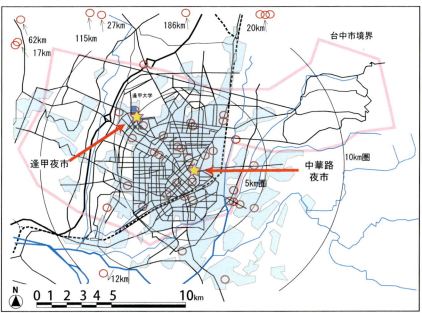
図 2-2　中華路夜市利用者の居住地

まず利用頻度については中華路夜市では遠距離からの利用客の頻度が少なかったが、逢甲夜市では居住地の遠近による頻度の変化はそれほどではなかった。

一方、また滞在時間と夜市での消費金額は、逢甲夜市のほうが遠距離からの利用客が近距離からの客よりも(平約して30分)長く滞在し、(平均して約185元)多く消費するが、中華路夜市ではいずれも利用者の居住地の遠近とは関係がなく、ほぼ一定であった。

つまり逢甲夜市は遠距離から来る固定客を持ち、また滞在時間・消費金額にバリエーションがあるということである。少し利用するだけの客と、色々な目的で長く滞在し消費する客の、両方に対応できているように見える。伝統的な形式の中華路夜市に比べて、「現代的」とされる逢甲夜市の特徴の一つとして、様々な店の形態や商品のバリエーションによって、客に利用の強度の自由さを与えている点が、これらのアンケートの回答から見えてきた。

b) 夜市に対する感覚

夜市に対する利用者の感覚、態度を明らかにするために、二つの質問「引越しをするとしたら夜市のある場所に住みたいですか?」「家の近くに夜市が出来たらうれしいですか?」を訊ねた。結果は以下の表 2-4,2-5 のとおりである。

表 2-4: 引越しをするとしたら夜市のある場所に住みたいですか?

回　答	逢甲夜市	中華路夜市
はい	17%	14%
いいえ	80%	84%
どちらでもない・その他・無回答	3%	2%

表 2-5: 家の近くに夜市が出来たらうれしいですか。

回　答	逢甲夜市	中華路夜市
はい	31%	23%
いいえ	66%	54%
どちらでもない・その他・無回答	3%	23%

二つの質問は、夜市の存在が利用客にとってどのような位置づけであるかを示している。そして夜市は、遠くから通う、あるいは足繁く通う対象であっても、その利用

客から、一定の距離が必要な存在として受け止められていることがわかる。いわば「必要だが近くにあると迷惑な施設」の一つなのである。

　これは逢甲夜市と中華路夜市を通してほぼ同じ結果である。夜市のすぐそばに住むことは出来ないと 8 割以上の利用客が答え、夜市が自宅のそばに新設されることを半数以上の利用客が望まないと答えている。規模の大きい小売施設は、多かれ少なかれこの傾向はあろうが、しかし、これをどのように捉え、改善していくかによって夜市の未来像がある程度決定されるのではないか。夜市の未来を考えるために必要な、「利用客が考える夜市の長所と短所」について訊ねた。その結果は表 2-6, 2-7 のとおりである。

表 2-6: 夜市の長所 (質問 : 夜市の良いところは、どんなところですか ?)

回　答	逢甲夜市
買い物の便利さ、商品の豊富さ、価格の安さなどに言及した回答	98 件
飲食できる、おいしいなど、夜市の飲食物に言及した回答	21 件
リラックスできる、時間をつぶせるなど無目的性に言及した回答	14 件
華やか、人が多い、賑わっているなど夜市の雰囲気に言及した回答	11 件

　※複数回答・自由回答を分類、逢甲夜市のみ

表 2-6: 夜市の短所 (質問 : 夜市の悪いところは、どんなところですか ?)

回　答	逢甲夜市
騒音・ゴミ・乱雑さなど、夜市の環境や衛生に関する回答	86 件
人が多すぎる・怪しい人がいるなど、夜市内の他の利用者に関する回答	21 件
渋滞になる・駐車が不便など、夜市と交通の関係に言及した回答	14 件
規制が無い、屋台のルールが無いなど、夜市の管理に関する回答	5 件
商品の質や違法商品など夜市の店舗について言及した回答	4 件

　※複数回答・自由回答を分類、逢甲夜市のみ

　利用者の評価を見ると、長所と短所が別々にあるのではなく、ある部分で一致していることが分かる。つまり「活気がある」「賑やか」等の長所は、一方で「うるさい」「狭い」などの短所と表裏一体である。また「人が多い」という回答は長所にも短所にも共通してみられた表現である。

　夜市の豊富な商品と合理的な価格は受け入れられている。それにも増して、「賑やかさ」「華やかさ」が提供され、人々を惹きつけている。特に予定もなく、ただうろうろ

して時間を過ごす人々にとっては、おそらくこうした夜市の独特の雰囲気が必要不可欠であろう。しかし一方で、その「賑やかさ」「華やかさ」は「うるさい」「狭い」「人が多すぎる」などの夜市の欠点と多くの部分が重なる。過剰な演出・販売方法などには一定の制限が必要かもしれない。また、夜市の利用者や支持者から見れば魅力に見える部分も夜市を利用・支持しない人々にとってはうるさく、迷惑な存在なのかもしれない。実際に、若い層は夜市の猥雑さや値段交渉などの煩雑さを避け、販売価格が表示されている商店や大規模小売店を好む者も多い。また夜市が、その利用者であっても自分の家の近くにはあってほしくない存在であることは、上述のとおりである。

　「家の近くにあってもいい夜市」とは、どんな夜市か。当面の改善出来る欠点や衛生・交通・治安・店舗の質・夜市のルールや屋台のルール等未解決の問題を整えた後、その理想像が明らかになっていくのではないだろうか。わざわざ遠方から通う人々がいる一方で、自宅の近くには存在が望まれない夜市、いくつかのストレスやアンビバレントな要素を含んだ、危うい存在である。次章では、市場にやってくる客がどのように夜市を利用し、どのような要素が彼らを惹きつけるのか、観察データを元に考察する。

引用文献

馬場健彦, 佐伯静香, 小倉一平, 南博文, 出口敦, 2002, アジア都市におけるにぎわいの構造 (3), アジア都市研究 3(4), 63-78.

中華民国内政部戸政司, 2007, 戸籍人口統計月報, 台北 : 中華民国内政部.

出口敦, 小倉一平, 志賀正規, 2001, 台湾・台中市における夜市と攤販に関する制度と課題, アジア都市研究 3(2),1-12.

出口敦, 松尾桂一郎, 小倉一平, 馬場健彦, 南博文, 2002, 台中市における攤販集中区の立地と仮設的空間の構成, アジア都市研究 3(4), 47-62.

" 逢甲夜市 (FengChia Night Market)" in 維基百科 (Wikipedia 繁体字中国語版) retrieved December. 04, 2008, from wikipedia (traditional chinese version) site: http://zh.wikipedia.org/wiki/ 逢甲商圏 /

Fischier, C. S., 1984, *The urban experience*. (2nd Ed.). New York: Harcourt Brace.

小倉一平, 志賀正規, 出口敦, 2001, 夜市における攤販の占用形態とにぎわい空間に関する研究. アジア都市研究 3(2), 13-26.

United Nations (Department of International Economic and Social Affairs, Statistical Office), 2006, *Statistical Yearbook*: Forty-ninth Issue, New York: United Nations Publications.

United Nations Population Fund, 2008, *State of the world population on-line database*. retrieved December 25, 2008, from database site: http://www.unfpa.org/swp/

Wirth, L., 1938, Urbanism as a way of life. *American Journal of Sociology 44*, 1-24.

参考文献

永吉知郁代, 南博文, 李素馨, 2001, 利用者から見た台湾の夜地の現状と問題点 : 台中市の愛甲夜市と中華路夜市を事例に, アジア都市研究 *2*(3), 27-39.

第3章

台中逢甲夜市に見る賑わいのダイナミクス

台湾：台中市内、学校・予備校街の夜市

1. 夜市の場と生態の観察：目的

夜市のアウトラインと、現在抱えている問題について、前章で明らかにした。この章では、夜市の利用客の行動を通じて夜市の場の構造について検討する。特に前章で明白となった、「夜市は好きだが、自宅のそばにあるのは嫌だ」「騒音や違法商品など夜市の欠点もある」という意見に表れる、欠点を知りながらも、夜市を利用しに来る客が集まる理由について詳細を把握したい。どのような要素が来訪客を呼び寄せるのか、また来訪客は夜市をどのように利用しているのか、これらを通じて夜市と利用客の関係を明らかにし、夜市の特徴・界隈性を議論するために、可能な限りの記録方法を用いて、記録を試み、分析を行うこととした。

調査は、前章で調査を行った台中市逢甲夜市にて、利用客が最も多く、また売り手も最大級の客寄せを行う、最もにぎわう時間帯である22時台から23時台にかけて行った。複数のビデオカメラによって、利用客の動きを記録した。得られた映像記録を後刻分析することによって夜市市場の場の特性、またその場にある利用客の行動パターンを明らかにすることを試みた。

2. 夜市の歩行者の観察

2-1 観察の方法

第一の観察として、夜市の場の性質を明らかにするために、訪れている客の歩行の様子を対象とした。

夜市の客の歩行の様子は、夜市の一部を俯瞰できる付近の高層建築物の屋上から、ビデオカメラによって撮影し、分析の対象とした。記録は、客の数が多くなる時間をねらい、22時台から約2時間を行った。数日間の調整の後、観察記録は2000年9月30日の夜に行われた。

2-2 分析結果

a) 交通量

逢甲夜市の文華路の通行量について、夜市エリアの文華路入り口にあたる逢甲大学正門にビデオカメラを設置し計測した。30分にわたって計測した結果、南行き北行きの通行量あわせて一分あたり約71人という結果を得た（表3-1参照）。文華路は本来、5m近くの幅員を持っているが、夜市の時間帯には屋台の張り出し・路面占有により幅員は狭くなり、観察の対象となった範囲では、3mを下回る場所がある。また、構

写真 3-1: 分析対象となった映像データ (抜粋)

表 3-1: 逢甲夜市の歩行者人数

時　　刻	南向き	北向き	合計
23:00 〜 23:10	283	397	680
23:10 〜 23:20	282	448	730
23:20 〜 23:30	267	450	717
30 分間の合計	832	1295	2127
1 分あたり	27.7	73.2	70.9

　造物や設置物のみならず立ち止まる人間がさらに幅員を狭くすることや、人の数には波があって数分ごとに人が多くなる時間があることが、歩行者流量に影響する要因として挙げられる。

　なお通過したのは、99％以上が歩行者で、30 分のうちに歩行者以外の通行は、スクーターが数台通過したに過ぎない。事実、歩行以外の交通はこの時間の文華路上では通行できない。

　前述のとおり、夜市は多数の市民に支持される場であり、単に人が混雑するだけではなく、密度の高い場所ではない。しかし、通路での人間の数と構築物の配置を考えると、不快・不適な環境としての条件、刺激の多さや、視界の中の人の多さなど、密度感やそれに応じた不快感をもたらす諸条件がそろっているように見える。

b) 歩行速度について

道路としての夜市は、歩行者が多い割には幅員が限られており、それほど通過しやすい通路とは考えにくい。歩行者がどのように夜市を歩行しているか、文華路上での歩行者について観察と分析を試みた。前節の分析で使用したビデオの記録を元に、90分間にわたっておおむね1分に1組の歩行者を(北行きと南行きを交互に)任意に選択し、その歩行の軌跡を記録しながら、定めた地点の通過時間を測定した。表3-2に結果を示す。

全サンプルの平均は、1.61km/hだが、これは、途中で屋台や店に立ち止まっている時間が含まれている。途中で立ち止まることの無かったサンプル85人の平均速度は2.34km/hであった。表3-2の注のとおり、中央値も比較的近い値であり、正規分布に近い分布であった。

一般的に歩行速度と通路の幅員との関係について、寄り道などを省いた、純粋な移動手段としての歩行速度は、理想的状態(十分な幅員、歩くための空間がある場合)で5km/h、一方最大限に混雑している状況で2.7-2.9km/hであり、その時点での交通量は、幅員1mあたり1時間5000人であるとされている(Pushkarev & Zupan, 1975)。この数値と、観察した文華路の数字を照らし合わせると、文華路は交通量が少ないにも関わらず、歩行速度が非常に遅いことがわかる。つまり、もっと速く歩くことが出来る状況にありながら、それをしない歩行者が多いことになる。実際、もっとも速く通過した通行者は、ほぼ通常と変わらない速度(およそ5.0km/h)で通過して

表 3-2: 逢甲夜市の歩行者の平均歩行速度 (Km/h)

	南向き	北向き	両方向
寄り道なし	2.47	2.20	2.34
(SD)	.67	.50	.60
寄り道あり	1.04	0.69	0.87
(SD)	.51	.61	.57
合計	1.76	1.45	1.61
(SD)	.59	.56	.58

寄り道なしのサンプルは、平均2.34、中央値2.29。
範囲1.36km/h～5.04km/hに分布し、正規分布に近い分布を成す。

Pushkarev, B., & Zupan, J.M., 1975, *Urban space for pedestrian.* Cambridge, MA: MIT Press.
　(邦訳:月尾嘉男(訳), 1977, 歩行者のための都市空間. 東京:鹿島出版会.)

いることから、文華路上の歩行者には、単なる移動のみならない意義を路上に感じ取りながら、あえて緩い歩行を行っていると考えられる。なお前述のとおり歩行者の通過には若干のリズムがあり、人通りの多い数分がある一方で、人通りが絶える一瞬もある。特に人が集まる瞬間には、歩みを停めざるを得ない時もある。このようなピーク時には、物理的混雑状態も歩行を遅らせる一因となっていることを付け加えておく。

辻川, 北浦 (2000) は、商業地での人々の密度や歩行の速さと場の性質の関係について考察している。歩行速度から見るとおおむね 3.5km/h ～ 4km/h を境にして、それ以上の歩行速度の場合は、その場所の「ストリート性」が高まり、以下の場合は「広場性」が高まるという。また服部, 田中, 仙田, 國吉 (1997) による「モール」の歩行客の検討では、歩行者の道路軸方向からの逸脱歩行は、商品や商店に対する意識に影響されるという。夜市は、店舗営業に最も都合のいい物理的形態 (歩行者に近い・照明で演出される・展示するコストが安い) によって商品を歩行者にアピールしているため、歩行者は常にこれらの商品を意識をしながら歩いている。

服部らはまた、道路軸から角度にして17度以上の歩行軌跡の逸脱は、道路上の移動以外の要因によって引き起こされるとしている。過度に一般化して対応させるのは慎まなければならないが、夜市の時間帯の文華路は、来訪者が意図的に遅く歩き、後述するが道路軸から逸脱して歩くことに現れる通り、道路としての機能が失われ、広場性を帯びた場所であるということができる。実際に夜市以外の時間帯には自動車の進入が可能だが、夜市が始まるとほぼ不可能になる。なおこの状況はこの通りに固定建築内に店を持つ人々の悩みの種でもある。

記録では、歩行速度そのもの以外に、1) 混雑していない空間なのにゆっくり歩く人がある 2) ジグザグに、あるいは往復している歩行者がいる 3) まっすぐ歩いていても視線が定まっておらずあたりをいつも見まわしている、などの特徴ある行動が散見された。仙田 (1998) は、本邦におけるモールの歩行者に特異的な歩行軌跡「ふらふら線形」「うねり線形」を見出し、その出現率が 10% 程度であることを述べているが、逢甲夜市ではそれを上回る率で、歩行者の歩行軌跡がふらついている。これらの現象

辻川ひとみ, 北浦かおる, 2000, 商業地における人の動きとストリートファニチュア : 戎橋周辺の事例研究にみる. 日本建築学会計画系論文集 533, 119-126.
服部ひかる, 田中理嗣, 仙田満, 國吉真哉, 1997, 商業街路空間 (モール) における歩行線形の研究. 日本建築学会 1997 年度大会学術講演梗概集 (中国)F-1, 45-46.
仙田満, 1998, 環境デザインの方法. 東京 : 彰国社.

は、文華路の道路としての役割というよりは、商業空間としての広場性・回遊性(例え
ば広い市場の中やデパートの中を歩くような)の反映であり、しかも、その効果は非
常に強力であると考えるべきであろう。

2-3　歩行軌跡の分析結果

　前節で観察の対象となった歩行者のうち、歩行速度の速い歩行者と遅い歩行者に
二分し、それぞれの群について歩行した経路、歩行軌跡について分析を試みた。選別
は、2.0km/h 以上か未満かによって行った。その歩行軌跡を図 3-1 に示す。図 3-1
のとおり低速歩行者は道路の軸線方向から逸脱した角度での歩行が多く、図中ではそ
れぞれの軌跡が絡み合っているように見える。服部ら (1997, 前出) は、商業地 (モー
ル) の歩行者の歩行線形の分析から、低速歩行者の歩行軌跡が道路の軸線方向から
逸脱する性質があり、それは街路上の店舗その他のオブジェクトに対する「立ち寄り
意識」によって影響されていると述べている。本稿で扱ったデータでも低速歩行群の
中には、店に入るために道路を横断したり、行過ぎてから引き返したりする例が複数
例存在した。なお、服部らの報告によれば、歩行軌跡のふらつきの角度は、17 度を
超えると移動以外の何らかの要因の存在が考えられるとのことであるが、図を見ると
わかるように、高速歩行群の中にも、これを超えるふらつきを見せている軌跡がある。
特に、図の右下の、道路右側の屋台の店先が 3 軒分にわたってへこんでいる部分で顕
著である。もともと、逢甲夜市の歩行者の歩行スピードはあまり速くなく、全般的に「立
ち寄り意識」は高い。そのような往来において、不ぞろいな間口のラインは特に歩行
者への影響を考えたわけではなかろうが、通行者の歩行を「ふらつかせ」ているよう
に見える点は興味深い。

　なお、更なる考察を試みるとするならば、通行者の視線の記録が重要かと思われ
る。通行者は、しきりに回りの店舗や商品を見回しているので、その視線の方向 (顔
の向いている方向) によってその通行者の行動をよりよく予測できると思われる。実際
には通行者の立ち止まりや立ち寄りの前には、歩行の方向を変えるより前に、目視に
よる対象物の確認がが見られたため、その通行者がどのような目的でその場所を往来
しているかは、歩行動線よりも視線方向の分析を行ったほうが本質的であろう。さらに、
通行者を立ち止まらせ、活発な取引の場、安全な場として市場を整備してゆくためには、
歩行の方向と同様に視線の方向をデザインの材料とするべきであろう。

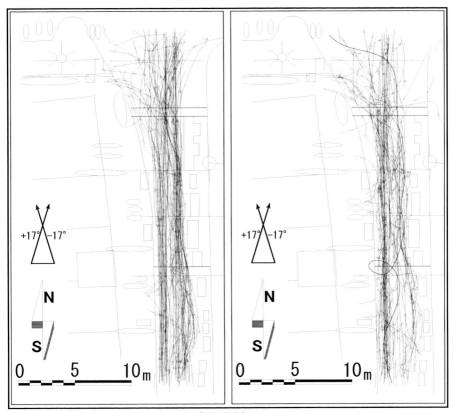

図 3-1: 逢甲夜市文華路の歩行者歩行動線
（左図：速度の速い歩行者　右図：速度の遅い歩行者）
歩行速度の遅い歩行者の軌跡は、道路振興方向から逸脱した方向への歩行が目立つ。
歩行速度が速いと分類された歩行者でも 17 度以上の逸脱が見られる。
なお図の上端は交差点に成っている為、歩行の方向は乱れる。

3. 屋台店頭の取引の分析

3-1　記録方法

　夜市が最も賑わう時間帯に逢甲夜市・文華路にある屋台 (ベルトやアクセサリーを取り扱う) において、屋台の背後からビデオカメラを用いて来客の様子の記録を試みた。この屋台は、飲食を伴わない商品を扱うので、店頭にとどまる客の滞在時間には、飲食時間が含まれない。また靴や携帯電話アクセサリーのように試着・試用に時間がか

からない商品であり、記録・分析に都合が良いと考えた。記録には、屋台とその背後の交通が撮影されるようにビデオカメラを設置した。屋台の取引客と交通の両方を記録した理由は、本章2節にて行った歩行者の分析に用いるデータと共用するためである。カメラは、当該の屋台に客がきた場合その人数や性別などを記録できるような角度に設置し、同時に正確な時刻が記録されるように留意した。記録は90分強にわたって行った。カメラの横には「夜市の様子を記録中」という意味の掲示を行い、対象となる来訪客に対して隠し撮りにならないよう配慮した。このビデオによる記録から、往来から離れて取引のために屋台に正対する客のみを取り上げて、その来店・退店の時刻と人数を分析の対象にした。同時に、客の年齢や性別などの情報も映像からわかる範囲で取り上げた。

3-2　来店客の様態

　客が何人のグループで来て、どの時点からどのくらい店頭に留まるか、ビデオに記録された映像データと同時に記録されているタイムコード(ビデオテープに記録される秒単位の撮影時刻)から読み取って整理した結果を表3-3にまとめた。

　来店客は、記録を取った93分50秒の間に74組133人の客が来店した。来店した客は、半数以上が2人組みであり、複数まとまって来店する場合が多い。しかし、5名以上のグループで来店した客はなかった。性別は、女性が圧倒的に多く、全133人の来店者のうち93人を占めている。特に2人組みの客は、男女の組かまたは女性2人の場合がほとんどであった。男性は、女性と共に来店する場合が多く、1人または男性同士で来ることはほとんど無かった。年齢を見ると10代または20代前半の客が多いが、高年齢の人々や、親子と思われる年齢混合のグループも来店しており、屋台が若者を相手にしながらも、単なる若者向けの店ではなく幅広い年齢層を受け入れていることを示している。

　客が店頭に留まった時間は、最短で3秒(店の人に一言尋ねただけ)から、最長で801秒(13分21秒)と広い範囲に分布している。平均は82秒だが、極端に長時間留まる客が数組ある一方で、10秒以下の客が20組と多く、正規分布をなしていないと考えられるので信頼できる代表値とはいいがたい。中央値は39秒、5%トリム平均は60.3秒であり、また実際に来店して取引にかかる時間を考えると40秒から1分程度が典型的な客の滞在時間であろう。10秒前後で去ってしまう客は、価格が高い、

望みの商品がない等の理由で、即座に取引を断念した客と思われる。また、平均値を引きあげる原因となった少数の長時間客は、仲間内で相談をしながら念入りに商品を選択する客が多く、屋台の上に並ぶ商品を端からすべて手にとって見ているのではないかと思われる客も見られた。また衣服に関しては、屋外のことで試着こそ出来ないが、陳列してあるものを広げて体の前面に当ててみる（またそれを何着も試して仲間内で見せ合う）行動は、観察の中でよく見られる行為であった（写真 3-2 参照）。

表 3-3 屋台店頭の取引の分析：対象店舗の来店客

項目	内容					
グループの人数	1人	2人	3人	4人	計	
	25組	43組	2組	4組	74組	
性別	男性	女性	合計			
	40人	93人	133人			
年齢階層	10代	20代前半	20代後半	30代	40代以上	混合
（グループ毎）	9組	30組	13組	10組	4組	8組
店頭に留まる時間	範囲 最小値 3 秒、最大値 801 秒（13 分 21 秒）					
	平均 82 秒		中央値 39 秒			
	短時間が多い J 型分布、件数は少ないが長時間留まる客がある。					

写真 3-2: 屋台店頭で、友人に服を押し当て試す客

3-3 来店客の時系列的様相

a) 取引現場の魅力

　夜市を通行する客は、所々で滞りながら歩行しており、屋台にとってはきわめて魅力的な取引対象である。しかし、彼らに来店を決心させ行動を促するために、どのような環境が必要であろうか。

　屋台の物理的な構造やその配列上の問題については、小倉,志賀,出口(2001)によって調べられている。例えば、夜市の中で通路に対して垂直な奥行きを持つ空間や、通路に張り出して設置される屋台とそれによる幅員の減少などが記録されており、その通行者に対する影響が想定できる。また、目を引く商品のディスプレイや看板、それに光を当てる照明の効果なども通行者にアピールする物理的な配置として効果的であろう (馬場 , 南 ,2000)。

　更に、逢甲夜市で利用者に対して行った質問紙調査では、夜市に来る理由や夜市の魅力について自由回答を求めたところ、「熱鬧」という回答が多く寄せられた。「熱鬧」とは、活気や賑わいを表している言葉である。特に他の目的を持たずに、ただ市場の賑わいを求めてやってくる人々が少なからずいるわけである。単純に多くの人々によって路上が混雑しているだけでは、活気や賑わいとは呼べない。そこで、賑わいのひとつの源泉と思われる、夜市での商品取引の場について検討することにした。実際には、利用者がどのように夜市の取引現場−屋台を利用しているかを観察した。

b) 解析の手順

　解析は、ビデオの記録を参照しながら時間見本法の手順に基づいて行った。まずビデオに記録された客の来店の様子を 1 秒単位で転記し、時系列に沿ってダイアグラム化した (図 3-2)。その上で、同時に記録された時刻 10 秒ごとに、店頭にとどまっている来店客のグループ数と人数を記録した。すなわち、10 秒間隔の時刻ごとに来店している客が記録の対象となる 10 秒毎の時間サンプリング法による観察を行った。ビデオに記録した時間は 93 分 50 秒 (5630 秒) であったので、結局 564 時点の客の様子をコード化できた。来店客の人数・グループ数を図 3-3 に示した。

小倉一平 , 志賀正規 , 出口敦 , 2001, 夜市における攤販の占用形態とにぎわい空間に関する研究 . アジア都市研究 3(2), 13-26.

馬場健彦 , 南博文 , 2000, アジア都市におけるにぎわいの構造 (1): 台北・ハノイ現地調査報告 . アジア都市研究 1(1), 37-58.

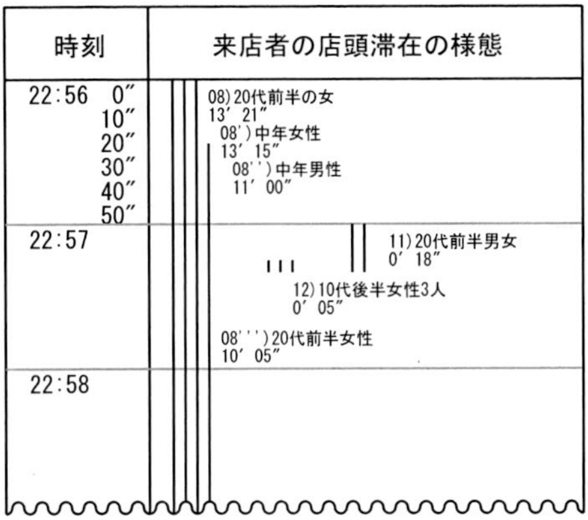

時刻
来店者の店頭滞在の様態
22:56 0″
10″
20″
30″
40″
50″
22:57
22:58
08) 20代前半の女
13′ 21″
08′) 中年女性
13′ 15″
08′′) 中年男性
11′ 00″
11) 20代前半男女
0′ 18″
12) 10代後半女性3人
0′ 05″
08′′′) 20代前半女性
10′ 05″

図 3-2: 屋台の客、時系列解析ダイアグラム
（抜粋）

客人数／グループ数（人／組）
9
8
7
6
5
4
3
2
1
0
客人数
グループ数
22:44:00
22:48:00
22:52:00
22:56:00
23:00:00
23:04:00
23:08:00
23:12:00
23:16:00
23:20:00
23:24:00
23:28:00
23:32:00
23:36:00
23:40:00
23:44:00
23:48:00
23:52:00
23:56:00
0:00:00
0:04:00
0:08:00
0:12:00
0:16:00
時刻

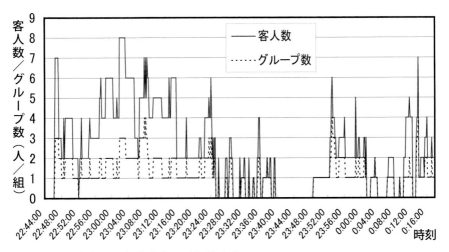

図 3-3: 逢甲夜市の屋台来店客の時間的変化

来店客数やグループ数を観察すると、客がランダムに来店するというより、来店者が多い時間帯と少ない時間帯を繰り返しているようにみえる。多くの来店客が賑わういくつかのピークがあり、また逆に全く客が寄り付かない時間があったりする。例えば図中の 23 時 8 分頃や 23 時 54 分頃は、複数のグループからなる多くの人々が次々に訪

れているが、対照的に23時26分頃からは客が来たり全くいなくなったりを繰り返した後23時40分から9分以上にわたって全く客が来ない時間が存在することがわかる。

　実際に現地でビデオによって記録している時点では、店頭の客足に影響しそうな事件や出来事は起こっておらず、特別に歩行者の興味を引くような環境の変化は特に感じられなかった。またビデオにもその兆候は見られなかった。94分間に74組の客がランダムに現れて平均1分弱滞在するとしたら、例えば無人の時間が9分も続くことは例外的とも言えよう。何らかのメカニズムが働いていて客を遠ざけているのではないかと考えられる。

c) 客数の変化の可能性

　屋台への客の来店の様子に前述のとおり、均等ではない偏りが示されている。そこで、来店している客のグループの数を10秒ごとにサンプリングし、各時点からそれぞれ10秒後の客のグループの数を比較して検討することとした。言い換えると、10秒ごとに記録された客のグループ数と人数が、その10秒後にどう変化するかを検討した。10秒ごと、564時点のうち、最後の時点は、直後の時点と比較できないために除外した。残る563時点について客の組数と、10秒後の客の組数について分析を行った。結果を表3-5及び図3-4に示す。

　まず、店頭に誰もいない、来店者0組の状態からは、物理的にこれ以上来店者が減少するはずもなく、その分増加する傾向が高そうに思えるが、10秒後に新しい客が来る確率は、11.7%であり、1組の客が既に居る状態からさらに客が増える確率よりも低い。0組の客が居る状態から、1組以上の来店がある状態への変化は稀である。

　一方1組の客がある状態から、10秒後に来店者0組になる確率は、わずか6.0%で極端に少ない。誰か1人でも店頭に居る状態ならば、まず来店者0人にはなりにくく、店頭の来客者数を維持するかむしろ増加させる可能性のほうが大きいことがわかる。つまり、来客者0人の状態には比較的変化しにくいが、一度その状態になってしまうと、新しい客が来店する可能性は低く、来店者の居ない状態が続く傾向にあることがわかる。

　しかし、来店者1組以上の場合は、比較的状況が変化しやすい。今回の記録では最高4組まで一度に店頭に来店した。したがって4組以上になる可能性は全く無いが、少なくとも来店者1組の状態と来店者2組以上の状態の間は、来店者0組と1組の間

の変動に比べて変動が多い。

　結論として屋台では、新しい客を呼び込むためには少なくとも1組以上の客が店頭に居ることが重要である。先客があること、それが新しい客を店頭に呼び込むための何らかの手がかりとなっていると考えられる。したがって屋台にとって来店者は商品を買ってくれなくても必要な存在であり、単に世間話をしているだけでも次の客への重要な手がかりとなっているのだ。また客にとっても、商品を購入せずとも、ただ来店したり、時には冗談を言い合ったりす

表 3-4　屋台客グループ数と 10 秒後のグループ数

	10 秒後の組数			
来店客グループ数	減少	増減なし	増加	合計
0 組	—	136	18	154
	—	88.3%	11.7%	100%
1 組	15	203	31	249
	6.0%	81.5%	12.4%	100%
2 組	31	89	4	124
	25.0%	71.8%	3.2%	100%
3 組以上	10	22	4	36
	27.8%	61.1%	11.1%	100%
合計	56	450	57	563

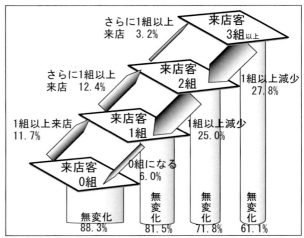

図 3-4　屋台店頭の人の増減

ることの出来る夜市での"買い物"は、他の場所でのそれに比べると気軽で安心な環境だといえるであろう。

　また既に言及した、"仲間同士で商品を長時間物色する客"や"商品を試してみる客"は、屋台にとって新しい来店者を呼び込むために有効な"広告"になっているのではないかと考えられる。屋台は、店内と屋外の区別がなく、陳列された商品がそのまま通行者に向けられる一種の広告看板となっている。陳列された商品を手にとって

見てくれる客や、それに対して店主が持ちかける値段や別の商品の提案についての会話は、ただ商品が並べられている状態よりも、通行人を呼び寄せるのであろう。

4. 逢甲夜市に見る夜市の場の考察

4-1 高密度な場の偶発性

　都市の高密度性と異質性が生み出す、突発的・偶発的なコミュニケーションの発生や、異質なもの同士の出会いといった現象や場は、都市の本質的な価値の一つと考えられるが（Gehl, 1987）、現在の都市では、このような偶然に頼る活動や場は、混沌を生み出しかねない、秩序を乱す要因として排除されるようになってきた。都市計画においては、予想されるこれらの混乱要因を予め抑制し、計画的にコントロールすることが目的とされる。道路交通法はその典型で、日本をはじめアジアの国々で屋台や夜市を規制する法的根拠となっているのは、道路交通に関する法である。

　また、都市における偶発的な出会いとコミュニケーションは、都市のもつもう一つの性質である「機能の細分化」と両立しがたい側面もある。都市住民は、自分らが属する社会的なポジション（職能・役割）に基づいて他人と接触すべきであり、偶然に基づいていたり、役割や意図の外にあるコミュニケーションは、日常的には行われなくなっている。また、それが都市生活者の行動の流儀であり、暗黙の了解でもある。

　したがって、現代の都市では、都市がとりもつ異種の交配・交換といった都市性（urbanity）の積極的な側面が、現実の都市生活において実現しにくくなってきた。逆に高密度環境を忘れるための、プライバシーを重んじた生活スタイルが都市住民の職能・役割重視の生活を生み、偶発的出会いを抑制したかもしれない。

　本節では、このような現代都市において、夜市が果たし得る社会促進的なはたらきについて、本研究で得られた結果を交えて考察したい。

4-2 夜市での交錯

　混雑しており、また道路としても市場としても、飛びぬけて高く評価できるとも思えない夜市は、それにもかかわらず広範囲から利用客を集めている。観察のとおり、多くの客がさまざまな商品の間をゆっくりと、あるいはふらふらと回遊していた。その結果としては何が生じているのであろうか。

Gehl, J., 1987, *Life between buildings.* New York: Van Nostrand Reinhold.

ここでは、「交錯」という概念を提案して、夜市的な対人交流のもたらす意義を考察したい。交錯とは、物や概念が行き交う中で、出会い、交換されることを意味する。例えばお金や商品が交換される商業的取引は、交錯の主要な一側面である。しかし夜市で交錯しているものはそれだけではない。様々な場所から、様々な目的を持った人々が同じ場所に集まって会話を交わすこと、例えば商業的取引を伴わない店主と客の会話なども交錯に含められる。異質な人間同士が同じ時に同じ店頭に立ち、場を共有すること、商品や客の好みについての情報が、客と店主の間でやりとりされること、これらは、多種の人々や情報の交錯であり、また時にはや感情も交錯している。いまでは遭遇することが難しくなった、" 偶然に基づいた異質なもの同士の交錯 " が夜市には大量に存在する。様々な問題を内包している夜市だが、交錯を発生させる点においては、通常の店舗や昼間の繁華街と比べて、必要な条件がよくそろっており、有効に働いているように見える。

　夜市の実態から見ると、真の夜市の機能は、異質な人間や物品、情報を効率よく交錯させることにあるのではないだろうか。そのはたらきは、比喩的に表現すれば、昆虫を媒介にした植物の受粉戦略に似ていると言えよう。植物は、なるべく多くの昆虫を呼び寄せる。それによってなるべく出自の異なる花粉を運搬させ、交配の組み合わせを増加させようとする。夜市で起こっていることはそれによく似ている。昆虫のかわりに利用客が多くやってきて、花粉の変わりに商品や情報とが交錯する。交錯が多ければ多いほど夜市はにぎわい、結果的に、夜市は大量の利用客を通じて自らの存在をより強固にしているのである。夜市では交渉があり、会話や冗談が交錯し、商品が受け渡される。言葉やモノ、貨幣を介しての交錯機能が働いているのである。この種の比喩には飛躍が多く、その弊害もある。しかし、街区や人間の生活を他の生物やその生態などになぞらえる事によって、1) 見落としている側面を明らかにする 2) 活動やその循環を促進する方法や視点を得やすい、などの利点がある。街区や住宅を「細胞」になぞらえる岡 , 藤井 (2006) の試みや、人間の生活の変化や進化を生物の生体内の組織に置き換えて考える西山 (1994) の説明がこれに当てはまる。本事例では、植物 (夜市の店舗) や、その花を訪れる訪花昆虫 (来店客) を例として挙げた。これによって、別の種の植物、他の形態の店舗はどのようなシステムで来店客や商品の情報を集めるのか、また夜市 (という植物) と他の形態の店舗 (デ

岡秀隆 , 藤井純子 , 2006, 都市コミュニティの再生―両側町と都市葉 , 東京 : 中央大学出版部 .
西山賢一 , 1994, 文化生態学の冒険 , 東京 : 批評社

パートなど）は、どのようなすみわけが行われているのか、など、解決していない点があることが指摘できる。さらに例に沿って考察することも可能だが、ここではデータに基づいて考察を進める。

　夜市において、利用客は商品を買うことを通じて夜市や屋台に直接的な利益をもたらす。それは「物とお金の交錯」にあたる。しかし、夜市で起こる交錯は取引だけではない。利用客にとっては「どんな客がどんな物を買っているのか」「自分の気に入ったものがどの程度の価値なのか」といった商品の情報を観察し入手することができる。店主との会話の中で、さらに詳しい情報を引き出すこともできる。店主の側からみると、「どんな客がどんな商品をほしがっているのか」「この商品はどれくらいの値段だと購入されやすいか」など、客の嗜好を知ることができる。こちらも、客に対して直接問うことで、より明確な情報を仕入れることができる。

　さらには、屋台でのコミュニケーションの観察結果に見られるように、店主との世間話に応じることや、単純に店頭に居ることそのものが、営業者にとって間接的な利益となる。店頭で立ち止まってくれる客は店舗にとって一種の看板であり、他の客を足止めさせる装置でもある。

　このようなニーズと仕組みによって、活発でにぎやかな－豊富な交錯のある－夜市の雰囲気が維持される。そして高い視点で見た屋台や夜市の特徴、客の嗜好や流行に敏感に反応できる、小回りの効く夜市の利点が生きる商業形態を生かした繁栄につながると考えられる。

4-3　交錯を期待する準備状態

　都市の交錯機能は、偶発的に生じる物理的・社会的な交流作用であるが、この種の社会的場についてソシオトープという単位を分析の対象にすることをわれわれは提唱している（馬場, 南, 2000, 前出）。ソシオトープとは、「小さな社会的な場」であり、生態学において有機的な連関をもった最小単位の生態系をビオトープと呼ぶことに範を得て、社会生態系の最小単位として考えたものである。この観点からすると、屋台の店頭で行われるコミュニケーションは、ソシオトープの単位と見なすことができる。馬場, 南（2000, 前出）によれば、屋台はソシオトープを生み出すのに有利な条件を複数持っており、効果的なソシオトープ発生装置である。本章の観察では、屋台店頭の取引（実際には取引に至らないコミュニケーションが多数存在したが）を取り扱った

が、この取引場面も一種のソシオトープとして考えられる。観察の結果からは、新しくソシオトープを生み出すこと（客のない状態から客を集める）より、既存のそれに近づき、それをきっかけにして新たな拡大したソシオトープを作ったり（既に他の客のいる店の方が入りやすい）、あるいは巻き込まれたり（既に居る客を利用して新たな客を招く）することのほうが簡単であることが示唆される。夜市の利用者はおおむね複数人のグループが多く、一人で訪れる利用者が少ないことも、夜市でのソシオトープへの参加を考えると理解できる。一人対一人の緊張したコミュニケーションよりも、複数人が居合わせて様々な意見が飛び交う中のほうが気が楽であるし、見知らぬ店主や他の客とのコミュニケーションもとりやすい。また、見知らぬ一人の人に何か話しかけることは、緊張を伴うが、友人同士であれこれ会話しているところであれば、店主や別の客が輪に加わるきっかけがつかみやすい。こうした、友達同士や家族連れで、といった複数人のグループで訪れる夜市の習慣は、夜市のにぎやかさと交錯を演出する資源となっているのではないか。

　歩行軌跡の分析結果から考えると、夜市の歩行者のほとんどが、ソシオトープに新しく巻き込まれる準備段階にあるといえるだろう。歩行軌跡の分析のとおり、歩行者の歩行速度は必要以上に遅く、周囲を物色しながらふらふらと歩行している。都市における歩行線形を分析した仙田（1998, 前出）は、前述の通り日本の商業モールにみられる、回遊時に特徴的な歩行線形の出現率が10％弱であることを明らかにしている。

今回観察した台中市の夜市での歩行者においては、仙田のいう「ふらふら線形」、「うねり線形」の出現がきわめて高いことが特筆できる。このような歩行パターンが意味することとしては、歩行者が何か興味を引くもの、琴線に触れる事態や対象があればすぐにでも立ち止まれる状態を維持しながら回遊しているということである。この点についてはなお今後の検証が必要である。少なくとも夜市全体が、「何かにぶつかり、交錯する」ことを求めている、つまりソシオトープを創り出そうとする活性に満ちているように見える。

4-4　機能から見た夜市

　夜市は、一義的には路上において限られた時間にひらかれる市場であり、したがって通行できる通路と生活上の幅広い商品を取り扱う市場の機能を併せ持つ空間であ

る。しかし、通路の機能としては、自動車の通行は不可能であるうえ、歩行者の通行も滞りがちで、事実上通路の機能はほとんど果たしていない。現在数多くの都市で自動車の渋滞が重大な問題のひとつとされているが、円滑な道路交通を考えると、夜市が渋滞を引き起こすことはあっても、緩和させることは無い。現実に、台中市の夜市や屋台に対する規制や取締りの、最大の理由は円滑な道路交通をしなければならないという点にある。夜市を道路としての機能のある場所と考えるのは無理であろう。通行者も移動を目的とする歩行者として通行しているのではなく、あえてゆっくりふらふら歩いているという実態も、これを裏付けている。

　一方で夜市の市場としての性質について考えてみると、夜市は生活に関係する幅広い商品を扱っている。しかし市民にとっては、それら商品を入手する場は夜市ではなく、普通の商店でも入手することも出来る。あえて言えば、いくらか価格が安いこと、かつ商品の種類が多いことが多少のメリットになっている程度である。つまり他の店では入手出来ない商品や、特別な価格的メリットなど、市場としての優位性があるわけではない。あくまで多数の小売店が集まった、小売商業の一形態に過ぎないとも言える。

　以上のように、夜市は、面積に対する機能の集積と言う側面からは果たしているとは言えない。したがって夜市に対する評価は、通行の便や商取引による経済的利益といった「機能」に還元して考えられる功利的な計算によるのではなく、そこを回遊する人間にとっての意味・価値といった点からの評価が必要である。言い換えると、高い視点から、交通渋滞や夜市の取引額をつき合わせて損得を考えるような方法ではなく、利用者にとってどの程度「生活に不可欠な場」であるかを知る必要がある。利用者にとって夜市とはどのような場であるのか、そこでは何が行われ、またそこに来る人々は何を期待しているのかを明らかにすることが、夜市に対するより本質的な評価次元を見いだすことになろう。そのためには、より踏み込んだ利用者に対する意識や態度の調査が必要となろう。

4-5　夜市の戦略、活発な交錯のために

　本節では交錯をもたらし、市場の存続をより確実なものとするために夜市が持っている道具、戦略を考える。前節までで、交錯をもたらすことを、夜市の機能の根源として提案したが、実際に交錯を産出するために、夜市はどのような仕掛けを持っているだろうか。また、それによってどのような場を創り出しているのか。以下に考察する。

a) 単位の集積と固定

まず、屋台・店という、植物に例えると一輪一輪の花にあたる単位を多種多量に高密度に集合している。いわば群落となっている。これによって利用客は目的や商品に縛られずに訪れることが可能になる。何かが必要な時のみならず、"その場で欲しくなる何かがある"ことを求めて訪れることも出来るのだ。利用者からの報告では"商品が多様だから"という訪問理由がかなり多く挙げられていた。

また夜市は場所と時間が決まっている。あたかも植物の群落の場所と開花時期が決まっているかのようである。一度訪問し、その営業時間やスケジュールを理解すれば、次回からはもっと簡単に訪問し、利用できるであろう。この固定性によって夜市は広範囲、例えば台中市外からも多数の客を集めている。

b) 利用者の五感に直接訴える構造

また、夜市はいくつかの感覚に訴える仕掛けを持っている。前述のとおり目を引く看板や商品のディスプレイ、食品の匂い、また呼び込みの声や音楽の音などが最もよく利用されている。これらはあたかも"昆虫が認識しやすい色や匂い"を持つ花のごとくに利用者を引き寄せる。

気軽な屋台や夜市内の店舗では、商品に触れることが許されている。商品の手触りや手ごたえも仕掛けのひとつであろう。さらに、夜市は、利用客そのものが、他の利用客にとっての魅力となっていることは観察結果のとおりである。店舗の物理的な工夫や店主・店員の活動のみではなく、利用客と店舗側とのコミュニケーションのにぎやかさが、次の客を店頭に引き寄せる吸引力となっているのである。

c) 界隈性の源として醸成される場

以上の仕掛けを以て夜市は利用客を誘い込む。また仕掛けで誘い込まれた利用客は交錯することを自ら享受しながら、夜市の存在に寄与しているのである。

ところで、夜市で営業する店舗側から見れば、市場の活性化のためには、取引の増加・売上への貢献が重要な目標である。しかし、都市の活力を表す単位として、市場を考えると、必ずしも取引の量だけが市場の豊かさを表すとは思えない。単に取引金額だ

けで述べれば、都市には人が介在しない市場（例えば証券取引など）でも莫大な量の取引が行われている。

　本稿は居住の場・生活の場としての都市、その象徴的場所としての市場を取り扱ってきた。また都市に生活し市場を利用する人々にとって、市場に必要なのは取引の量ではなく活発な交錯、すなわち取引の有無を問わない様々な形態のコミュニケーションではないだろうか。市場を利用する者は、多くの商品の中から自由に選択したいという取引上の希望をもっている。また商品の取引にこだわらない範囲では、都市の一界隈としての夜市に、リラックスできるにぎやかさや気楽なコミュニケーションを求めている。夜市は、店主や周囲の人々とのコミュニケーション、それを取り囲む様々な演出を通じて、上記のニーズの両方を享受できる場である。

　この点において、小さな屋台で行われる商いは、店主と相対しての会話や交渉が避けられない点が面白い。もともと夜市では活発な客引きの声が各所から上がるが、いったん足を止めると、店主との会話が始まる。客と店主は商品をはさんでごく近い距離で正対しており、商品の選択一つ一つについて店主は即座に「口出し」出来る体勢にある。それは一見やかましくて落ち着かない状態に見える。しかし、効率を優先して、商品についての知識やアドバイスを受けることの出来なくなった近年の一般的な小売店（特に大規模店舗）を考えると、夜市の商業スタイルは、商いにおける生身の人間のコミュニケーションが最大限利用されている形態であり、それが魅力の一つにもなっているのだ。もちろん利用者は、交渉の結果購入しない選択も自由に出来る。店主にとっては、客が交渉にのってくれることで、利用者の好みや値段についての感覚を知ることが出来るし、また他の利用者を店頭に惹きつけることも出来る。商品だけに留まらない交錯が生じれば、店主も利用客もメリットを享受できる。

　都市の本質的な機能としての交錯は、夜市の中では、時に店主から新しい客に商品が受け渡され、あるいは店主は客から店主へ最近の流行の情報を得る。またある時には取引とは関係のない会話で盛り上がる。こういった夜市が生活者に求められているので、商売一辺倒に陥らず、利用者から求められ支持される夜市を維持していくことが、営業者にとっての夜市の価値をも高めているように見える。

　逢甲夜市は、本稿では触れることの出来なかったいくつかの問題点を抱えながらも、さまざまな利用者の足を止め、多くの客を呼びこむことに成功しているため、利用者

からの支持も高い。活発な交換機能を発揮しているにぎわいのある都市の生活の場としての夜市は、問題を解決しながら維持されていくことがのぞまれる。

4-6　さらなる都市居住論へ

　最後に、今回とりあげた台中市の夜市を含む、アジアの都市中心部における屋外での活発な人間活動がもつ先進的な意義について述べたい。

　問題部でも触れたように、アジア都市における高密度な都市環境は、これまで都市計画の遅れとして認識され、密度の抑制や区画整理などによって秩序立った環境へと順次整備されていくべきものと見なされてきた。生活環境の面から、あるいは交通渋滞などの現実的な問題の解決のために、ゾーニングその他の手法を用いた計画的な敷地利用の再配置がなされることの重要性を否定するものではないが、本論で見てきたように、伝統的なアジアの都市中心部がもつ界隈性がもたらす「交錯」の役割に対する認識とそれを生かす方法論が、これまでの都市計画論には欠けていたように思われる。もちろん界隈の重要性を指摘する論点は今までにも多々出されてはいるが、都市の具体的なデザインに関してそれを実現するための基本的な概念装置はまだ提示されていない。

　本論では、「交錯」という概念を提示して、都市戦略としての夜市の働きを、人間行動の側面から分析し、そこに見られる「方法論」を読み取る試みを行った。一見、不合理で、邪魔に思える夜市の中では、豊かな情報の交錯と取引があり、またそれだけではない「街のにぎやかさ」「市場の活気」という独特の都市的界隈性を放って人々を引き寄せている。全体として「都市的」「アーバニズム」といった冷淡で無関心な人間の態度は抑えられ、むしろ都市の多様性と高密度性を利用した活発なコミュニケーションが生み出されている。

　こうした高密度アジア都市の都心がもつ人間活動を活性化するしくみを積極的にとりあげ、それをモデル化しながら実践に使える道具に仕立てていくという企ては、中心市街地の活性化が火急の課題となっている現在の日本のみならず、今後同様の問題が発生してくることが予想されるアジア諸国の都市にとっても大きな共通の関心事であろう。

　これからの試みにとって重要なのは、アジアの都市のもつ人口や密度などの量的なエネルギーと、活気ある取引や活発なコミュニケーションとを生かすことであり、また

失われた「人々の都心」の姿を創造することである。本章では、そのモデルはまだ姿を見せてはいないが、「交錯」をもたらす都心小売市場の機能とその背景を捉えたところである。次章以降、都心の商業に加えて、住環境についても考え、アジア都市の高密度な都心の生活について、別の側面から明らかにしていく。

引用文献

馬場健彦, 南博文, 2000, アジア都市におけるにぎわいの構造 (1): 台北・ハノイ現地調査報告, ア
　ジア都市研究 *1*(1), 37-58.
Gehl, J., 1987, *Life between buildings*. New York: Van Nostrand Reinhold.
服部ひかる, 田中理嗣, 仙田満, 國吉真哉, 1997, 商業街路空間 (モール) における歩行線形の
　研究, 日本建築学会 1997 年度大会学術講演梗概集 (中国)F-1, 45-46.
西山賢一, 1994, 文化生態学の冒険. 東京 : 批評社 .
小倉一平, 志賀正規, 出口敦, 2001, 夜市における攤販の占用形態とにぎわい空間に関する研究 .
　アジア都市研究 *3*(2), 13-26.
岡秀隆, 藤井純子, 2006, 都市コミュニティの再生−両側町と都市葉. 東京 : 中央大学出版部 .
Pushkarev, B., & Zupan, J. M., 1975, *Urban space for pedestrian*. Cambridge, MA: MIT Press.
　(邦訳 : 月尾嘉男 (訳), 1977, 歩行者のための都市空間. 東京 : 鹿島出版会 .)
仙田満, 1998, 環境デザインの方法. 東京 : 彰国社 .
辻川ひとみ, 北浦かおる, 2000, 商業地における人の動きとストリートファニチュア : 戎橋周辺の事
　例研究にみる. 日本建築学会計画系論文集 *533*, 119-126.

謝辞

台中市における現地調査は、台中市逢甲大学都市計画研究所准教授李素馨先生 (当時)、およ
び同研究所の大学院生各位の協力によって行われました。ここに記して感謝いたします。

第4章
ハノイ旧市街地区の概要

ハノイ:ハンコアイ通り

1. 居住と密度

台湾台中市を対象とした夜市の調査および議論によって、都市における密度の高い小売市場が、「異なる人々や情報の交錯の場」として機能し、欠点を持ちつつも台湾の伝統の中に組み込まれていることを明らかにした。しかし夜市という商業的都市環境に重点を置いた結果、夜市の商業的取引やその場にまつわるルールや生態、またその魅力は明らかになったものの、近隣住民との関係は何らかの問題があることを示唆しながらももも明らかにはできなかった。

2章の夜市利用客に対するアンケートに、「夜市は好きだけれども、自宅のすぐそばにあるのは不快である」という回答に代表される結果が挙がっている。それでは実際に夜市のそばに住んでいる人々は、夜市の喧騒や交通上の問題についてどのように感じているのか、市場という商の場と住居との関係を明らかにすべきであった。こういった内容を住民個人から聞き取るためには、調査の手順や住民との接触においてよほど準備をうまく整えてかからないと、様々な利害関係の中にある住民の本心を聞くことは難しい。特に我が国や台湾など、ある程度近代化が進み、個人の生活を重んじる地域では、自身に益がないのに、本心を明かすことによる危険を冒してまで、身分や立場のはっきりしない外国人の調査に協力することは難しいのではないかと思われる。

大きく捉えれば高密度都市における「集住」と「活発な商業」との関係を明らかにすることが課題となり、次の調査の焦点となった。また、そのためにどのような調査が必要か、準備を進める事とした。

2. 調査対象の選定

前章の台湾のように、高密度環境の中に商取引と居住とが一体となって存在する場を、今度はユーザーや住民の視点から検討するため、それに適した調査対象地区を選定することとした。こうした場所は、中国もしくは華人の文化圏の中に沢山存在する。もともと「商住混合」の住み方を伝統としてきた華人の文化を受け継ぐ地域では、一定の住民が居れば、同じ地域に一定の商店や食堂が住居に混在して営まれる。またこうした街の特徴は、朝食を外で食べる各地の華人の習慣も影響している。毎日の食を供する食堂や持ち帰りも可能な店が、家や職場の近くに必要なのである。

こうした中華文化に支えられた、商住近接の文化を継承する国や地域がいくつかある。

a) シンガポール

　シンガポールの国民は八割弱が現在の中国にルーツを持つ華人である (二宮 , 2008)。また台湾と同様の高密度集住の国でもある。国民のほとんどが集合住宅に生活している。シンガポールは密度の高い集住とともに、従来は屋台が無秩序に小売市場を形成していた。しかし、政府の強い指導によって屋台は公共の路上から駆逐され、その代わり「ホーカーズ・センター」(屋台センターの意) が作られることとなった。ホーカーズセンターは、一般の食堂・レストランと似た性格を帯びているが屋台時代の伝統を受け継いでもいる。屋根はあるもののピロティのような壁の無い構造であったり、利用客が座るイスとテーブルが、複数の店の共有であったりする点は「屋台の集合する市場」を彷彿とさせる。また、そもそもホーカーズセンター自体が、開放的な構造の中に複数の店舗が入っているという、個別のレストランとは異なる構造を持つ。またセンター内各店の構造も、屋台の営業を思わせるつくりになっている場合も多い。客単価もレストランより安く屋台時代の利点を残している。

　1990 年代には屋台からホーカーズセンターへの移行作業が終了し、屋台を営んでいた人々は、ホーカーズセンターの中に店を持ち営業することとなった。こうしたホーカーズセンターは、一定以上の住民を持つ街区や、一定規模以上の建物には必ず設置することが定められている。例えば商業施設にはもちろん、役所であっても一定の規模以上の建物内には、ホーカーズセンターかそれに類似した喫食施設が存在する。また高層集合住宅からなる団地などでは、団地の中央もしくは玄関口にあたる公共交通の発着場所付近に大きなセンターが一つ、また数棟のグループごとに小さなセンターが一つという具合に、生活の利便を損なわないように配慮した形で、屋台文化の末裔が満遍なく息づいている。

　しかしながら、ホーカーズセンターという再構築された小売形態によって、シンガポールの町は土地の用途分離が進み、住宅地と商業地 (それも小売と業者間の二種) の分離が進んでおり、商住近接の街の伝統が薄らぎつつある。従って、本稿で求める商住近接と、密度・住民の関係を探るには、対象場所としてふさわしくないと判断した。

二宮道明 (編), 2008, データブック・オブ・ザ・ワールド　Vol. 20: 2008 年版 , 東京 : 二宮書店 .

b) 中華人民共和国

中国でも、商住近接・商住一体化の街なみがあり、また露店や屋台の文化も古くから現在まで続いている。北京の郊外など住宅地では、集合住宅団地であるにも関わらず、一階の居室を地元客相手の商店として無理やり転用していたり、繁華街でも路上に布を敷いて商品を並べる露天商も見かける。

しかしながら2001年、予備踏査のために、北京および大連を訪問した際、固定店舗はともかく露店や屋台に関する法規などの資料が得にくく(従ってどんな屋台が合法か区別できない)、街路の詳細な地図の入手・あるいは作成も困難であり、しかも当時北京では2008年のオリンピックを誘致すべく、街路や街区の大規模な改修・改築が繰り返されていた。(その後誘致に成功しさらにこの建設ラッシュに拍車が掛かった。) また他都市でも、外国人が自由に活動できる都市は都市改造が進行中であった。したがって、都市街路の物理的配置が激しく変化している中国本土での調査は困難であると結論付けた。アジアの屋台文化、外食の習慣、商住混合の文化の源の一つと見なされる対象地であるだけに残念であったが、中国での調査は断念した。

3. ハノイ旧市街地区

3-1 ハノイ市

様々な要素を考慮した結果、商住が混交し、密度が高く、集住の伝統が残る街であり、かつ商業の盛んな街として、ハノイ旧市街地区を調査対象地に選定した。ハノイ市は、ベトナム北部の紅河(こうが・ホン河・ソンホン)下流のデルタ地帯(トンキンデルタ/ソンコイデルタ)の河畔に発達した都市である。位置は、海岸線から直線距離でおよそ60km(道のりで100km)離れており、ちょうど円弧状デルタの頂部にあたるために、デルタの複数の河川や水路が集まり、水運の便のある場所である。この立地から、デルタで行われる稲作の産物である米やその

図 4-1 ベトナムおよび周辺諸国の位置関係

他の農産品の集積地として発展してきた歴史を持つ。

　ハノイ市は、現在同国の首都であると同時に、南部のメコン川デルタ地域に位置するカントー市・南部の大都市ホーチミン市・中部のダナン市・ハノイの外港に当たるハイフォン市と共に「中央政府直轄市」に指定されている。調査時には、同国内南部のホーチミン市の方が人口や経済の情況の面で上回っているが、それだけに古都であり首都であるハノイの落ち着いた雰囲気を好む意

図4-2 ハノイ市および周辺の位置関係

見も多い。ハノイが首都でありながら、人口や経済の規模の面でホーチミン市より劣っている点は、中国の北京と上海の関係に類似している。

　かつては南北に長いベトナムの北部と南部とで人々の行動様式や対人態度が違う（北部の方がおとなしく、他人と打ち解けない）といわれた。しかし現在では、テレビを始めとする情報や、人々の交流や移動機会の増加、運輸の発展によって、以前ほどの差は見られなくなったといわれる。しかしながらベトナムの南部と北部は地理的・気候的条件が異なる。農業国としてのベトナムを見ると南部の方が圧倒的に営農に有利であり、「南部の貧農は北部の豪農と同じ生活水準」という意味の慣用句が存在するほどである。厳しい条件で行われる北部の農業は、その産物の集散基地であるハノイの人々の行動に、必然的に慎重で節制を重んじる哲学を植え付けたのであろう。

　さてハノイ市の行政区分だが、調査当時は9つの行政区から成っていた。そのうち4つの行政区が「市街区」、残り5区が「郊外区」とされていた。全市の人口は約300万人、その人口密度は約2200人/km^{2}であるが、市街区だけをみると、人口が約150万人、人口密度は23600人/km^{2}と、密度が一桁高くなる。さらに調査対象地

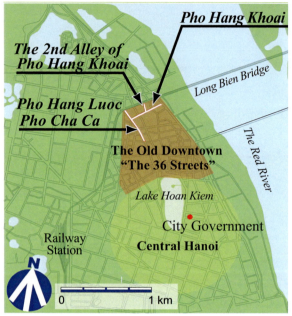

図 4-3　ハノイ市旧市街と調査対象街路の位置

である、ハノイ旧市街地区は、地区の定義にもよるが人口密度は 80000 人 /km^2 を超え、局地的には 14 万人 /km^2(1400 人 /Ha) という非常な高密度地域である。

なおハノイ市域の行政区分は、2001 年の実地調査以後変化が激しく、紅河の左岸がハノイ市街区として編入される等、ハノイ市とその市街圏の拡大に伴う行政区分の追加変更が数度にわたって行われた結果、2007 年 12 月の時点で 9 市街区と 5 郊外区の 14 行政区に再編成されている*。本稿では調査時点の行政区分を用いる。また、調査地点はホアンキエム区に属するが、この区は調査以降の行政区域の変更にも影響を受けず、面積の変更や分割は行われていない。

---

* 執筆後の 2008 年 8 月 1 日に、さらにハノイ市は隣接する省を吸収、一部合併した。その結果、面積は以前の 3.6 倍に、人口は 620 万人に増加した。この合併で新しい行政区ができた (すべて郊外県)。また一つの省が完全にハノイ市の一部として吸収され消滅した。　この合併でハノイ市域人口は、ホーチミン市と逆転した。

(参考文献) 大田省一 , 1996, 重層するハノイの歴史 , SD *9603*. 36-45.
　　　　　友田博通 (編), 2003, ベトナム町並みガイド , 岩波アクティブ新書 77, 東京 : 岩波書店

第 4 章 ハノイ旧市街地区の概要　　81

3-2 旧市街地区の概要

a) 旧市街の歴史と位置

　旧市街地区とは、ハノイの都心のひとつである。前述の 9 つの区のうち、都心機能が集まる " ホアンキエム区 (Quan Hoan Kiem)" の北部一帯に展開する一帯を指す。ホアンキエム区は、東京都における千代田区、日本の他の都市での「中央区」に該当する区で、市政府 (市役所)、ハノイ中央郵便局 (GPO)、ハノイ鉄道駅、国際企業のハノイ支店などが集中する地区であるが、これらは主に区の中央部から南部にかけての新しい都心部に存在し、旧市街地区には存在しない。

　旧市街地区は、歴史上のベトナム王国 (大越国) の首都の中心商工業地区として設立された。ベトナムの李王朝の創立者、李公蘊 (リー・コン・ウァン / 李太祖) は、1010 年 * に、この旧市街地区のあたりを「タンロン」という名前をつけて首都に選定した。それ以来、この地区は格式のあるハノイの都心商業地区として発展してきた。現在は、当時の遺構はほとんど残っていない。しかし李王朝時代には、旧市街地区のすぐ西に王城があり、紅河の河畔から集まってくる物資を加工し、王城やそこに勤める人々に対して商品やサービスを提供していたと思われる。また、旧市街地区のほぼ中央を東西に紅河から王城に向かう小河川があり、王城内に運ばれる重量物等は、この川を用いて船で運び込まれていたという。現在この河川は埋め立てられ、道路として使用されている。小河川が紅河に達していた地点、小河川の河畔を走る通り上に門が存在し (李王朝の物ではないらしいが)、かつてこの地点が物資や人々のハノイへの入り口であったことをうかがわせる (土田 ,1996)。

　旧市街の西は、かつて王城のあった地区で、その後フランスによって再開発され、現在はハノイ市バディン区 (Quan Ba Dinh) となっている。この区はフレンチクォーターともよばれ、フランス植民地時代に立てられたコロニアル様式の大小の建築物が残り、今も役所や個人の邸宅として使われている閑静な地域である。この区には、故ホーチミン氏の廟を中心とする公園地域と、外務省等の国務機関、各国大使館、軍関係施設などが集まる公務施設があり、国家の運営に関する政治的な都心地域となっている。

　旧市街の南は区名ともなっているホアンキエム湖があり、ハノイ市の中心となるシンボルとなっている。また、湖はホアンキエム区の中心でもある。外国人が宿泊するホ

土田愛 , 1996, 36 通り地区の成り立ち . SD *9603*, 46-48.

* 李王朝の成立年は 1009 年だとする説もある。

テルも湖畔に幾つか存在し、また観光客が訪れる施設も点在する。ホアンキエム湖岸、あるいは同湖の南に市政府や中央郵便局、大企業のオフィスが多く集まり、商業・流通の都心を形成している。

　以上のように旧市街は、その近くに性質の異なる別の都心部がありながら、今もなお市民の生活に密着した卸・小売を兼ねた、商業中心地域あるいはハノイの市場の街として活動している。いわば庶民のための物流・リテールの都心とも言うことが出来る。付け加えるに、旧市街地区の通りは、それぞれの通りの店の商品や産物に従ってつけられた名前が今も使われており、そのような名を持つ道路の数から、36 通り地区とも呼ばれている。

b) 旧市街の現状 - 建物と居住環境 -

　旧市街地区は以上のように、現代的な都心、国際的な情報や商業の集積する CBD とは異なり、市民のため、また地元の小規模な商人や店舗経営者のための商業の街である。また同時にそれらに従事する人々、あるいは直接にはこの地区の商売に関係のない人々が居住する住宅地でもある。

　沿道の各戸は、間口が 3 〜 5m であるのに対し、奥行きが 20 〜 60m と非常に長い (辻 , 西村 ,1996)。そのため、「ハノイの管状住宅」として知られている (現地語でも「管のような家」と言う意味の言葉で呼ばれるらしい)。各建物の高さは、古い建物で地上 2 層、新しい建物では 5 層くらいの建物が多い。沿道部にはフレンチコロニアル風の装飾が残る建物や、後からそれを真似て新築・改築した建物、さらには現代風に改築した建物もあるが、一方では金属の波板・木材等の安い資材を用いて当座の修理をしてある古い建物もある。躯体は現在はレンガ等をモルタルによって積み上げて作られるが、地区内には木造・RC 造の建物もある。外壁の仕上げにフランス風の黄色の漆喰を施したものが多いため、躯体の材質が分かりにくい。なお寺社も建物の形は異なるが、外壁などはこの漆喰で仕上げられる。

　沿道部分の 1 階は店舗であることが多く、その場合歩道に向けて、オーニングや、日よけや雨よけ目的のブルーシート・作業用シートを庇として出している店舗が多い。沿道の店舗部分から建物の奥に入ると、奥行き方向にいくつかの部屋が連続している。

辻鈴子 , 西村幸夫 , 1996, ハノイの旧市街・36 通り地区における都市居住の形態に関する研究 : 1995 年の現地調査報告 , 日本建築学会 1996 年大会学術講梗概集 299-230. (発表 No.7150).

またその部屋は、単一の家族が使っているとは限らず、別々の家族が住居として利用している場合も多い。このような家屋の構造は、アメリカの労働者の住まい「ショットガン・ハウス」を彷彿とさせる。都心部の土地事情を背景に出来上がった建築様式である点もよく似ている。しかしかつて中流家庭の住居であったショットガンハウスが、近年は低所得者の住居となり、場所によっては荒廃しているのに比べ、ハノイ旧市街の管状住宅は、そのような没落の歴史はない。管上住宅の住民は、かつて一家族用だった住居に数家族が生活するなど、より高い密度で生活している (辻, 西村 1997)にもかかわらず荒廃していない。外装の痛みの激しい建物も多いが、住民は特段の困難とは考えず生活している。複数の家族が居住する建物の場合、台所やトイレは共用となる。都心の便利な場所ながら、一つの家族に一部屋や二部屋しかない空間で生活するためには相応の努力と忍耐が必要とされる。家族に対してスペースが足りないために、就寝場所はハンモックや多段の寝台を利用し、さらに部屋をカーテンで仕切るなどの工夫をこらしてしのいでいる。以上の様に説明すると、劣悪な環境に苦しめられている住民の姿が目に浮かぶが、住民は意外にも苦労している感じを見せず、むしろこの地区で工夫して住むことに前向きに対処しているようにも見える。住居の狭さに関するエピソードには幾つかの慣用句的な笑い話が存在するが、住民自身が冗談の種にすることもあり、悲愴感はない。

　しかし経済状況が良くなった近年では、ビジネスで成功を収めた人々などを中心に、郊外に広い住居を確保し、旧市街には店舗だけを残して通勤したり、自身の居住区画と接する部屋を購入するか賃借するかして、旧市街に居住しながら自身の生活空間を改善しようとする人々もいるという (辻, 1996)。

　最後に、旧市街の歴史的な位置づけを述べておく。ハノイの基礎を築いた李王朝大越国は、現在のベトナムで最大の人口を持つキン族が始めて打ち立てた長期政権である。それまで繰り返し続けられた中国 (秦・漢・隋・唐など) からの支配と、短命に終わり続けた独自の政権のくりかえしから離れ、以降の独立したベトナムの歴史を決定付けた重要な王朝で、ベトナムの歴史の中で重大な意味を持つ。創立者の李公蘊は国家的なヒーローの一人である。こうした歴史的背景は、物理的な環境はともかく、旧市街に居住する者・店を構えるものにとって、誇りの一つであるように思われる。日

辻鈴子, 西村幸夫, 1997, ハノイ・36 通り地区の地域特性に関する基礎的研究, 日本建築学会
　　1997 年大会学術講演梗概集 555-556. (発表 No. 7278).
辻鈴子, 1996, ホーコーのくらし, SD *9603*, 50-52.

本史上で例えることが難しい。あえて例えるならば、「織田信長」のように誰もがその国家統一の功績を知っている国民的な歴史上のヒーローが、1000年前—日本の歴史で言うと鎌倉幕府成立より200年前—に設立した都があり、その都市が今もその機能を保ち、歴史が続けているということになる。

4. 旧市街地区街路調査目的

さて、高密度な商住混合のハノイ旧市街地区での調査目的は、店の経営などの商業的な視点からではなく、住民やユーザー(商店などの客の視点)から、高密度環境下の商住混交がどのように成立し、どのように評価されているかを明らかにすることにある。

前章の台中市の夜市では主に夜市の利用者の行動を観察対象にした。その結果商住混交の街の楽しさ賑やかさと同時に、その限界や欠点の存在が示唆され、同時に調査方法の限界が伺われた。

ハノイ旧市街地区も、台湾の夜市とは時間帯が異なるが、商住混交の町である。住民自身が営んでいる商売も多い。ハノイ旧市街は、建築物を店舗として営んでいる通常の商店と、仮設的な台・イス・日よけのシートなどを設けて営む屋台とが混在するきわめて活発な商業地区である。それと同時に高密度な居住者を抱える集住の街でもある。この高密度な集積状態を可能にさせる何らかの工夫や伝統、住民の努力や生活を支援する資源について明らかにする。さらに、可能な限りその構造や構成要素を考察し、現代の日本や諸地域の商業地域・居住地域の環境の改善、特に高密度を許容し利用する方法に言及したい。

5. 観察対象街路

ハノイ市やその旧市街の説明と合わせて、次章での具体的な調査内容・調査結果の説明の前に、ここで十分な字数を使って調査対象となった街路の詳細を紹介したい。以下に調査対象街路の位置や環境、沿道の様子などについて説明する。

旧市街地域において、3つの"表通り"と、1つの"路地"が検討の対象とされた。表通りとは、自動車の通行が可能な幅員を持ち、車道と歩道が区別された道路であり、実際に2輪車を中心とする交通が激しい通りである。一方、路地とは、自動車が通行できない幅員の道路であり、商業の盛んな表通りから、街区の内部の居住のための

領域に入ってゆく通りである。2輪車は通行可能であるが、それほど交通量は多くなく、徒歩や自転車の交通が主である。

3本の表通りのうち2本は、実際のところ、つながった1つの通りになっているので(図4-3参照)、一組として扱うことにした。そのために、検討の対象は、「ハンコアイ通り(Pho Hang Khoai:「芋通り」)」、「ハンルオック/チャーカー通り(Pho Hang Luoc: 櫛通り/Pho Cha Ca: 魚通り)」「ハンコアイ通り北側2番路地(Ngo Hang Khoai II)」の3箇所として調査を行い結果を集計した。

ハンコアイ通りは「芋の通り」を意味し、今もいくつかの種類の芋や米や麦などといった穀類・イモ類を取り扱う店が多い。ハンルオック通りは「櫛通り」を、チャーカー通りは「魚(料理)通り」をそれぞれ意味している。これら2つの通りは、途中の交差点で名前が変わるが、実質的には連続して一本の道であり、旧市街地区を南北に縦断するメインストリートとなっている。そのためハンルオック通りとチャーカー通りは前述の通り、以後、一つの通りとして扱い、「ハンルオック/チャーカー通り」と表記する。

5-1 ハンコアイ通りの物理的な配置と沿道の特徴

ハンコアイ通りの延長はおよそ300mで、その幅は歩行者用の歩道も含めて10mから15m程度である。この通りの西端は旧市街地区の中心部に達し、旧市街の地区の南北の大動脈である後述のハンルオック通りに接する。東の端は、旧市街の東端かつハノイ市中心部の東端を紅河沿いに走る、チャン・ニャット・ズァット大通り(Duong Tran Nhat Dat)にぶつかって終わる。

この通りは、今でも旧市街地区の中で活発な商業活動が早朝から行われる、最も人の多い、取引される物品もまた多い地区だが、それには通りの位置と、沿道にある公設市場の影響が大きい。

まず通りの位置としては、旧市街の北東端にあり、紅河河畔に近い。紅河を使った商品の輸送は調査当時にも続いており、河岸から最も近い地区であるこの通りに、以前から商品、特に農産品が集中したと思われる。なお2000年の予備調査では、紅河の川原、後述のロンビエン橋北側に非公認と思われる露天の市場(当時の商品は果物の一種であるロンガンが多かった)が毎日、未明から午前10時頃にかけて営業されていたが、後述の2001年3月の本調査の際には、跡形もなく消えていた(写真4-1)。紅河河岸から、チャン・ニャット・ズァット大通りを挟んだ反対側の路上では、

写真 4-1　紅河川原の市場 (2000 年)
2000 年 8 月撮影。ロンガンを取引していた。

写真 4-2　橋の袂の青菜市場
2000 年撮影。空芯菜の取引現場。自転車の荷台に乗せたまま取引するらしい。

　予備調査当時から青菜 (空芯菜) を取引する市場となっていた。空心菜はハンコアイ通り東端に隣接する紅河の長大な橋、ロンビエン橋を通り、自転車にて搬入したものと思われる。夜を徹し、荷台の空芯菜を運んできた自転車を傍らに立つ農民の集団と、それを買い付ける商人との取引が、上記川原の市場と共に未明の 4 時台には始まっていた。この青菜の取引場は 2001 年の調査時にも確認できた。

　また後章で述べるこの通りの路上で行われる農産品の路上市場とともに、この通りの商機能の一部は、早朝に (地元の人の話では未明 3 時くらいから) 始まり、市民向けというよりプロ向けの青果市場としての役割を持っている。一方で、このプロ向けの市場機能は朝 8 時辺りを境に失われ、沿道の店舗が営業を始めると、街路は一般的な市民向け小売の商店街の様相を呈する。沿道には、早朝の取引と関係がありそうな青果・穀類・香辛料などの店舗もあるが、関係がない理容店・金物店・陶器店などもある。プロ向け市場と市民向け小売りの二重の役割を、時間帯によって演じ分けている。

　通りの位置関係に関することとして、ハノイ市中心部と紅河を隔てたハノイ市東部や東の市外を結ぶ橋としてロンビエン (Rong Bien) 橋という 1600m を超える長大な橋が存在する。この橋のハノイ市中心部側のたもとが、ハンコアイ通りの東端に非常に近い (図 4-1 参照)。ロンビエン橋は、鉄道橋に 4m 程度の狭い車道 (自動車通行不可 /2 輪車・自転車・徒歩は可) が付設された橋である。ハノイ市東部、またそれ以上遠くから、徒歩で、あるいは自転車やバイクで商品を運んでくる農民や小規模の業者は必ず通らなければならない橋である。この橋に最も近い旧市街の表通りがハン

コアイ通りである。この位置関係のために、主に食品や日用品に関する、旧市街地区最大の市場地区となっていると思われる。

なお、トラックや自動車は別の橋を利用する。そのためこれらの輸送手段を使う業者や商人は、ハンコアイ通りとあまり関係が深くない。

ハンコアイ通りの性格に大きな影響を及ぼしている二番目の要素、公設市場について述べる。この市場はドンスアン (Don Xuan) 市場と呼ばれるハノイ最大規模の公設屋内小売市場施設で、フランス統治時代の 19 世紀末に、露店商を収容するために

写真 4-3　ドンスアン市場
ハンコアイ通りを東向きに撮影。向かって右に連続する建物がドンスアン市場。市場の周りには、バイクタクシーやさまざまな露店が集まる。

建設された。現在は、露天では扱いにくい商品、例えば衣類や、室内で使う家具・カーテン・布団等、またカバンや帽子など様々な商品が商われる一大小売専門店街となっている。しかし、後述する調査結果では、ハンコアイ通りの一日の時間の進行と (朝が非常に早い)、市場の営業時間や繁忙時間 (8時から開店、通りは朝の取引ラッシュが終わっている) はやや異なっており、街路の他の店舗と比べると、やや異質な存在にも見える。異質であっても、沿道の他の店舗にとって集客力は、ある。このような市場が近くにあることは、商業上のメリットとして捉えているようだ。

5-2 ハンルオック / チャーカー通り

ハンルオック / チャーカー通りは連続しており、あわせて 360m で、その幅は 10m から 20m である。これらの通りは旧市街の南北を結ぶメインストリートをなしており、交通量の多さ (当時は主にオートバイの交通) から、市政府によって南向きの一方通行路に指定されている。丁度一ブロック隣のドンスアン通り・ハングドゥオング通りなどの一連の街路は、都心から北向けの一方通行になっており、ふた筋の南北に走る道路が一組になって旧市街を貫通するメインストリートになっている。

ハンルオック通りは、名称が表す「櫛通り」に示されるように、身体の装飾のための商品、単価の高いアクセサリーや外国人向けの高価なベトナム産品、あるいは日用

のものでなく「よそいき用」の商品を取扱う店が多くある。前述のハンコアイ通りよりも店構えが洗練された建物が多くある。しかし全てがそうであるわけではなく、市民向けの食料品や雑貨、衣類を扱う店もまた多い。全体としてはハンコアイ通りと比べ、メインストリートであることから、ある程度商売として単価が高く、そのために店舗部分に投資した建物(見栄えが良く、新しい)が多い。

写真 4-4　文具屋街

一方、チャーカー通りの由来はハノイ特産の魚やその加工品から来ている。しかしそれらを製造する店は既に見られない。ただ通りの中ほどにある魚を食材とした料理を

チャーカー通りにある。通りの名称とは無関係の文具屋が 5 〜 6 店、軒を連ねる。調査の際にグラフ用紙やトレーシングペーパーなどをここで求めた。

供する高級レストランが、通りの名称の意味を一手に引き受けている観がある。その他の店としては、文具屋の集まる一角や、子供向けのオモチャ屋が集まる一角などがあり、通りの名前とは無関係な商品を扱う店舗が多い。

チャーカー通りはハンルオック通りと同様にメインストリートであることから、ある程度整った外観を持っている店舗が多い。またハンルオック通り・チャーカー通りとも、外国人観光客が歩く範囲でもあり、外国人を相手にするみやげ物やホテルなども存在する。本研究の予備調査の際にはハンルオック通りに面するホテル、本調査の際にはハンルオック/チャーカー通りの南に連続する街路であるルオン・バン・カン通りに面する管状住宅スタイルのホテルを利用した。

5-3 ハンコアイ通りの路地

本調査の際、上記の街路のベースマップ作成を進める中で、商と住の混合するこの地区の特徴を捉えるためには、大通り以外に、より居住者に近い「路地」を調査したほうが良いという結論に達した。幸いにも調査スケジュールにある程度余裕が出来そうであったので、急遽人々の日常生活を記録できる路地を探し、調査対象街路であるハンコアイ通りに入り口を持つ路地を調査の対象に含めることにした。新たに調査対象になった路地は、ハンコアイ通りの中央付近から北に伸びており、北端は別の通

りにぶつかって終わる。正式名称はハンコアイ二番路地(Ngo Hang Khoai Ⅱ)と表示されている。以降、論文中では、このハンコアイ二番路地を単に「路地」と呼ぶことにする。

路地の延長はおよそ120mで、幅は最も狭い部分が1.5m(従って車両は通行不可、バイクや自転車は徐行する必要がある)、それ以外の部分は3〜4m程度である。昼間には、この路地の幅を使って仮設形式の食堂や商店が営業される。

写真4-4　ハンコアイ通りの路地奥
右上に路地を横断するように洗濯物が干されているのが見える。手前の人々は集まっておしゃべりしているように見える。

また、路地の幅方向にヒモを張り、洗濯物を掛ける住民の姿も見られた。通行の邪魔にならないように高く張られてはいるが、住民が自分たちの庭として路地を使っていることが分かる。次章以降で調査結果として詳しく述べるが、表通りの喧騒と比べると、鳥のさえずりが聞こえるような静寂があり、わずかな距離・わずかな空間を介して、表通りの賑やかな取引と、路地の静寂でのどかな居住地区との差を作り出している。

以上二つの表通りと、一つの路地を調査対象として観察する事とし、全ての対象街路の地図を実測して観察時に使用するマスターマップを作成した。次章以降では観察とその結果について詳述する。

引用文献

二宮道明 (編), 2008, データブック・オブ・ザ・ワールド Vol. 20: 2008 年版 , 東京 : 二宮書店 .
土田愛 , 1996, 36 通り地区の成り立ち , SD *9603*, 46-48.
辻鈴子 , 1996, ホーコーのくらし , SD *9603*, 50-52.
辻鈴子 , 西村幸夫 , 1996, ハノイの旧市街・36 通り地区における都市居住の形態に関する研究 :1995 年の現地調査報告 , 日本建築学会 1996 年大会学術講演梗概集 299-230. (発表 No.7150).
辻鈴子 , 西村幸夫 , 1997 ハノイ・36 通り地区の地域特性に関する基礎的研究 , 日本建築学会 1997 年大会学術講演梗概集 555-556. (発表 No. 7278).

参考文献

皆川一夫 , 1997, ベトナムのこころ - しなやかさととしたたかさの秘密 -, 東京 : めこん .
友田博通 (編), 2003, ベトナム町並みガイド , 岩波アクティブ新書 *77*, 東京 : 岩波書店 .
大田省一 , 1996, 重層するハノイの歴史 , SD 9603. 36-45

第5章
ハノイ旧市街街路現地調査と路上の密度の分析

ハノイ：早朝路上青果市場

1. 現地調査手続き

　調査は、前章で説明した調査対象街路について、高精度のベースマップを作成した上で、路上の人々および路上の一定以上のサイズの物体を記録することによって行った。こうした記録を4回もしくは5回、異なる時間帯(早朝・正午・午後・夜)に行い、一日の街路の様子を捉えることとした。5回の記録を行ったのはハンコアイ通りである。ここは早朝の活動が活発である為に、早朝の記録を行った後、さらにもっと早い時間帯(未明)にも記録を行った。具体的な手順は以下の通りである。

1-1　調査用ベースマップの手続き

　調査に用いるベースマップを作成する為に、まず日本国内で粗い精度の地図を拡大し、ベースマップのベースとして用意した。この日本から持ち込んだ地図を元に、現地で地図作成の為の調査や測定を、観察対象街路全てについて行った。道路の詳細な平面、歩道と車道の境目、建物やそれに固定された構造物の外形、標識、街路樹等の形や位置について正確に地図上に記録した。同時に建物の番地や建物の用途等の調査(業種・沿道部分のみ)を行い、地図に記録した。これらの情報から、用意した地図を修正して詳細な調査用ベースマップを作成した。ベースマップ作成においては精度の確保に努力し、以後行われる記録調査の内容を考え、誤差30cm～50cmに収まるように工夫した*。ベースマップの作成に時間を十分に配分し、調査実施に備えた。また同時に地図作成の為の街路観察を通じて、街路の雰囲気、時間帯による変動など、記録すべき内容について検討し、さらには新たな調査街路として路地を観察対象とするなどの、調査計画の調整を行った。

　なお蛇足ながら、ベトナムでは近年になって初めて市内の詳細な地図等が入手できるようになったが、しばらく前(1995年かそれ以前)までは、主に国防上の理由で、地図は限られた立場にある者しか閲覧・所持を許されていなかった。市民は地図なしで、主に通りの名前を手がかりにしながら、自身の住居の位置や生活に必要な訪問先の位置を特定し理解していた。現在でも、地図を見るとかえって混乱する市民が多い。

---

* 今回作成したような高精度の地図は、現在でも外国人が入手する事は困難と思われる。調査当時、現地で一般向けに販売されていた地図は、航空写真に彩色して編集したものが多かった。ベースマップ作成には実測・歩測のほか、目標となる標識・街路樹の位置などから位置・寸法を割り出した。また測定結果に不整合がないよう、道路の両側の調査結果を突合せ、実地の状況と照らし合わせて細かい修正を行った。

1-2 記録内容

　各観察セッションにおいて、以下の条件に合致する人物・物体をベースマップ上に記録した。また同時に、ビデオカメラにて情況を撮影し、混雑の激しい場所や入り組んだ場所については、後から参照して記録を補正できるように備えた。

a) 人物

　まず人物について、路上 (歩道・車道を問わず) で、そこに留まっている人 (以下滞留者と呼ぶことにする。) を記録対象とした。純粋に移動している人は、路上で行われている活動と無関係に通過し、路上のにぎわいや交流との接点が限られる。また記録すること自体が困難であるために記録対象から除いた。従って交通量の大半を占める車道のオートバイの交通は記録対象とはならなくなった。歩道を徒歩で移動している人も記録しなかった。今回は分析対象としなかったが、各観察セッションに於いて、それぞれ数分間でも、街路のいずれかの地点で交通量を測定することによって、交通量と滞留者の関係や、街路の情況をより実感的に再現できる。以降の調査では考慮すべき課題となった。

b) 物体

　概ね 50cm 四方以上の大きさの物体はすべて、その物体の形状と名称を記録した。具体的には「テーブル」「イス」「商品陳列台」「駐車されたオートバイ」「(商品をいれる) ざる」「道路に積み上げられた商品 (山積みの芋など)」が記録された。テーブルやイス、駐車オートバイに関しては、頻繁に出現する為に記号によって区別しベースマップに記入した。なお、建築物やそれに付属する移動不能な物品は、事前にベースマップに記載している。

c) 記録した人々や物体に意味合いがあるなら、その内容

　物体ならば、例えば「商品陳列」「青果入りざる」など、物体の名称だけではなく使用内容を出来る限り記録した。また人々の集まりがある場合には、「露店食堂」や「輪になって話している」「宝くじの露店」など、路上の活動や集まりの内容を記録した。

1-3　調査実施方法および時期

　以上の内容を、設定した時間に、通りを歩いて移動しながらベースマップに記入することによって調査を行った。調査は、観察記録のかたちで行われた。通過交通の少ない路地を除いて、表通りは道路の両側に人員を分け、片側ずつ記録した。表通りは、特に日中、オートバイの通過交通が激しく、道路の横断が難しいこと、またそれによって道路の上の滞留者も道路の両側に分断されていることから、両側に分けて記録した。

　観察調査の実施に当たっては、完全な日本語を使える通訳一人を調査時に加え、事故・予測できぬ事態や市民・住民とのコミュニケーションに備えた。また建築作図・記録に経験のある記録担当者2名が九州大学大学院人間環境学府建築学科から参加した。筆者は調査全般の調査計画を作成し、記録現場ではビデオ記録を行う調査員として調査に関わった。通訳を含め4名のスタッフで、概ね二名ずつに別れ、道路の上の滞留者や物体の記録を行った＊。

　調査は 2001 年 3 月 15 日から 3 月 20 日にかけて行われた。この日程は週末を挟むが、予備調査によって路上の様子に曜日や週末が、路上の環境に関係しないことが判明していたので、週末を考慮しなかった。＊＊

2. 調査結果のアウトライン
2-1　滞留者の集計

　ハンコアイ通りの延長は、実測の結果 297m であった。ハンルオック / チャーカー通りは 360m であった。路地は 117m であった。これらの通りについて、ハンコアイ通りの観察セッションを 5 回、ハンルオック / チャーカー通りと路地の観察セッションを 4 回、あわせて延べ 13 回、延べ 3393m の街路沿道に滞留する人々と路上の物品を記録した。＊＊＊

　滞留者の集計は表 5-1 の通りである。滞留者は、総計 2700 人で、観察した延べ道

＊ このような現地調査に関して、チームに男女両方のメンバーが居ることが望ましい。現地の人々にとって、男性のみの集団が徘徊すると、異様に映る。女性が居る場合、住民と調査員との和やかな交流に結びつきやすい。本調査の記録員は1人が女性であり、通訳を通じて調査は容易に地元の人々に受け入れられた。
＊＊ 街路の情況に変化をもたらすものとしては、行政の方針変更、指導の強化などの他、スポーツの国際大会でのベトナムの勝敗などが挙げられる。2000 年のサッカー東南アジア杯でベトナムチームが躍進した際には、通りに国旗を売る露店が出来、勝利を都心で祝う人々で表通りは未明まで交通がたえなかった。市中央部では交通規制が行われた他、郊外で事故死者が出た。
＊＊＊ 調査記録者の能力が異なる場合、誰がどの場所を記録するか固定せず、適宜交代したほうが良い。この調査では、通訳がビデオの撮影も担当したが、言葉が通じる分、撮影現場の人々とコミュニケーションをとることができ、日本人調査員より人々の活動が生き生きと記録された。そのため時間帯ごとに担当を換えてビデオ撮影を行った。

第 5 章 ハノイ旧市街街路現地調査と路上密度の分析　　95

表 5-1: 街路で観察された滞留者数と街路 1m あたりの滞留者密度

街路（延長）	観察開始時間	滞留者総数	街路 1m あたりの滞留者数
ハンコアイ通り	05:30	386	1.30
(297m) 道路両側合計値	06:30	369	1.24
	12:00	318	1.07
	15:00	391	1.32
	19:00	236	.79
合計		1,700	1.14
ハンルオック / チャーカー通り	06:00	22	.06
(360m) 道路両側合計値	12:00	275	.76
	17:00	330	.92
	19:00	211	.59
合計		838	.58
ハンコアイ通りの路地	07:00	49	.42
(117m)	13:00	58	.50
	17:30	42	.36
	20:00	13	.11
合計		162	.35
総合計（観察セッション 13 回，延べ街路延長 3393m）		2,700	.80

路延長 3393m で単純に除すと、0.796 人 /m となる。道路延長 1m に対して 0.8 人弱、道路 5m に対して 4 人の滞留者がいることになり、交通以外の道路上の活動が盛んに行われていることがわかる。

　滞留者の分布は、時間帯ごとに変動があった。最も滞留者が少なかったのは早朝のハンルオック / チャーカー通りで、街路 1m あたり 0.06 人であった。また最も滞留者の多かったのは、夕方のハンコアイ通りであり、街路 1m あたり 1.32 人の滞留者が観察された。

　旧市街地区は、前述の通り多くの人々が住民として居住している。住民の人口密度だけを考えても、世界有数の高密度居住地区である。加えて日中には、地区外から、取引や買い物のために多くの人々が来訪する。そのため、日中の路上は商店を巡って商品を物色する人や、立ち止まって取引相手を求める人、さらにはこうした外部からの来訪者を相手にした商売を営む者などが路上に集まり、路上は非常に多くの滞留者を抱えることとなる。旧市街地区の街路は、車道部分と歩道部分が排水溝によって区別され、バイクや自動車が往来しない歩道部分では、立ち止まったり物を置いたりすることが可能である。しかし、広くても数メートルの幅しかない (部分的には 1m 未満の場所もある) 歩道の上であるにもかかわらず、平均して道路延長 1m に 0.8 人弱 (= 道

路 1.3m に 1 人) の滞留者の数は著しく多い。こうした密度に参画するためには、何らかの手がかりや対処がないことには非常にストレスフルな状況であった。

2-2 路上占有物の集計

　滞留者と同時に、路上を占有している物品について記録を行った。トラックなどの駐車車両から商品やゴミに至るまで、様々な物品が記録されていたが、その中でも比較的多く、また各街路に共通して見られたものとして、駐車バイク、テーブル、ざるの 3 品目について集計した (表 5-2)。これらの品目の数量や密度は、各対象街路の沿道の業種やプログラムを特徴的に表していた。

　まずハンコアイ通りでは、早朝に路上で露天青果市が毎日行われているが、それに対応して早朝の時間帯に非常に多くのざるが記録されている。これは農産品を運搬したり (天秤棒を入れて担ぐ) 陳列したりするためにざるが用いられることを反映しており、他の時間帯や他の街路と比べて突出したざるの量が観察されている。この露天市場の時間が過ぎると、ハンコアイ通りはざるの数が減るのと同時に駐車されたバイクの量が増し、露天市の利用者とは別の利用者がこの通りを訪れている様子がよくわかる。また、夜 19 時には、駐車バイクの量や滞留者の数が減少し始めており、この時間帯から通りで行われる活動が収束し、通りが「夜」に入ることがうかがえる。

　一方ハンルオック / チャーカー通りは、バイク・テーブルが朝 6 時にはほとんど見られない。朝の早いハンコアイ通りとちがって、朝 6 時にはまだこの通りは夜が明けきらず、活動が始まっていない。日中から夜にかけて、朝とは異なりバイク・テーブル・ざるが数多く観察されるが、時間帯による数の変動はほとんど見られない。ハンルオック / チャーカー通りで観察されたざるは、主に行商人が天秤棒と共に用いる商品運搬用のものである。早朝の時間を除けば、日中から夜にかけてどの時間帯にも、通りには同じくらいのバイクが駐車され、またテーブルが設置され、同じくらいの人数の行商人が来訪しているものと思われる。

　路地の様子を見ると、他の通りに比べて駐車バイクの台数が少ない。路地を利用する者は、この路地の周辺に居住する住人か、それら住居を訪れる人だけであり、不特定多数の外来者が利用する表通りとはやや様相が異なる。路地は幅員が最小 2m を切る部分があり、自動車は通行することができない。したがって全体的に歩行者中心であり、歩道が住居地区に入り込んでいるといった様相を呈している。自動車やバイ

第 5 章 ハノイ旧市街街路現地調査と路上密度の分析　　97

表 5-2: 街路で観察された路上占有物と街路 1m あたりの占有物密度

街路（延長）	観察開始時間	駐車バイク	テーブル	ざる
ハンコアイ通り	05:30	105 (.354)	20 (.067)	473 (1.593)
(297m) 道路両側合計値	06:30	117 (.394)	28 (.094)	322 (1.084)
	12:00	222 (.747)	34 (.114)	87 (.293)
	15:00	254 (.855)	31 (.104)	37 (.125)
	19:00	159 (.535)	30 (.101)	16 (.054)
合計		857 (.577)	143 (.096)	935 (.630)
ハンルオック /	06:00	3 (.008)	5 (.014)	10 (.028)
チャーカー通り	12:00	301 (.836)	42 (.117)	15 (.042)
(360m) 道路両側合計値	17:00	291 (.808)	43 (.119)	20 (.056)
	19:00	202 (.561)	40 (.111)	9 (.025)
合計		797 (.553)	130 (.090)	54 (.038)
ハンコアイ通りの路地	07:00	8 (.068)	26 (.222)	32 (.274)
(117m)	13:00	9 (.077)	16 (.137)	10 (.085)
	17:30	11 (.094)	21 (.179)	0 (.000)
	20:00	8 (.068)	15 (.128)	0 (.000)
合計		36 (.077)	78 (.167)	42 (.090)
総合計		1690 (.498)	351 (.103)	1031 (.304)

（カッコ内は 1m あたりの個数）

クの往来には制限があるために、外部からの不特定多数の来訪はなく、またこうした来訪を前提にした商売は行われていない。それほど多くはない固定客がいればよい商売 (服の仕立て屋や卸問屋) や、周辺の住民を相手にした商売 (茶屋・菓子屋) などがまばらに存在する以外には、建物のほとんどが住居として利用されている。こうした住居地区の内部は、滞留者も抑制されているとみえ、各時間帯を通してあまり多くの滞留者は観察されなかった。

3. 観察記録の分析

3-1　時間ごとの滞留者密度の可視化

　前述の通り、おおむね滞留者の数と、その通りの活動の活発さが比例すると考えられたため、観察対象の3街路について時刻の経過と路上の密度を可視化し、それを比較検討することとした。

　そのために、対象街路の記録を道路軸方向に対し垂直に 1m 単位で細分した。1m

単位で細分し"輪切り"にされた道路の断片をカラムと呼ぶことにした。記録された滞留者や路上専有物は、すべてどこかのカラムに属するものとして取り扱った。本来は、道路上にメッシュを設定し、面積あたりの人数や物品の個数を密度として取り扱うべきだが、本稿では、時間軸を導入して検討すること、歩道の幅をある程度一定と見なせることから、道路幅を反映することは諦め、道路延長方向に分割することにした。したがって、道路延長と同じだけのカラムが生成された (ハンコアイ通りは 297m=297 カラム、ハンルオック / チャーカー通りは 360m=360 カラム、路地は 117m=117 カラム)。

人物や物品は、複数のカラムにまたがっている場合でも、いずれか一つのカラムに属する事とした。また、滞留者の密度を可視化するにあたって、滞留者の位置の誤差を拡散する為に、滞留者の各カラムの人数をそのまま利用するのではなく、当該カラムとその周囲2カラムずつ、合計 5 カラム、つまり道路の前後5mの平均を出し、その中央のカラムの値として挿入することとした。滞留者を実測値ではなく5mごとの移動平均として扱った理由は、1) カラムの実際の人数の場合増減が激しすぎること、2)0人のカラムが増えることにより描画が難しくなること、3)7m,9m,11m,15m 等の移動平均では情報の拡散が大きすぎること、4) 何かの活動 (例えば会話や取引) に参加している人々の場合、2.5m 程度が相手との距離の最大値であり、2.5m 以下の距離で隣接している人々の密度を数字に反映させることができる事、など複数の理由である[*]。

こうしてカラムの設定と、滞留者の人数について求めた5m 移動平均を用いて、4回 (ハンコアイ通りは5回) の観察セッションの記録を反映し、観察セッションの実測に基づく滞留者密度をグラフ上に記した。各セッションの間の時間帯を3次スプライン曲線で補完し、4回もしくは5回の観察を元に、午前5時から午後8時までの、深夜を除いた一日の各街路上の密度分布とその変遷を表したのが図 5-1 および図 5-2 である。図 5-1 は表通りにあたるハンコアイ通りおよびハンルオック / チャーカー通りを示す。これらの表通りは道路の両側を分けて示した。図 5-2 は路地の密度分布を示す。図は垂直方向が道路上の位置を示し、水平方向に一日の時間経過を示している。

---

[*]5m の移動平均を用いた理由として、1m 以内の誤差を拡散して読み取りやすい数値が出ることがあげられる。なお、異なる移動平均を二種類使い分けると (例えば 5m 平均と 15m 平均)、その二つの値の関係によって、短い単位の平均が長い単位の平均を上回る区間は、周囲より値が高い部分として、長い単位の平均が上回る場合は周囲よりも値の低い部分としてそれぞれ判別できる。このような複数の移動平均の利用は、株式市場の値動きを示す指標として利用されている。

3-2 街路上の滞留者密度分布とその時間的遷移

図 5-1 は表通りに当たる、ハンコアイ通りと、ハンルオック / チャーカー通りの密度分布を示している。どちらの通りも、「特定の地点」「特定の場所」に人が多く集まり、それ以外の場所や時間にはそれほど多くの人が集まっていない。

つまり、プライバシーやテリトリーが意識された結果生じる均等な分布とは言えず、道路上の滞留者は何らかの道路上の特定の時間に起こるプログラム、あるいは特定の場所で営まれる何らかのアクティビティに寄り集まっていることがわかる。

a) ハンコアイ通り

早朝の時間帯は、街区 C,F にて、露天の農産物市場が毎朝盛大に開催される。市は、歩道部分をはみ出し、車道に人がやっと通れる位の通路を残して行われ、街路は取引の活気と喧騒に包まれる。これに対応して、グラフ上の当該部分、街区 C, F の早朝部分(左右のグラフの左端)付近は、縦に濃い密度の分布があり、この時間の混雑を表している。特に道路南側(グラフ右)ではっきり表れている。

この露店市は6時半をもって終了する。それ以降も沿道に数件ある青果商・穀物商の周辺では取引が続くが、やがて車道はオートバイの交通が激しくなり、沿道の商店が店

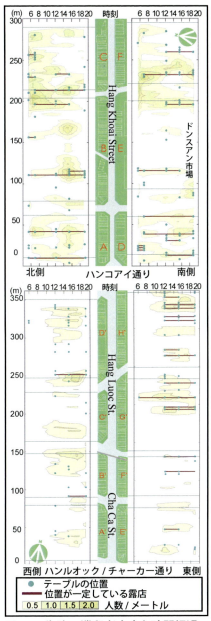

図 5-1 街路の滞留者密度と時間経過

を開く。おおむね 8 時から 9 時くらいに開店する店が多い。これら沿道の商店に客が多く集まるのは正午から午後にかけてである。グラフ上にいくつか、午前中は空白だった場所に、人が集まる様子が見られる。また夜は 19 時頃にはすっかり静かになり、青果・農産物市場の関係者は既に就寝していると見られる (脚注参照)。僅かに沿道の固定建築の店舗が静かに営業し、その他には、ほの暗い明かりと共に夕涼みを楽しむ人々が若干残るのみである*。

　一方、特定の場所に関して、街区 E では、沿道に歩道がなく、商店もない。この部分は公設ドンスアン市場の駐輪場となっており、街路に留まる手がかりが全くない。そのため特別に密度が低くなっている。

b) ハンルオック / チャーカー通り

　ハンルオック / チャーカー通りは、ハンコアイ通りと比べて朝が遅い。朝の時間帯は、昼間のオートバイの音が信じられないほど静かである。また滞留者も非常に少ない。グラフでも早朝の路上にはほとんど人が居ないことが分かる。おおむね 8 時〜 10 時にかけて各店舗が店を開け、それと共にオートバイの交通が激しくなり始める。昼から午後にかけて人が増し、路上が賑やかになる。グラフでははっきり表れていないが、朝が遅い分ハンルオック / チャーカー通りは夜もやや遅くまで活動している。商店の閉まる時刻は遅めで、オートバイの交通も夜 10 時頃まで徐々に減りながらも続く。深夜から朝 8 時前後までは交通も路上の

写真 5-1: ハンコアイ通り早朝と昼間
毎日早朝の露天市の混雑は、日中にはその気配を消す。

---

* 沿道の " 住民 " として親しくなったトラックの運転手 (早朝の青果市との関係は不明) は、ドンスアン市場の前のハンコアイ路上に有蓋トラックを停め、19 時頃その荷台に就寝していた。夕方には仕事が終わり、18 時頃から屋外の露店で仲間と一杯やり、19 時には切り上げて就寝するらしい。その頃にはハンコアイ通りは静かで、トラックの他、人力車などで就寝している人が多い。翌朝は早朝から市場か露天市関連の仕事があるものと思われる。

活動も全く途絶える。前述の通り人の活動が始まるのは朝8時を過ぎてからである。

　人の集まる位置に関しては街区D'の中央付近にイスラム教のモスクがあり、街区の沿道の1/3程度がその壁面となっている。そのため商店が連なる他の街区と比べ人の密度が少ない。また、この通りでは、一日の各時間帯を通じて密度の高い地点が存在する。グラフでは横に伸びる濃い線として表れている。ハンコアイ通りでもこうした線が幾つか確認できる。なぜこのような特別な地点ができるかは後節で説明する。

c) 路地

　路地は、日中の時間帯にはその南端、ハンコアイ通りから路地に入る入り口付近に最も多く人が集まる。入り口から20m程度まではどの時間帯も平均して滞留者が見られる。

　路地の奥は、表通りと異なり取引の場というより居住の場としての雰囲気が強くなる。時間帯ごとに、近隣の居住者を対象に幾つかの小さな商い、例えば昼食を提供したり、おやつの販売をしたりする店がある。65m地点付近にこの種の露店があり正午頃に多くの客を集めていた。また、路地の終点115m付近は三叉路で、多少道が広くなっている場所に、近隣住

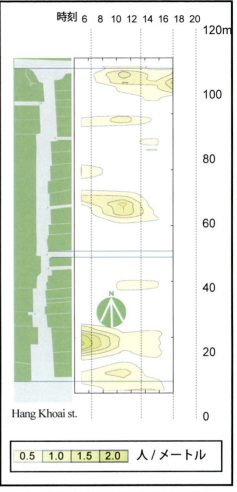

図5-2　滞留者密度と時間経過（路地）

図5-1と図5-2はフリーソフト gnuplot: [http://www.gnuplot.info/] により描画し、ベクトルデータとして出力されたグラフを汎用ドローソフトにて色の配置や道路平面図などを挿入するなどの加工を行い作成した。各観察時刻を補間して描画する方法は多種あるが、どの方法でも結果にはあまり影響しないことを確認の上、上記 gnuplot にて標準的な3次スプライン曲線で補間した。

写真 5-2: 路上のざる
サイズや深さのバリエーションはあるが、このようなざるが良く用いられる。(ハンコアイ通り早朝)

写真 5-3: 駐車バイク上で休憩する人

写真 5-4: 路上で使われるテーブル
路上の露天食堂で使われている

写真 5-5: 路上で使われるざる
青果の行商人に天秤として用いられるざる。

民向けの茶屋があり、早朝を除いて、近所の様々な年齢層の住民の集う場として使われていた。

　以上のように各路上の密度は一様ではなく滞留者が集まる場所と集まらない場所に分かれている。つまり、ここには密度の選択の余地があり、また時間的な密度変化の予測が可能であることになる。この場合、ただ一様に密度が決まっている場合よりも、住民にとって対処の可能性を増していると考えられる。

4. 路上占有物と滞留者

　各時間帯を通して滞留者の多い地点については、その原因が何であるか詳しく調べてみる必要がある。表 5-1 と表 5-2 を比べてみると、おおむね滞留者の量と、各種専有物との間には何らかの関係がありそうに思われる。滞留者が多い時間帯や道路に

は、各種の物品がより多く存在する場合が多い。そこで、集計した3種の路上占用物と、滞留者の関係を以下の方法で調べた。

3種の占用物品それぞれについて、その物品が位置するカラムと、その左右2カラムをあわせた合計5カラム(街路上5mの区間)と、それ以外のカラムに分け、それぞれについて滞留者の平均(1カラム=街路上1mの区間あたりの滞留者)を求めて比較した。つまりあるカラムに「テーブル」があるならば、そのカラムを中央にして前後2カラムずつ5m分の道路上をテーブルの影響圏として扱う。すると、通りの全てのカラムは、テーブルの影響圏内のカラムと、影響圏外のカラムに分けられる。このそれぞれのカラムの人数を比較した。この際、交通によって道路の両側が分離しているハンコアイ通りと、ハンルオック/チャーカー通りについては、両側を別々に分析した。結果は表5-3のとおりである。

表5-3: 街路で観察された路上占有物周辺とそれ以外の地点の滞留者密度 (単位 : 人 / 道路1m)

街路 (延長)	観察開始時間	道路全体	駐車バイク周辺	テーブル周辺	ざる周辺
ハンコアイ通り	05:30	.65	.84(+.19/231c)	.97(+.32/79c)	**1.11**(+.36/281c)
594カラム	06:30	.62	.80(+.18/239c)	**1.28**(+.66/107c)	.89(+.27/251c)
(297m x 道路両側)	12:00	.54	.62(+.08/393c)	**.97**(+.43/134c)	.58(+.04/146c)
	15:00	.66	.82(+.16/366c)	**1.20**(+.54/123c)	**1.09**(+.43/82c)
	19:00	.40	.46(+.12/261c)	.39(-.01/112c)	**.64**(+.24/39c)
合計		.57	.70(+.13/1490c)	**.95**(+.38/555c)	.95(+.38/799c)
ハンルオック/	06:00	.03	**.13**(+.10/15c)	**.29**(+.26/17c)	**.14**(+.11/29c)
チャーカー通り	12:00	.38	.48(+.10/462c)	**.70**(+.32/182c)	.41(+.03/39c)
720カラム	17:00	.46	.52(+.06/476c)	**.87**(+.42/171c)	**.71**(+.25/52c)
(360m x 道路両側)	19:00	.29	.42(+.13/351c)	**.64**(+.35/145c)	.27(-.02/26c)
合計		.29	**.47**(+.18/1304c)	.72(+.43/515c)	.43(+.14/146c)
ハンコアイ通りの	07:00	.42	.25(-.17/20c)	**.77**(+.35/56c)	.31(-.11/29c)
路地	13:00	.57	.81(+.24/16c)	.68(+.11/60c)	.20(-.37/25c)
117カラム (117m)	17:30	.36	.39(+.03/28c)	**.54**(+.18/50c)	- (-- /0c)
	20:00	.11	.00(-.11/11c)	**.29**(+.18/45c)	- (-- /0c)
合計		.35	.39(+.04/75c)	**.59**(+.24/211c)	.26(-.09/54c)
総合計		.40	.59(+.19/2869c)	**.80**(+.40/1281c)	**.84**(+.44/999c)

注1. カッコ内は (道路全体の平均との差 / 該当するカラムの数)
2. **太字部分**は、道路全体の滞留者平均から、50%以上の滞留者密度増加が見られるセル。
3. ハンコアイ通りとハンルオック/チャーカー通りは道路両側を独立して集計したため、平均値が表1の1/2の値になっている。

表 5-3 を見ると、この 3 種の物品は、滞留者の数と正の関係があるように見える。本来物品が路上を占有している場所は物理的に面積が占められていることから、滞留できるスペースが減少し、それに伴って滞留者が減少してもおかしくはない。しかし結果を検討すると、物品の周囲は、おおむね道路全体の滞留者密度よりも高い密度で、滞留者が存在することがわかる。

前述の通り、通り全体の滞留者の数や密度は非常に高く、そのままでは非常にストレスフルな状況であるはずである。しかし、路上占有物との関係をみると、路上の物品の周囲にはより多くの人々が集まり、物品が少ない路上にはあまり滞留者が存在しないことがわかる。

物品と滞留者の関係を考えると、路上の物品は滞留者が持ち込んだものが相当数あろうし、また逆にその物品をもって滞留者を引き寄せる効果を狙ったものもあろう。したがって、物品と滞留者の間の相互関係は、どちらがどちらの原因となっているとか、結果になっているとかと、結論付けることができない。しかしながら、物品と滞留者がより多く存在する場は、他の場所よりもより多くの人々を滞留させているわけで、路上の人々にとって、ある種の居場所や集まる場を提供することで、そこに居させる資源や手がかりになっていることが示唆される。

4-1　テーブル

屋外で用いられるテーブルは、滞留者との関連が強く見出された。時間帯によって滞留者の数との関係が不明瞭な場合もあるが、通りに持ち出されたテーブルは、周囲の滞留者数と安定した正の関連を持っている様に見える。図中の青字部分は、道路全体の平均滞留者密度と比較して、物品の周囲において 50% 以上の密度上昇を示した箇所であるが、テーブルの周囲はごく一部を除いておおむね平均より 50%、もしくはそれ以上の滞留者を、どの時間帯にも安定して周囲に集めていることが分かる。

4-2　駐車バイク

駐車バイクはテーブルに比べると、それほど強く滞留者との関係が見出されない。路上に駐車されたバイクの周囲は、多少の密度増加が見られるものの、顕著な増加は観察されない。駐車されたバイクの存在は、それを利用してやってきた人間が周囲に居ることが予想される。しかしながら駐車されたバイクは、テーブルとは異なり直接何

かに使用できる物品ではない。テーブルは、商品の陳列や団らんなど、周囲に人を集わせる機能を本質的に持っているが、バイクは移動が本来の役割であり、駐車されたバイクには特に人を集まらせたり、路上で何らかの機能やサービスを提供するといった側面に乏しい。したがって、路上に駐車されたバイクは、特に滞留者を生み出したり引き寄せたりできず、そのバイクの持ち主が周囲に存在することによる、滞留者密度の微増を導くのみの存在にすぎないと考えられる。

4-3　ざる

　ざるとは、小さなものは直径30cm、大きなものは直径1m、よく見かけるサイズでは60cmほどの、竹で編まれ縁が補強された、円形の容器である。平たいかごともいえる。下記の通り、様々な利用目的で使われる、旧市街において非常に良く見られる物品である。ざるはその使用法に応じて、滞留者の増減に対する影響に差があった。

　ハンコアイ通りの朝のざるは、ほとんどが路上市で用いられたもので、この市場の利用者の多さと相まって滞留者の数と強い関係が見いだされた。一方で、路地の朝のざるは、行商人の行商準備にともなって観察されたものである。一人の行商人が2個のざる（つまり天秤として利用する）に商品を盛りつけていて、客が居ないこともあり、滞留者とは関係が低かった。その他のざるは、ほとんどが行商人が用いる天秤であり、滞留者との関係は不明瞭であるが、午後の時間帯には買い物の時間帯と重なって、客と取引をする場面が多かったこともあり、多少の滞留者の増加を見せている。

　以上を概観すると、様々な物品の中で、テーブルが、他の物品よりも強く滞留者を集めており、しかも安定してどんな時間帯でも人を集わせている。路上のテーブルは、「屋台」という言葉の表すとおり屋外の簡易店舗の原型であり、素朴で単純ながら、路上の活動を生み出し、演出する能力を秘めているようにみえる。次節で詳しく分析する。

5. 路上のテーブルの分類と集計

　路上で用いられるテーブルには、きわめて強く安定した「集わせる力」があるように思われる。そこで、観察されたテーブルをより詳しく分類し、テーブルの利用目的によって滞留者との関係に違いが見られるか検討することとした。

　観察記録の中から、利用目的がはっきりしている路上のテーブルを抽出すると、「茶

屋」や「屋外の食堂」などの商売の道具として用いられているものから、「家族団らんのため」「従業員の食事のため」などの商業とは直接関係のないものなどいくつかの使用目的が記録されていた。そこで、以下の分類によって各テーブルの使用方法を分け、各テーブルの周りにいる人々について集計することとした。

5-1 テーブル使用目的の分類

　表5-4に、テーブルを使用形態ごとに分類して集計した結果を示す。分類されたテーブルのうち「茶屋」カテゴリに分類されたものは、ハノイを始めベトナム各地で見られる露店で見られるテーブルである。我々はこの種の露店を「茶屋」と表現することにしたが、現地の人々の間では「水屋」にあたるベトナム語で呼ばれている。この露

表 5-4 街路で観察されたテーブルの使用目的の分類　　　　　　　　（単位：個数）

街路（延長）	観察開始時間	茶屋	路上食堂	営業準備	陳列台	その他営業	私用	用途不明	合計
ハンコアイ通り	05:30	7	7	2	–	–	–	4	20
297m	06:30	7	8	1	2	–	1	9	28
	12:00	9	15	–	2	1	1	8	36
	15:00	10	9	–	–	2	4	6	31
	19:00	9	12	2	1	–	1	5	30
合計		42	51	5	5	3	7	32	145
ハンルオック /	06:00	–	–	3	–	2	–	–	5
チャーカー通り	12:00	15	7	2	1	2	3	12	42
720 カラム	17:00	18	7	1	2	2	2	9	41
(360m＊道路両側)	19:00	9	9	7	1	–	3	11	40
合計		42	23	13	4	6	8	32	128
ハンコアイ通りの	07:00	6	3	–	–	2	–	15	26
路地	13:00	3	8	–	1	–	1	3	16
117 カラム (117m)	17:30	10	3	–	1	–	–	7	21
	20:00	1	–	1	–	–	2	11	15
合計		20	14	1	2	2	3	36	78
総合計		104	88	19	11	11	18	100	351

「営業準備」とは、屋外食堂などの開店前の作業中の状態、もしくは調理台など接客用のテーブルではないもの。
「陳列台」とは、販売に伴って商品を陳列する台として用いられるもので、固定建築物の店舗が用いるもの。
「その他営業」とは、茶屋・食堂以外の露店（商品としては、宝くじ屋・菓子・ネイルケア・果物などが観察された。）
「私用」とは、休憩・おしゃべり・食事・昼寝などで、販売などの商業活動とは明らかに異なる使用のもの。
「用途不明」とは、用途や使用者が判別できなかったもののほかに、閉店した露店の台が放置されているものなどを含む。

第 5 章 ハノイ旧市街街路現地調査と路上密度の分析　107

店で扱われている主な商品は、お茶と、たばこやチューインガムなどの安価な嗜好品である。果物を客の希望に応じてその場で切り売りする茶屋もある。茶屋には、腰掛けや簡易な屋根が提供されている接客スペースがある。客は、商品を取引してすぐに去ることは少なく、その場に留まって茶やタバコを喫する事が多い。便宜的な名称として茶屋と我々は呼ぶことにしたが、茶を供するだけでなく、実際にはもう少し広い、休憩所としての機能を持っているように思われる。茶屋には、刻みタバコを喫するための大きな竹製の水キセルが必ず用意されており、そのほか紙巻タバコ・ジュースなどの商品が置かれている。これらが判別の基準となる (写真 5-6,5-7 参照)。

「路上食堂」は、路上にて麺類や米飯、おかずを提供する露店で、この露店も茶屋と同様に接客設備を伴う。客の多くは、テーブルや椅子などによって構成された接客スペースに留まって食事の提供を受ける (写真 5-8 参照)。

写真 5-6：典型的な路上茶屋
茶屋は以下のような特徴によって構成されている。
・前面に立てかけられた 2 本の竹製水キセル
・キセルの横、台の上のランプの火 (タバコ着火用)
・小さな湯のみと店主 (中央奥) の前にある保温土瓶
・プラスティック製の椅子、店によっては木製の長椅子
　　ハンコアイ通り東部にて 19 時頃撮影

写真 5-7：テーブルの無い最小構成の茶屋
　右端の女性が店主。その足元の 2 つのかごに茶屋の商品が入っている。かごにはキセルが立てかけられている。客は、行商の女性たち。椅子・台は使用せず、きわめて身軽な営業形態である。なお行商人のなかには自前の「携帯椅子」(鼻緒のない下駄のような形状) を持ち歩いている者もある。左の女性が使用している。

食品を販売する露店は様々な種類があるが、本論文での分類は、その場に留まって喫食する露店を「路上食堂」とし、客がテイクアウト方式で軽食や菓子を持ち帰る形式の店舗はすべて「その他営業」に分類した。またこうした路上食堂は、接客用途以外の、調理台として用いるテーブルを利用している場合が多いが、これは「営業準備」として分類した。また、路上食堂が開店前/閉店後の作業や片付けを行っている場合も「営業準備」として分類した。

写真 5-8 屋外食堂のテーブル
手前左の看板には鶏の肉の部位が表記されている。
鶏を使った料理を供すると思われる。
背後のかけ看板には「コーヒー・ビールすぐ用意できます」
「ジュース・杏果汁・・・」と飲み物のメニューが書いてある。

「その他営業」のカテゴリには、様々な露店が分類されたが、総数としてはそれほど多くは無かった。菓子や果物を売る露店を始め、珍しいものとしては路上にて、女性の爪の手入れをサービスする「ネイルケア」を行う露店などが該当し、分類された。

5-2　集計

テーブルの使用方法としては、茶屋の備品として利用されるものと、屋外食堂の備品として利用されるものの、2つの路上営業の利用が多かった。この2つの利用方法は、時間帯にもよるが、どの通りでも平均してよく見られ、テーブル全体のうち半分がこの使用方法に分類された。普遍的な存在であることがわかった。また、その他の用法としては「私用」に分類されたテーブルが多かったが、食事や団らんを、路上で行う利用者が存在したことを反映している。

この分類に際して、多くの人々を集めるテーブルの中に、営業(もしくはその延長)の一環としてテーブルを利用しているのか、私用で利用しているのか不明な場合があった。こうしたテーブルは、「不明」に分類した。この中には、本来「その他営業」もしくは「私用」と分類すべきものがあると考えられる。

写真 5-9：営業と関係のない使い方をされるテーブル
背後の店舗の、若い店員達の休憩・食事用に置かれる小テーブル。店員が昼食中。

5-3　路上のテーブル・用途別の影響力の分析

　前節で分類・集計された路上のテーブルのうち、比較的多く観察された「茶屋」「路上食堂」「私用」の3種のテーブル用途について、滞留者数との関連を検討することとした (表 5-5)。

　結果を検討すると、この3種のテーブル利用の目的について、それぞれの特徴が明確になった。分析では、当該のテーブルの位置するカラムを含めて道路5m分をテーブルの影響範囲としたが、こうした影響範囲を考えると私用で用いられるテーブルは、あまり影響力を持っていないことがわかる。局地的には滞留者を多く抱えてはいるが、道路全体を通してみると、限られた範囲での滞留者増加にしか寄与していないと考えられる。一方で、茶屋や路上食堂は、各道路・各時間帯を通して安定して街路全体のうちの一定割合を影響圏内としている。使われているテーブルの数と影響範囲の広さを見ると、通りや時間帯によって多少の差があるが、食堂を1とすると、茶屋が時間によって1〜2程度になりそうだ。滞留者の密度を見ると、日中ハンコアイ通りでは食堂の滞留者増加が著しいが、それ以外の部分では茶屋が滞留者を多く集めている。茶屋は、対象街路・時間を通じて、安定して滞留者を多く集めているように見える。全平均をみても、茶屋が路上食堂よりも多くの滞留者を集めていることが明らかで (平均滞留者密度で茶屋 1.12 人 /m に対して路上食堂 0.86 人 /1m)、その件数・影響範囲を見ても (茶屋 423 カラム / 路上食堂 329 カラム)、街路全体における滞留者への

第5章 ハノイ旧市街街路現地調査と路上密度の分析

表 5-5: 街路で観察された路上占有物周辺とそれ以外の地点の滞留者密度 (単位 : 人 / 道路 1m)

街路 (延長)	時間帯	道路全体	全テーブル	茶屋	食堂	私用
ハンコアイ通り	早朝	.65	.97	**.806(31c)**	**1.520(25c)**	-
(297m*両側	朝	.62	1.28	**1.226(31c)**	**1.906(32c)**	**1.600(5c)**
=594 カラム)	昼	.54	.97	**1.114(44c)**	**1.067(60c)**	1.000(5c)
	午後	.66	1.20	**1.565(46c)**	**1.270(37c)**	**1.450(20c)**
	夜	.40	.39	.293(41c)	.561(41c)	.600(5c)
		.57	.95	1.016(193c)	**1.195(195c)**	**1.286(35c)**
ハンルオック	早朝	.03	.29	-	-	-
/チャーカー通り	昼	.38	.70	**1.082(73c)**	.529(34c)	**.933(15c)**
(360m*両側	午後	.46	.87	**1.000(77c)**	.778(27c)	**1.200(10c)**
=720 カラム)	夜	.29	.64	**.700(40c)**	.568(37c)	**1.273(11c)**
		.29	.72	**.968(190c)**	**.612(98c)**	**1.111(36c)**
路地	早朝	.42	.77	**2.000(7c)**	-	-
(117m	昼	.57	.68	.917(12c)	**1.042(24c)**	.880(25c)
=117 カラム)	午後	.36	.54	.615(26c)	.500(12c)	-
	夜	.11	.29	**1.400(5c)**	-	**1.300(10c)**
		.35	.80	**.960(50c)**	**.860(36c)**	**1.000(36c)**
	総平均	.40(3393c)	.59(2869c)	**1.121(423c)**	.863(329c)	.942(121c)

- 当該テーブルのカラムと周囲左右2カラムの合計5カラム (道路 5m 分) の範囲の滞留者の密度を表している。
- 複数の茶屋や食堂が固まっている場合は重複するカラムが生じ、これを減じたため、分析対象のカラムの
  数は、表 5-4 で示された件数の5倍よりも少なくなる。
- **太字部分**は、道路全体の滞留者密度よりも100% (2 倍) 以上の滞留者増加が見られたセル。

影響力は茶屋の方が路上食堂よりも高いと考えられる。滞留者の実数を見ると、茶屋
は 423 カラムに 474 人を集めているのに対し食堂は 329 カラムに 284 人であり (た
だし重複該当の滞留者あり)、全茶屋の影響は全食堂の影響の 1.67 倍になる。

　高密度な街路環境にあって、滞留者をより多く引き寄せている場として、路上露店
茶屋の持つ力が最も高く、続いて路上食堂などのテーブルを持つアクティビティが茶
屋には及ばないながら、人々を集めることがわかった。

6. 茶屋の機能と魅力

6-1　茶屋の密度とその背景 : 現地での体験を通して

　前節まで観察・分析してきたように、ハノイ旧市街の路上滞留者密度は、路上の物
品、特にテーブルを用いて行われる商業活動によって濃淡がつけられていることが明

らかになった。茶屋や路上食堂など、テーブルやその他の路上占有物によって 構成される場は、多くの滞留者の存在が認められる。ということは、多くの滞留者は、高密度な路上において、わざわざより高密度な茶屋や食堂を利用していることになる。ここに、密度と快適性との関係を一元的・線形的には解釈することが難しい「ねじれ」を見出すことができる。茶屋や路上食堂には、高密度状況を生み出しながら、人々を引き寄せる魅力を持っていることになる。

　調査を行う我々も、こうした路上の活動、とりわけ路上茶屋をよく利用した。実際に茶屋の客となることで、あるいは茶屋の店主や他の客との会話の中で見えてきた茶屋の魅力の背景について考える。

a) 客にとっての魅力

　茶屋を利用する上で、客を引き寄せる最大の要因は、その商品の安さであろう。茶屋の安価な商品とサービスは、どんな人にも気軽に利用させるのに一役買っている。これは、商品の単位が非常に小さいことが関係している。茶屋の主要商品は茶であるが、これは濃厚であることもあって小さい湯のみで供される (写真 5-6 参照)。湯のみ 1 杯分が最小単位となる。またタバコも茶屋の主要商品であるが、一本単位で買うことができる。こうした小さな単位の商品を買うことによって、商品だけではなく、座ることのできるイスと、場合によっては日よけや雨よけを得ることができる。ベトナムは発展中の国ということもあり、経済的に困難を抱えた人々も多い。しかし茶屋の客として支払う単価は、他の商品やサービスと比べてきわめて安価であり、低所得者、年金生活者、働きながら学校に通う勤労生徒も利用できる価格である。

　為替レートではなく、主食や公共サービスなどの物価を基準に日本円と比較すると、日本国内の物価での 10 円〜 20 円程度の価格になると思われる。これは我が国の物価で考えても一杯のお茶やチューインガム 1 枚の価格としては妥当であり、経済的に恵まれない人々にも十分利用できる価格水準である。

　日本では町中で人を待ったり、少しの時間が空いたりしたときに、このような価格で利用できる場が見当たらない。飲み物は街中で求めるならば、自動販売機では最低 120 円が必要であり、また飲むための場は提供されない。家族や友人と話したり、くつろいだりする場としては、喫茶店が似た存在であるが、価格的に気軽な場所とはいえない。ハノイの茶屋には、商品の価格による独特の気軽さと、そこに留まることので

きる「居やすさ」があり、市民から広く支持される根拠となっている。日本の都市には
あまり見られない独特な存在である。

b) 経営者にとっての魅力

　茶屋は、前述の通り商品・サービスの単価が低いために、商業としてはあまり大き
な利益を生むものではない。しかし労働の強度が低いため、高齢者や女性でも無理
なく営業活動を続けることができる。実際、高齢者や身体にハンディキャップのある
人が運営している茶屋をよく見かけた。

　茶屋の商売としての魅力は、他の業種と比べるとそれほど高くはない。おそらくは、
店主自身が生活費全てをまかなうには足りない程度の収入しか得られないと思われ
る。しかし、生計を共にする家族に有職者がいるならば、第一線を退いた高齢者やフ
ルタイムの職に就きにくい者にとって、ほどほどの収入を得られてそれほど厳しい労働
でもない茶屋の営業は、それなりに魅力的なものではあるだろう。なお、こうした経
営側の事情は、路上食堂になると条件が異なる。路上食堂は、営業のための備品や
商品の準備において投資が必要で、労働の強度が高くなるが、そのかわり売り上げも
茶屋とは比較にならないほど高くなる。

　私たちが頻繁に利用した茶屋では、私たちが調査協力のお礼に、日本茶のティーバッ
グ数個を店主に進呈したところ、店主はその時のお茶の代金を受け取らず、その後も
お茶の代金を負けてくれることがあった。多大な投資が必要な商売でもなく、また前
述のように生活費を稼がなくてはならない仕事でもないため、こうした「顔見知り優遇」
や「おまけ」が頻繁に行われ、周辺住民・お馴染みの訪問者にとっての気軽な利用を
促進しているようだ。

　こうした旧市街の茶屋の経営は、表通りに固定店舗を持っている者ではなく、表通
りから奥まった場所に居住する近隣住民が運営している場合が多い様に思われる。茶
屋の備品は、それほど大きく重い物ではないが、地域外からわざわざ備品を運搬して
きて行うようなメリットもあまりない（観光地等、地区によって一部例外もある）。その
ため、路地や通路を共有する近隣のうちから、いわば近隣を代表する形で茶屋を開き、
それが住民のための場となっているようである（図5-3）。こうした経営者の生活と営
業の位置関係は、地元住民にとっての茶屋の意味・評価につながる、重要な要素である。

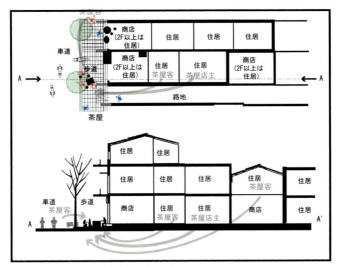

図 5-3 茶屋の物理的配置と店主 / 客の背景

c) 住民にとっての魅力

　こうした茶屋を身近にもつ住民や周辺の店舗に働く人々は、茶屋を通していくつかのメリットを享受できることに気づく。

　まず第一には、安価で気軽な接客・談話スペースを持つことができる。旧市街地区の住居事情は、前述の通りあまり良くない。また、高温多湿の気候でありながら、個人住宅でのエアコン使用はあまり一般的ではない。そうなると、昼食の後や仕事の終わった夕方などの余暇の時間は、部屋の中よりも、家の近くの屋外の茶屋の方がはるかに快適である。また、表通り沿いの店舗でも、店の中に接客用の空間がない店では茶屋を応対の場とすることができ、店員が居る場合、休憩用の場としても室内よりくつろげる。路上茶屋は安価で気軽な場ではあるが、特定の人々だけが利用する場ではなく、多種多様な人々に支持されている。歩きつかれた行商人に一服の場を提供することもあれば、大口の買い付けを交渉する社長風の人々の商談まで、満遍なく利用される。この間口の広い気軽さは、日本における類似の商店やサービスにはない快適性提供の仕組みである。

　また第二には、地域の外からやってくる来訪者の行動を監視・統制・案内する機能を持っているように思われる。茶屋の周囲で不審者が路上を徘徊したり、住居区域に侵入しようとしても茶屋の店主や客の視線を浴びることになる。仮に、犯罪を起こす

写真 5-10 路地入り口の路上食堂

写真 5-11 路地奥の居住空間
中央の女性は洗濯物を取り入れている。路地奥は住民の「庭」「物干し場」でもある。こうした住民の生活領域に入るためには、写真7の食堂や茶屋の前を通らなければならない。

意思を持って路上で何かを行ったり、住居区域に侵入しようと企てたりしても、茶屋の店主や客の視線をかいくぐらなければならず、きわめて困難である。

その一方で、正当な目的のある外部からの来訪者は、茶屋を利用することによって、気軽な場の中で必要な情報(例えば初めて訪ねる店の所在)を得ることが出来、不審者として見られることを予防することができる。例として私たち自身の例を紹介したい。現地にて調査を行う私たちもまた、典型的な外部からの来訪者であった。地元住民から見ると、カメラや筆記用具を持ち歩く、不審な活動をしているグループとして見えたに違いない。私たちも、「不審者」として調査を行うよりも、目的を理解され、協力を受けながら調査を行うことを望んでいる。そこで調査対象の各街路の要所にある茶屋の場を活用した。茶屋を利用することで説明や交流をする場を簡単に得ることができる。茶屋を初めて利用する時には、気軽な環境の中で「どこから来たのか」「なにをしているのか」を店主や同席する客に尋ねられる。尋ねられれば、こちらのことを紹介することができる。このやりとりがうまく運べば、友好的で協力的な関係を結ぶことは難しくない。一度関係ができると、顔見知りになり、その場に居合わせなかった住民にも次第に情報が伝わり、不審の目が向けられることが減ってゆく。住民の側からみると、実際に私たちの説明や挨拶を直接受けなくても、茶屋から伝聞で私たちについての情報を受けとることができる。また、

「茶屋に出入りしている者」ならば、ある程度安心できる者として扱うことができる。

　こうした外来者の行動を適度に抑制し、その目的や意図を開示させるような働きが茶屋には備わっている。また外来者も、気軽に「不審者」として見られる状況から脱することができる。そのために必要なコストは、わずかばかりのお茶代ですむわけだ。また、難しい「登録」や「認証」ではなく気軽な会話の中でこれらの「手続き」が済んでしまう。したがって、茶屋は地元住民にとって門番のような役割であり、しかも門番よりよほど柔軟な存在で、善意の来訪者にとっては地元の情報を提供してくれたり、案内してくれたりする、コンシェルジュの役割を果たしていることになる。

　ハノイ旧市街地区のような、商業と居住が集積する高密度都市環境において、地域外から訪れる多数の来訪者の行動を適切に抑制し、また情報の交換を行わせる触媒として、茶屋の持っている役割は非常に大きいと思われる。

6-2　テーブルの生み出す界面空間

　前項末文では茶屋の機能を「触媒」と表現した。ここで茶屋の持つ機能、特に外来者と居住者の接触する場として働く機能について考えてみたい。

　街路上の活動、特に上述の簡易な商業や私的な内容の活動は、地域外から当該地区に来訪する者と、地元に居住する人々や就労する者との間を、適度に取り持つ働きがあると考えられる。本調査の対象地区のように、小売業と居住が混在する地域は、ハノイ以外でもアジア諸都市でよく見られる。日本においても、取引を行う店舗と住居が一体化した、いわゆる町屋形式の建築物からなる伝統的な商店街が存在する。こうした地域で、商業活動を維持して生活していくためには、地域外から不特定多数の来訪者を引き寄せ、活発な取引が行われなければならない。地域の居住者同士の取引だけでは、都市の小売商業地区は経済的に成り立たない。その一方で、地域居住者の生活を生業から分離して考えると、外部から不特定多数の来訪者が私的な生活空間の間際にまで接近する状況は、きわめてストレスフルであり、安全面からも好ましくない。こうした二つの矛盾する希望を満たす環境資源として、路上の小さな商業活動が挙げられる。特にテーブルを用いた茶屋の果たす役割は大きい。

　茶屋は、単に安価に休憩場所を提供するだけではなく、地元に居住する人々と外部から来訪する人々との関係を適切に調節する役割を持っているように思われる。外部から来訪した者にとっては、労働や取引の合間に利用できる場所であり、また地元の

情報に触れられる場所でもある。茶屋を利用することによってある程度地元の様子を知り、地元住民と接することができる。商取引の行われない住民の居住地区に侵入しようとする者は、茶屋やそのほかの路上活動を行う者の視線にさらされることになる。そのため、悪意をもって侵入を行うことは、茶屋から監視されることによって防止される。またその反面、正当な目的をもって来訪する者は、この場所を利用することによって訪問先の情報を得ることができ、また「不審者」ではないことを周辺の人々に説明する場を得ることになる。

　地元の居住空間への無秩序なアクセスを防ぎ、また地元住民と外部からの来訪者との関係を調整する茶屋のある場所は、地元と来訪者の間の合理的な界面を形成していると言えそうだ。しかしその場が実現している機能を考えると、単なる界面であるだけでなく、茶屋があることによって機能している空間の存在が浮かびあがってくる。本稿ではこれを界面空間と名づけた (図 5-4)。界面空間は、前述のように、住民の居住環境の快適性を向上させる機能を持っているが、同時に外部からの来訪者にとっても気軽な存在であり、しかも機能的にできている。こうした住民の安全や快適性を目指した空間の配置や機能としては Newman(1972) の Defensible space や Jacobs(1961) に取り上げられている「クルドサック」の例が挙げられる。しかしながら、界面空間は単に防衛的でアクセスの制限を実現するだけでない、いくつかの機能を持っている。必要があるならば、来訪者は住民の住居地区へアクセスすることを許し、場合によっては案内や情報を出すことができる。従って来訪者は、気まずい思いをすることなく、また不審の目を向けられることなく住民の領域への進入を承認してもらうことができる。こうした側面ではむしろ来訪者に便宜を計らう機能も持たされているといえるだろう。

　こうした界面空間の果たす役割は、小林 (1992) の説明する「共有空間」のそれと類似している。しかしながら、空間の運営や維持において、茶屋の店主が運営しながら同時に運営の費用程度は自力でまかなうことのできる合理性には注目したい。共有空間の維持の実現にあたって、本邦では土地や建物の所有権を分割したり、厳密に運

Newman, O., 1972, *Defensible space: Crime prevention through environmental design*, New York: Macmillan.

Jacobs, J., 1961, *The death and life of great American cities*, New York: Random House.
　(Paperback Reissue edition: Jane Jacobs, 1992, The death and life of great American cities, "Vintage Books Edition" New York: Random House.)

小林秀樹 , 1992, 集住のなわばり学 , 東京 : 彰国社 .

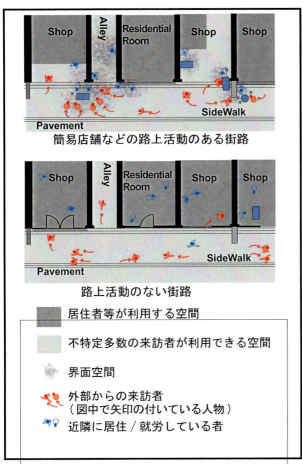

図 5-4：街路上の活動の有無と界面空間
路上で営まれるアクティビティによって、住居の入口部分や路地(住居区域への進入路)に、地元居住者／就労者と外部からの来訪者とを接触させる界面空間が構成される。外部者のアクセスは、地元の人々によって適度に制御・観察される。

営費を分担したりする煩雑さが付きまとう。しかし路上茶屋の運営には、それほど複雑な権利関係や共同作業は必要ない。こうした背景は、現地(ベトナムやハノイ市)に特有の条件かもしれないが、その条件を最も効率よく合理的に利用した結果、路上茶屋という装置が維持されているように思われる。

6-3　界面空間の創造・応用

以上見てきたように、茶屋をはじめとするハノイ旧市街地区の路上の活動は、高密度で多種多様な人々が利用する都市環境において、最小限の資源やコストを利用しながら、最大限にその役割を果たしている。そのために、ともすると無秩序で不快であり、安全が確保されにくい都心居住地区においても、住民には快適で安全な居住環

境を提供し、外来者には暖かく気軽なコミュニケーションを提供している。

こうした界面空間の提供資源として、わが国ではどのような応用が可能であろうか？残念ながら明確な形で提言することは難しいが、いくつか参考になりそうな手がかりがあるように思われる。

まず第一には、共有空間や公的空間の維持や管理に「商売」を導入してみる方法はないだろうか。茶屋や路上食堂などのように、それ自体で成り立つ商売が、公的な場所で運営されることによって、利用者は簡単に「客」となることができる。守衛や公的機関によって「守られている空間」よりもはるかに柔らかい界面となり、また運営に当たってもコスト分はまかなえるかもしれない。

また第二には公共空間に安価な居場所が必要と思う。わが国では、経済的に負担の少ない都市の居場所は極めて少ない。商業地では、最低でも数百円が必要なファーストフードや喫茶店の客になるほかなく、住宅地ではそれも困難である。価格面でも多様な利用者に開かれた茶屋のような居場所があれば、外来者が地元住民に不審がられたり、住民との軋轢を招くようなことは減るだろう。また、安価な施設であれば、青少年や高齢者の存在と都市環境が両立しやすくなるだろう。

こうした「商い」を行うならば運営のコストや便宜の上で仮設形式の店舗がふさわしい。わが国で淘汰されつつある屋台ではあるが、運営方法を変えて応用できる可能性を追求する価値はありそうだ。こうした応用については第 7 章で考える。

7. 密度の濃淡

前節までは主に、密度の高い地点と路上占有物、特に茶屋に注目してきたが、ここで時間的な密度の増減についても含め、密度が一様ではない事実を検討する。

ここまでの分析から、通りの密度は、時間軸上・空間軸上の両面で高度に分散していることがわかった。この分散は印象的なものである。結果全体から見ると、こうした密度の波は、ある密度の環境に対しての人間の行動の選択肢を提供しているように思われる。すなわち、ある密度に対して、参加するか離れるかを選択することができるのである。えてして通りや街区は、全体の密度が一単位として分析の対象となる。しかしこうした大きな単位の密度を分析の対象とすることは、個々の人間の行動や認識を考えると妥当ではないと思われる。いくつの研究では、家の外の、例えば平方キロ当たりの人数や街区あたりの戸数などよりも、家の中の密度、一部屋あたりの人数や一人当たりの床面積の方が、人間の評価や病理的帰結の説明に適している

ことが指摘される。これは、たしかにそうではあるが、住居の構造やその背後の気候や産業構造に関して西欧と異なるアジア諸国には、さらに別の要素が入る。例えばShumit(1963) は米国と香港との比較において、両国の人口密度の違いにもかかわらず、両国の精神的健康度が等しいかむしろ香港の方が良い状態であることを示しているし、Mitchell(1971) はその香港で、密度による悪影響が、時間や空間の管理によってうまく打ち消されていると述べている。

　東南アジアの気候の下では、通風性と利便性を兼ねて、家の内と外の境界があいまいな住居が多い。またそうでなくても、庭や路地を家の延長として使うことが多い。こうした事情は、密度の定義自体を困難にする。この点については次の物理的次元の項で詳述する。

　環境の多様性がもたらす、自由でさまざまな行動を許容する選択の余地は、環境からの悪影響を軽減しフラストレーションを抑えるとされている (Seagert,1975; Proshansky, Ittelson & Rivlin,1970)。密度環境を考える上でもこれは有効である (Krupat, 1986)。環境を自由に変えたり、選択できたりすることは、人間が環境に適応できるか否かを隔てる重要な要素であろう。以降においてこの多様性を内包する2つの次元について考えてみる。

7-1　空間的な密度の濃淡

　道路の物理的な位置においても、密度の高い場所と低い場所が存在した。多くの人々は他の人々とともに路上に居り、単独で路上にとどまっている人は極めて少なかった。また、密度の高い場所には、数名からそれ以上の人々が固まっていた。これらの散らばりは、個人のテリトリーの研究結果、例えば Sommer (1969) や Sommer & Becker(1969) の検討結果とは明らかに異なっている。調査では、互いに見知らぬ者

Shumit, R. C., 1963, Implications of density in Hong Kong, *The AmericanInstitute of Planners, Journal 24,* 210-217.

Mitchell, R. E., 1971, Some social implications of high density housing, *American Sociological Review 36,* 18-29.

Saegert, S. (Ed.) 1975. *Crowding in real environments.* Beverly Hills, CA: Sage

Proshansky, H. M., Ittelson, W. H. & Rivlin, L. G., 1970, *Environmental psychology,* New York: Holt, Rinehart & Winston.

Krupat, E.,1986, Peo*ple in cities.* Boston: Cambridge University Press.

Sommer, R., 1969, *Personal space,* Englewood Cliffs, NJ: Prentice-Hill.

Sommer,R. & Becker, F. D., 1969, Territorial defense and the good neighbor. *Journal of Personality and Social Psychology 11,* 85-92.

写真 5-12: 観察記録の確認をする調査隊と地元住民
ハンルオック通り北端東側の茶屋。中央と右に座る3人は現地調査を行った調査員。左側背後の客が興味を示している。この後、路上調査について説明し、納得してもらうことになる。店主は右側奥でタバコをくわえている。左の男性は身なりがよく、沿道の店舗の店主と思われる。（ハンルオック通りは上質な商品を扱う店が多い。）

写真 5-13: 路地奥にある茶屋でくつろぐ住民
左端の女性は日本からの調査員の一人。調査のために何回も通った茶屋なので、常連客とは顔見知りになっている。立地上あまり外部からの来訪者がいない茶屋で、数十メートルの圏内の住民を対象にした茶屋。高齢者や子どもを抱えた母親など、さまざまな年齢・性別の客が来ており、住民の老若男女が集う場であることがわかる。何人かは、本文中で触れた特徴的な小さな湯のみを持っている。茶屋があるおかげで、住民に受け入れられ、友好的に調査が行われたことを示すハノイ旧市街研究の象徴的ショット。写真は3枚現地で紙に焼き進呈したが、大変喜ばれた。

第5章 ハノイ旧市街街路現地調査と路上密度の分析　121

どうしが、それぞれにもつテリトリーを最大限防衛し、尊重するという空間の利用法は
もちいられていない。パーソナルスペースやテリトリー防衛的行動の根拠とされている
プライバシーや個人空間の概念は、自身と、不特定の他人、という二極に空間内の人
物を単純化する考え方と結びついている。そして、公共の場では、人々が、全くの他
人と新たな関係を構築することに、時間や対価や努力を払うことはない、という前提
がある。そしてこれは、先進諸国の都市部では事実であろう。

　しかし、検討した街路上では、道路の上で会した人々が、しばしば新しく関係を持ち、
その為に何らかの対価や努力が払われている (我々調査隊、一人一人がそうであった)。
つまり、「最大限接触をさける」やりかたではなく、「接触した上で承認を得る」やり方で、
高密度な路上への滞留が行われている。見知らぬ他者と何らかの接触を行うのは非常
に疲れることだが、しかしハノイ旧市街では道路上の環境がそれを援助しているよう
に見える。高密度な空間に住み、日中の雑踏の激しさと隣りあわせで住んでいる人々
には、温度などの点で不快な部屋の中に引きこもるよりも、外で活動し、他人に対して
接触して新たな人間関係を持ったほうが精神的に楽である、という環境の側面もある。
また、ある種の物品や商売の方法 (つまり茶屋や路上の小商売)、あるいは元からそ
の場に居る人の居方 (ちょうど道を尋ねたくなるところで暇そうにしている人) によって
は、新しく来た人との間を取り持ち、関係を作り出す働きがあるように見える。

　こうした人々の関係を援助する働き、言い換えると、結果として滞留分布の偏りを生
み出す要因のひとつとして、路上のテーブルが特別な存在として見出された。テーブル
が置かれている場所には他の場所よりも多くの人々が観察された。これは、テーブルが、
上記の空間上の密度の変動を作り出していることを意味する。付け加えるに、こう
したテーブルが持っている目的・用途も、路上に関係性を生み出すために一役買っている。
半数以上のテーブルは、簡易なスナック・ドリンクの露店によって使われている。テー
ブルは安価で簡単なものではあるが、遠くから1人で運べるようなものでもない。また、
テーブル以外にも商品を露店に運ぶ必要もある。そうしたことから、多くのこの種の
露店は、地元の人々によって運営されているようである (写真 5-8、5-10 参照)。これ
らの露店は、お茶・軽食・タバコ (一本単位) などを道行く人々を対象に商っている。

　この露店があるために、地元の住民は自分の家のプライベートな居室を提供せずに、
安価なお茶やタバコのある談話空間を持つことができる。また露店は、外来者が住民
の空間に入るために格好の窓口となっている。露店は気後れするような場所ではなく、

住民に接触し、自分が何の用で住民たちの空間に入ろうとするのか説明しやすく、また住民の案内を受けられる場所でもある。実際、荷物を持った人が、路地の入り口の茶屋で、住民の住所(荷物のあて先)を尋ねる機会が複数回、調査中に確認された。

このように露店は、公共の空間と住民の私的な空間の境界上にある効率のよい界面としての役割を担っている。それは、外来者にはスマートな窓口として、住民にはコストの安い守衛として働いている。住民にとっても、外来者にとっても、この茶屋のテーブルは、たとえ密度が高かろうとも、訪れる価値がある場なのである。

一方で、机をはじめとする路上物件の密度への影響力は、通りによって異なる。それは、強く働いているところもあれば、そうでないところもある。また次節で述べる時間の変遷とも関係があり、強く働く時間帯もあればそうではない時間帯もある。こうした密度とその要因の交互作用の存在は、単に屋台やテーブルが特定の場所にあるだけでなく、それが人々に効果的に働くような一定の空間的要因及び時間的要因の組み合わせが必要で、目的にあう時には使用し、あわない時には撤収されるような運用が適切であろう。実際にハノイではそのような運用が行われている。露店の簡素な構造 - 時として机すらない - がうまく働き、時間と空間を有効に使おうとするやり方は、密度とその利用に悩む環境デザインにとってヒントになるのではないだろうか。

7-2 時間的な密度の濃淡

時間の次元の上では、時間の経過にそった密度の変化の傾向が密度環境を考える上で考慮すべき側面として示唆されている。快適環境とはなにか？ という文脈で行われたいくつかの研究は、この次元を評価するアイデアを提供している。注目されるのは、「コンフォート」と「プレザントネス」という快適な環境をあらわす二つの異なる概念である(乾, 1996; 久野, 1996; Kuno, Ohno & Nakahara, 1987)。「コンフォート」は、時間的な展開を無視(あるいは超越)した、絶対的あるいは普遍的な快適性を示すのに対し、「プレザントネス」は、時間的経過を考慮に入れた快適性の評価である。

例えば、シャワーを浴びるには適切なシャワーの水温の幅があるが(コンフォート

乾正雄, 1988, 柔らかい環境論, 東京:海鳴社.
久野覚, 1996, 室内に住む - 熱環境のアメニティ -, 中島義明・大野隆造(編), すまう - 住環境の心理学 - 第5章, Pp. 92-110.
Kuno, S., Ohno, H., & Nakahara, N., 1987, A two-dimensional model expressing thermal sensation in transitional conditions: ; *ASHRAE Trans.*, *Vol.93*, Part.2, 1987, pp.396-406

な温度のシャワー)、厳しい労働の後は、少々熱目のシャワーが疲労と汗を流すのに心地が良い (プレザントなシャワー)。プレザントネスの概念は、その場面に臨んだ経緯や場の文脈によって、その人の感じる快適な環境要素の量や質が変わりうる可能性を示したものである。

　密度に関する評価もまた、こうした動的な時間的展開を伴う環境の側面として、一人一人の経緯・分脈を考慮に入れるべきであろう。特に、本研究のような高密度環境では、こうした時間的な変化が高密度環境に適応する鍵となっている可能性を指摘したい。もし、ハンコアイ通りの夜や、ハンルオック通りの早朝といったような、「空いている時間帯」というものがないとしたら、この地域の高密度環境は耐え難いと思われる。しかし、日中には込み合うこれらの通りも、上記の時間帯には必ず静かになる。

　また、密度の時間的展開に関する感覚 (予測の可能性) もまた、環境に適応するための手がかりのように思われる。つまり住民は、いつになったら混雑がおさまるか知っているために、その時間になるのを待つことができる。これが一定していなかったら、耐えることは非常に難しいであろう。また、どの時間帯にはどんな密度であるべきかという共有される時間感覚が、「常識」として密度を緩やかに制御する働きをしていることも考えられる (例えば、夜は静かになるべき時間帯で、人通りも減るので、路上での営業は抑制されるかもしれない)。

　ところでこの調査では、一日の密度の変遷を追跡する為に幾つかの時点 (早朝・正午など) で記録をおこない、それらを補完することで時系列的密度の変遷を見出した。この調査計画の上で重要と考えた点は、ある時点の密度だけではなく、その移り変わりを前提にした密度の議論 (あるいは他の環境要素の議論) が必要であるということである。つまり環境の何らかの要素をある時点で測定して議論の対象とするのではなく、複数の時点で測定する、もしくは過去や将来についての時間的な展開の上で測定値が定まっているという前提に立って測定値を吟味することが必要になる。究極的には、いくつもの測定値を集め、時間軸によって積分することによって、累積環境時間や平均変化量の値、環境激変の有無判定などを扱うことが必要になろう。

7-3　環境の変化をみる－「速度トレンド」にみる変化の指標

　時間に伴う環境の変化の指標を説明するために一つ例を挙げる。図 5 - 5 は、現代の旅客航空機に搭載されている飛行計器のうち、速度計の部分の模式図である。こ

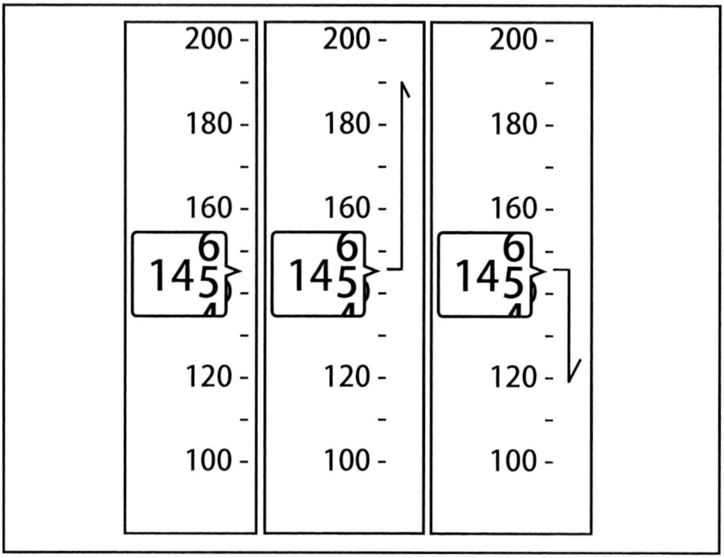

図 5-5 現代の航空機の速度計 (模式図)

　文字盤が上下し、現在の速度は中央の窓に拡大して表示される。三つの速度計は全て現在の速度 145kt を示している。左端の速度計は速度のみが表示されている。中央と右の速度計は 10 秒後のスピードが速度計右の矢印で示されている。この二つの速度計は、操作を行わない限り、１０秒後に、中央は190kt、右は 120kt に変化することを示している。(航空機で用いられる速度の単位は多数あるが、本論とは直接の関係がないため、本図・本文中では単純に表現した。田島・加藤 (1987) を参考に作図。)

の速度計は、背後の数字 (速度) の示された文字盤が動き、中央に固定されている窓の部分の数字が現在の速度である。3 つの模式図は全て、現在約 145 ノットを示している。145 ノットとは、現代のジェット旅客機にとって、通常は空中に浮いていられるかどうかの際どい遅いスピードである。巡航時にはこのようなスピードになることはない。もしこのようなスピードになったら一大事だが、場面によっては通常のスピードにもなりえる。つまり 145 ノットというスピードは、ある状況では危険を意味し、また異なる状況では正常を意味する。

　図の中央と右の 2 つの速度計は、より新しい形式の速度計で、一つ表示が付け加えられている。付け加えられたのは計器の右の矢印であり、その先端は、機体の姿勢を変えなかった場合に達するであろう 10 秒後のスピードを表している。この値は「速

度トレンド」と呼ばれる (田島, 加藤, 1987)。

　中央の速度計は現在 145 ノットであるが、10 秒後には 190 ノットに加速する事を示している。急激に加速をしていることが分かる。そのため、現時点の速度に加えて、その速度がどのような展開の上にあるか、一つ情報が増え、情況の判断や対応がしやすくなる。速度トレンドが 190 ノットを示す中央の計器が表す状況はそれほど危険な状態ではないと考えられる。おそらくこの状態は、離陸滑走中か、離陸直後の状態で、安全な離陸が約束された状態と言える。巡航中にこの表示が示す状態を推測するならば、何らかの事情で 145 ノット以下まで減速したが、現在速度を回復しつつあり加速を続けているので、高度が十分あれば特に危険はないと思われる。

　一方右の速度計は現在 145 ノットでさらに速度低下中である。このような速度でさらに速度が低下するということは、もし機体が空中にあるならば非常に危険であり、一刻を争う緊急事態ということになる。離着陸前後で高度が低ければ墜落の可能性がある重大な局面である可能性が大きい。場面によって多少異なるが、右の計器の示す値はあまり望ましくない、危険が予想される表示になっている。

　このように、飛行機のスピードの値に、「10 秒後の」という速度トレンドの値をつけ加えることによって、現在の速度が同じでも、その値の評価が全く異なる。一方は問題がない、あるいは問題を解決した状態であり、もう一方は問題が大きく膨らんでいる状態である。さらには「高度」などの他の側面、また「離陸時」「巡航時」などの状況の文脈も加わって、速度に対する評価のバリエーションが増え、対応の方法や緊急度も異なる。

　航空機の測度の例から密度の問題に戻る。本調査によって得られたハノイ旧市街の路上密度の変遷も、住民にとってはある程度予想をたてられる存在で、状況変化の見込みを理解していることが、密度の意味合いを変えると思われる。また、その見込みも、上記の飛行機の速度計のように、一種類 (10 秒後) だけではなく、10 分後、1 時間後、

田島 奏, 加藤敏, 1987, 航空計器, 新航空工学講座第 10 巻第 1 版 第 5 刷, 東京：日本航空技術協会. (第 1 刷は内容が異なるため、版・刷まで示した)

　飛行機の計器を例示した理由がもう一つある。現在の飛行機の多くが精密な「加速度計」を元にした計器システムを搭載していることが、時間に伴う変化を捉えようとする本研究と類似している。

　航空機は継続的に加速度さえ測定できればその時間積分により速度が、速度の時間積分により位置 (移動距離) の変化がそれぞれ計算できる。本節の、環境の時間軸上の変化を前提した検討の提案に対する、面白いヒントとなりえよう。街や個人のおかれた環境についてのある側面を時間で積分すると、累積的な環境暴露を求めることが出来る。また Evans 教授らが検討している "Cronic Stress" をより厳密に定義することも可能と思われる。

半日後などのように、幅のあるいくつかの予測を用いて対処しているのではないか。

　ハンコアイ通りの朝の路上青果市の喧騒は6時30分に終わる。これは政府当局が決定した時間らしく、警察によって強力に守られる。ハンルオック／チャーカー通りは朝が遅く7時台まで非常に静かであるが、日中は旧市街のメインストリートとして膨大なオートバイ交通の流量を支えることになる。どちらの通りも夜になると次第に静かさを取り戻す。朝の早いハンコアイ通りの方が静かになる時間は早く、旧市街のメインストリートであるハンルオック／チャーカー通りはやや夜が遅い。夜更かしする人は寄り集まって小さな灯をかこみ「夜涼み」を楽しむ。いずれにしても夜9時には日中からは考えられない静寂がやってくる。

　時に、事件や事故の発生で夜通し交通が途切れないことがあるが、それは一日だけの話で、その出来事が終われば元に戻る。こうした密度の時間的展開が読めているからこそ住民には許容可能な密度環境となるのではないか。

　また、こうした時間軸上の傾向は、一時間二時間といった短い時間尺度だけの話ではないように思われる。長い時間の変化を前提に置いた議論は、ハノイ旧市街の検討のみならず、台湾台中市の問題、さらには世界中のあらゆる場所の環境の議論に通じる。第7章で詳しく考察する。

引用文献

乾正雄, 1988, 柔らかい環境論, 東京：海鳴社.

Jacobs, J., 1961, *The death and life of great American cities*, New York: Random House. (Paperback Reissue edition: Jane Jacobs, 1992, The death and life of great American cities, "Vintage Books Edition" New York: Random House.)

小林秀樹, 1992, 集住のなわばり学, 東京：彰国社.

Krupat, E.,1986, People *in cities*. Boston: Cambridge University Press.

久野覚, 1996, 室内に住む - 熱環境のアメニティ -, 中島義明・大野隆造 (編), すまう - 住環境の心理学 - 第5章, pp. 92-110.

Kuno, S., Ohno, H., & Nakahara, N., 1987, A two-dimensional model expressing thermal sensation in transitional conditions: ; *ASHRAE Trans., Vol.93*, Part.2, 1987, pp.396-406

Mitchell, R. E., 1971, Some social implicationsof high density housing, *American Sociological Review 36* 18-29.

Newman, O., 1972, *Defensible space: Crime prevention through environmental design*, New York: Macmillan.

Proshansky, H. M., Ittelson, W. H. & Rivlin, L. G., 1970, *Environmental psychology*, New York: Holt, Rinehart & Winston.

Saegert, S., (Ed.), 1975. *Crowding in real environments*. Beverly Hills, CA: Sage

Shumit, R. C., 1963, Implications of density in Hong Kong, *The AmericanInstitute of Planners, Journal 24*, 210-217.

Sommer, R., 1969, *Personal space*, Englewood Cliffs, NJ: Prentice-Hill.

Sommer,R. & Becker, F. D., 1969, Territorial defense and the good neighbor. *Journal of Personality and Social Psychology 11*, 85-92.

田島 奏・加藤敏, 1987, 航空計器, 新航空工学講座第 10 巻第 1 版 第 5 刷, 東京：日本航空技術協会. (第 1 刷は内容が異なるため、版・刷まで示した)

第6章
とどまる場の構造

ハノイ：ハンルオック通り

1. 路上空間の数値化

この章では第5章に引き続き、ハノイ旧市街の路上環境について、詳しく調べてゆく。前章までは、路上の人数や路上に置かれている物体、さらにはその物体を使って行われている活動－茶屋や路上食堂－の魅力や働きについて述べてきた。しかしながら、本当に茶屋や路上食堂に「有意な」働き、あるいは滞留者との関連があるのか、厳密な証拠があるわけではない。

そこで、本章では、前章で検証した普遍的な3種類の路上の物体(机・オートバイ・ざる)と、4つの観察時間(朝・正午頃、午後、夜間)に関して、路上にとどまる人々の人数を数値的に扱い、厳密に分析し、その分析結果と5章で考察した結果を照合することで、更なる考察を試みる。なお、ここで分析する数値は、すべて前章、5章3-1項の手続きを行った後に、集計した値(表5-3)を基にしている。前章の集計に見えた傾向を、より確かな証拠として統計的に明らかにし、同時に通りの違いや、時間帯の違いによる路上活動の変容、更にはこれらの交互作用を、数値を用いて詳らかにしようとする試みである。

2. 方法

2-1 ロジスティック回帰・ロジットモデルについて

本節は本論文のテーマから離れて、本章で用いた分析方法であるロジットモデルの基本的な考え方を Agresti(1996,2002) の説明を参考に出来るだけわかりやすく説明する。ロジットモデルについて理解されている読者は、本節を飛ばして、3節の分析結果の節に直接進まれてかまわない。

2-2 従属変数

現地観察調査のデータは、道路を1m間隔に輪切りにした「カラム」に整理されている。カラムは、道路を延長方向に 1m の幅で区切った道路の一部分である。例えば、ハンコアイ通りは、延長 297m であるので、297 カラムが存在する。大通りは、車道の交通によって道路の両側が隔てられているので、左右のカラムは独立している。つまりハンコアイ通りには左右あわせて 594 カラムが存在する。路地は幅員が狭く左右

Agresti, A., 1996, *An introduction to categorical data analysis*, Hoboken, NJ: John Willey & Sons, Inc.

Agresti, A., 2002, *Categorical data analysis* (2nd ed.), New York: A John Willey & Sons, Inc.

を分ける必要がないので、両側に分割はしない。この結果、ハンコアイ通りには 594
カラム、ハンルオック / チャーカー通りは 720 カラム、路地は 117 カラム、合計 1431
カラムが設定された。

　これらのカラムには、滞留者として存在する人間の数が記録されている。滞留者が
居ないカラム、滞留者が 1 人居るカラム、2 人居るカラム・・・これが従属変数となる。
しかしながらこの変数は正規分布ではない。滞留者が 0 人のカラムが最も多く、滞留
者が2人、3人、4人と多いカラムほど稀になる。ここには正規分布ではなく、二項分
布やポワソン分布 (Poisson distribution) が仮定される。こうした変数を従属変数と
するには、「滞留者なしのカラム」「滞留者 1 人のカラム」「滞留者 2 人のカラム」「滞
留者 3 人のカラム」・・・というように、順序ないし名義尺度とした上で、その出現数
を確率として扱うと計算上都合が良い。たとえば「○通りの○時の滞留者 1 人のカラ
ムの出現確率は 10%(0.1)」と表現すると、おおむね道路 10m 区間に滞留者が 1 人
居るカラムが一箇所あることがわかる。このように、正規分布によらない事象の出現
を問題にする場合、これを 0 から 1 の間の数として表れる確率として表現できる。

　この確率は範囲が 0 から 1 に限られており、独立変数の影響は線形ではなく、そ
れが 0 や 1 の両端近くでは、独立変数の影響が少なくなる。つまり一定の条件が必要
以上にそろっている場合、もしくは反対に余りにも条件がそろっていない場合は、もは
やその多少はあまり確率に影響しなくなる*。最も独立変数と従属変数の関連が高く
なるのはその中間、従属変数となる確率が 0.5(50%) 近辺にある場合である。

　このような理由から、確率を従属変数として回帰的な探索を行う場合、回帰式の左
辺、つまり従属変数を対数変換して計算を行う。こうすれば、確率が 0 もしくは 1 に
近づいた場合の独立変数の影響を低く、0.5 前後の部分を高く見積もることが出来る。
すなわち S 字型の非線形モデルとなる。

2-2　確率変数

　前節で述べたような確率 0.5 付近の条件を重く取り扱う S 字型の非線形モデルでは、
取り扱う確率を、純粋な確率 (y の発生数 / 全事象数) から、(y の発生数 / 全事象 -y
の発生数) で求められるオッズと呼ばれる比率に取り替えて扱う。

---

* 自家用車を買い替えるかどうかを従属変数とし、年収を独立変数として考えると、ある年収以上の人々にとっ
ては、年収は車の買い替えにあまり関係のない要因となる。またある年収以下の人々にとっても同様である。
年収がもっとも車の買い替えに影響を及ぼすのは、年収が中ほどの人々である。(Agresti,1996 掲載の説明例
を簡略化した)。

132   第6章 とどまる場の構造

　純粋な確率 (相対確率) が、当該事象を全事象で除した 0 から 1 の間に分布する正の数値になるのに対して、オッズは 0 以上の任意の正の数となる。たとえば、勝率 7 割 5 分 (0.75; 75%) の野球チームの勝率をオッズに変換すると 0.75/(1-0.75)=3.0 となる。相対確率が 0.5 の場合に、y と y 以外の確率が同等になる。このときオッズは 0.5/(1-0.5)=1 となる。つまりオッズは 1 以上の場合、y の生起回数が相対確率で 0.5 より大きく、1 未満の時 0.5 より小さくなる。上記は、相対確率とオッズの違いを説明するために、極端な例を取り上げたが、実際は、予測に用いられる条件があまり頻繁ではないとき、オッズや複数のオッズの比率「オッズ比」は相対確率やその比率 (相対リスク*) に近似した値となる。おおむね事象の確率が 0.1 程度かそれ以下の場合**、オッズ・オッズ比と相対確率・相対リスクは類似した値になる。

　もう一つ相対確率ではなくオッズを利用する理由がある。オッズは、全事象の合計で除する必要がないため、クロス表を直接計算できるし、表の縦横に影響されないからである。オッズ比も、表の行・列の組み合わせ (独立変数と従属変数) の影響を受けない。表の行列を反転しても、同じ値、もしくは逆数 (どちらが分母になるかの問題) が算出される。相対確率にはこのような性質は無く、事前に独立変数と従属変数を決定しておかなければならないし、計算の元となるクロス表の構成にも制約がある。さらに、本研究とは関係が無いが、サンプリングに制約のある場合には相対リスクよりもオッズで計算すべき場合がある。たとえば特定の疾患を持つグループの人数に合わせて、同等の人数のその疾患を持たない統制グループを集めた場合、疾患群と非疾患群の割合には意味が無い。このような場合相対リスクでは計算できない。

　以上のようなオッズの特徴から、本章では人々がいる確率をオッズとして取り扱い、オッズを左右する条件と関連が深い条件を探ってゆく。

2-3　回帰式の構成と対数化

　前節までで説明したとおり、名義変数に対する配慮を行い、単なる線形回帰ではなく、確率を従属変数とし、さらに確率に相対確率ではなくオッズを用いることによって、確率の回帰式を計算することが容易になる。回帰式左辺の基準変数 (確率) は対数化

---

*「リスク比」とも呼ばれる。ロジスティック回帰をはじめとするいくつかの離散変数分析は、主に医療分野で発展したために、罹患する危険を増やす要因の影響力を意味する名称が用いられたと思われる。
** 上記の注と同様に、医療統計では、発生確率が 1/100 やそれ以下の「罹患率」「発症率」等を検討するため、このような性質を持つオッズ比が役立つ場面が多いと思われる。本分析でも、有人のカラムは全体の一割程度なのでこの条件に当てはまる。

されており、回帰式の右辺も対数変換することになる。式1は、一般的な線形回帰式、式2は相対確率を予測するモデルで一般的な対数線形化モデルの回帰式である。

　式2は両辺とも対数変換されたことによって、確率やその比率が対数となり、求める事象の確率が「何倍高まるか」を、乗除算ではなく加減算で行えるメリットがある。

$$線形回帰 \qquad y = a + bx \qquad \cdots 式1$$

$$対数線形化モデル \qquad log\,(\,y\,の確率\,) = a + bx \qquad \cdots 式2$$

　ここで、対数線形化モデルを表す式2の左辺の(yの確率)の部分を書き換え、yの生起確率そのものを対数化せず、オッズの対数を予測変数とすると、ロジスティック回帰の場合、

$$log\left(\frac{y\,の生起確率}{(1\text{-}y\,の生起確率)}\right) = log\left(\frac{\pi(y)}{1\text{-}\,\pi(y)}\right) = a + bx \qquad \cdots 式3$$

と表現される。$\pi(y)$はyの生起確率を表す。左辺は簡単に $logit\,[\pi(y)]$ と省略して表現されることもある。前節での説明の通り、オッズの性質の特徴を生かすために、本章では式2による対数線形化モデルではなく、式3に表された、ロジスティック回帰を採用した。対数線形化モデルが、生起確率の対数を用いて回帰傾向を表すのに対して、これはオッズの対数を用いて回帰式を形成する。確率にオッズを用い対数変換を行うことにより、回帰式の両辺が範囲の限定された数字ではなく、任意の実数として扱うことが出来るため都合が良い。要因にかかる係数 b はオッズの対数となる。これを逆対数変換(指数関数を適用)した値がオッズ比である。指数関数 $exp(x) = e^x$ を用いて式3を変換すると次式が得られる。

$$\frac{y\,の生起確率}{1\text{-}y\,の生起確率} = exp(\,a + b\,x\,) = e^a(e^b)^x \qquad \cdots 式4$$

　ここで、指数化された係数 $exp(b)$ は、そのまま事象の確率の増減を比率で示すオッズ比となる。つまり x が一単位増加するとオッズは e^b 倍変化する。b が正の数値ならば $exp(b)$ は、e^{+b} となり 1.0(100%)より大きい値となる。つまり y が生起する確率を上

昇させていることになる。例えば $b=2.5$ ならば $exp(b)=12.18$ となり、他の条件が一定とすれば、x が1増加することによって、y の生起する確率が 12.18 倍増えることとなる。また b が負の数値ならば $exp(b)$ は 1.0 より小さい値となり、y が生起する確率を下げていることになる。また $b=0$ の場合は、$e^0=1.0$ となり、y の生起確率を、1.0 倍高める・・・つまり要因の高低 (有無) が当該事象と関係が無いことを示す。このように、ロジスティック回帰式を指数化した際にあらわれる要因 x の係数 b は、予測される変数の確率の変動を表すオッズ比の対数であり、指数化した $exp(b)$ はオッズ比である。モデルの理解にはオッズ比のほうが適しているので通常は $exp(b)$ を通してモデルの解釈が行われる。

ロジスティック回帰において算出された各要因に係るオッズ比は重回帰分析における偏回帰係数 (β) にあたる。分析の上では、他の要因との関係が「調整されたオッズ比」として計算され、更に標準化偏回帰係数と同様に、信頼区間に1を含まないかどうか (標準化偏回帰係数では0を含まないかどうか) の検定が行われるが、これについては後節にて述べる。

各係数の計算については、重回帰分析では誤差の累積を最小にする方法、最小二乗法が用いられるが、本分析では確率を元とした分析であるため、最尤推定法を用いる。観測された値が与えられた状況下で、その観測値をもたらす母集団の性質を、確率的にもっとも起こり得る (最尤) 値として計算する方法である。最尤推定や尤度は、間隔尺度未満の離散変数や確率変数の分析の基礎であるので詳細は既述の文献、加えて松田 (1988) や東京大学教養学部統計学教室 (1992) など日本語で説明された文献を参照されたい。*

---

* 尤度関数やそれを用いた最尤法による推測は、正規データの線形回帰における分散に対応する、ノンパラメトリック推計の基本的概念である。詳細は、専門書に譲るが、学部レベルの教科書として歴史のある岩原 (1965) では度数の独立性の検定と共に尤度について触れている。また最近の初級の解説書として石村 (2006) には簡単な例を挙げた尤度についての説明がある。

松田紀之, 1988, 質的情報の多変量解析, 東京: 朝倉書店.
東京大学教養学部統計学教室 (編), 1992, 自然科学の統計学 (基礎統計学 #3), 東京: 東京大学出版会.
岩原信九郎, 1965, 教育と心理のための推計学 (新訂版), 東京: 日本科学文化社
石村貞夫, 2006, 入門はじめての統計解析, 東京: 東京図書

2-4 ロジットモデル上の推定・検定

a) モデル全体の当てはまりのよさ

　モデルへの回帰式の当てはまりのよさは、線形回帰の場合、重相関係数やその二乗の決定係数、また説明された分散と残差分散の分散分析によって検定される。線形回帰の場合は、そもそも各項の推定が残差二乗和を最小化されるように計算するので、上記の値がモデルそのものの価値を見るのにふさわしい。

　一方、ロジスティック回帰・ロジットモデルにおいては、各項の推定は最尤推定法によるので、重回帰分析のような残差二乗和を基本とする統計値が使えない。その代わりにいくつかのモデルの適合度を示す値が使われる。代表的な指標は、モデルを計算した際の尤度を、他の仮定の下で計算した尤度と比較するものである。モデル全体についてこの尤度の比較を行い、モデルの当てはまりのよさを調べるとき、デビエンス (逸脱度 ; devience, D) を用いる (McCullagh & Nelder, 1989)[*]。逸脱度 D は以下のように尤度の比を用いて計算される。

$$D = -2 \, log(L_1/L_0) = -2 \, [log(L_0) - log(L_1)] = -2 \, (L_0 - L_1) \qquad \cdots 式 5$$

　式 5 の L_1 は検討したいモデル、つまり対立仮説を成立させるモデル、L_0 は帰無仮説を支持するモデルの尤度を示している。これらの尤度を対数化することによって、デビエンス D は残差自由度 (全ての説明変数と交互作用を投入した場合の自由度から予測に用いた説明変数の自由度を減じ、さらに 1 を減じた値) を自由度とする χ^2 (カイ) 分布に従う。

　モデル全体の当てはまりのよさを調べる場合、L_0 に「回帰式によって完全に観察データを予測できるモデル」の尤度を置き、L_1 には現在得た最良のモデルの尤度を置く。現在のモデルが意味を持つならば、完全に予測できるモデルとの尤度の比が小さくなるはずである。デビエンス D が有意水準 α (0.01 or 0.05) の χ^2 検定で棄却されなければ、理想的な結果との差が有意ではないことになり、モデルの適合度が悪

McCullagh, P. & Nelder, J. A., 1989, *Generalized Linear Models* (2nd ed), London: Chanpman and Hall.

丹後敏郎 , 山岡和枝 , 高木晴良 , 1996, ロジスティック回帰分析 -SAS を利用した統計解析の実態 -, 東京 : 朝倉書店 .

[*] 他の方法での検定も行ったが、全て本文中の検定方法による結果と一致した。

い証拠に乏しい (モデルが適切である) ことになる。算出したモデルが意味を持たない場合、D の値は大きくなり、χ^2 分布で棄却域に入り、理想的モデルと現実に計算したモデルがあまりにもかけ離れている証拠を得てしまうことになる。丹後・山岡・高木 (1996) によれば、D がおおむね残差自由度近辺にある場合、より積極的にモデルの適合度が良いと判断できる。本章で後述する分析では、おおむねこの結果に収まっており、特に「正午」「夜間」の分析では残差自由度とデビエンス D がおおむね似通った値となった (表 6-1 参照)。

b) 各要因の有意性

　各要因が、それぞれ確かに予測に役立つ説明力を持っているかどうかについても、様々な検定方法があるが、本章の分析では、前項の尤度比検定を用いた *。つまり式 5 の L_0 に「当該要因を組み込まないモデル」の尤度を置き、L_1 には「当該要因を加えたモデル」の尤度を置く。当該要因が意味を持つならば、L_1 は L_0 比べて大きな値を持つこととなる。式 5 で表されるデビエンスを要因の有無に関する尤度比として利用する場合、二つのモデルの差が大きければ大きいほど、対立仮説 (当該の要因に有意な説明力がある) が採用されることとなる。

　このように単独の要因をデビエンスで検討する際、デビエンス D は自由度 1 の χ^2 分布に従う。差が小さいと帰無仮説が採用されてしまうので、デビエンス D が有意水準 α (0.01 or 0.05) の χ^2 検定で棄却されれば、帰無仮説が棄却され、当該の変数が有意な説明力を持つことになる。

　この検定は、重回帰分析分析において、それぞれの変数の有意性を、変数を増減するごとに F 検定する手続きと類似している。

c) 各オッズ比の有意性

　計算された b が 0 である (つまり $exp(b)$ によって計算されるオッズ比が 1 である) ことを帰無仮説とする検定方法がいくつか存在する。一般的には、$b/$ 漸近標準誤差 (ASE) が正規分布に従うことを利用する方法が使われる。具体的には、以下の z^2、Wald 統計量が自由度 1 の χ^2 分布に従うことを利用する。統計量が棄却域に入るならば「要因の影響力がない」とする帰無仮説が棄却され、より積極的に要因の存在を考察する意味があることを示す。Wald 検定とも呼ばれる。

$$z^2 = (\,b\,/\,\mathrm{ASE}\,)^{\,2} \qquad \cdots \qquad 式6 \qquad \mathrm{Wald}\,統計量$$

d) 説明変数の取捨選択

　要因については、その要因について尤度比検定を行い、説明力が有意に減少したか否かが検討される。本章次節の分析では「街路の違い」「テーブルの有無」「バイクの有無」「ざるの有無」について、考えられる最多の要因 (つまり四次の交互作用、4つの三次の交互作用、6つの二次の交互作用と、4つの要因の主効果) すべてを投入したもっとも複雑なモデル (飽和モデル) から出発し、要因の尤度比検定において、有意な影響を持たない要因を省いてゆく「変数減少法」の手続きを用いた。

　その結果、正午・午後の時間帯では、4変数の主効果のみが有意となりモデルに採択された。また、早朝と夜の時間帯では、「街路の違い」と物品のうち1種の間に有意な2次の交互作用が1つ見出された。いずれのモデルでも三次以上の交互作用は見出されなかった。

2-5　多項ロジットモデル : ベースラインロジット

　以上のように、従属変数を確率変数とし、街路の違いや、街路上の物品によって「滞留者があるカラム」の確率を予測する回帰的モデルを検証するにあたって、ハノイの街路のデータには困難点が残っている。従属変数である「滞留者のあるカラム」が、何種類もある事である。つまり滞留者1人のカラムから最大で滞留者5人のカラムまで、滞留者の人数に応じたカラムがある。一方で、そのような多種の事象の確率を検証できるほどの多量のデータはない。

　そこで本章では、カラムを3つに分割した。「滞留者なし」「滞留者1人」「滞留者2人以上」の3種である。滞留者3人以上のセルは極端に少なく、回帰式を検証することが難しい。また「滞留者1人」の場合は、個人の意思で生起させることが可能であることに対して「滞留者2人もしくはそれ以上」のカラムは、何らかの手がかり、滞留者同士の相互作用、共通の目的などがなければ生起しないと考えた。つまり滞留者1人と滞留者2人の違いは大きいが、2人以上の違いはそれほどの質的な違いはないものして、カラムの種類を3種類とした。

その結果、単純な正 / 否の確率を問うロジスティック回帰ではなく、複数の回答に対応する「多項ロジットモデル」(Multi Nominal Logit Model: Agresti, 2002, Pp. 267-291, 前出) を採用して検証することとした。

まず、「多項 (Multi Nominal)」とは、3つ以上の基準変数の値を名義的に取り扱うことを示す。ここでの基準変数は「滞留者なし」と「滞留者1人」、「滞留者2人以上」の3種である。名義的とは滞留者0人、1人、2人という人数の増加、順序を考慮するのではなく、「滞留者なし」と「滞留者1人」と「滞留者2人」の場合をそれぞれ質の異なる別の状況として取り扱う、という意味である。本章の多項ロジットモデルにおいては、式3に示されたような、基準となる事象の (滞留者なしのカラム) オッズと、測定対象となる (滞留者の1人いる・滞留者が2人以上いる) オッズとの比の対数を用いる。そのため、典型的なロジスティック回帰モデルと異なる。そこで、本分析は、これを一般的なロジスティック回帰と区別する意味で、以降ロジットモデルと呼ぶ *。

本章の分析では、多項ロジットモデルの一つ「ベースラインカテゴリーロジット」を用いた。即ち、三つの通りのうち、各時間帯を通していつも滞留者が安定して存在するハンコアイ通りで、テーブル・オートバイ・ざるの三種の路上物品がどれも存在しないカラムにおける、滞留者が1人、もしくは2人以上存在するカラムの確率を基準 (ベースライン) とした。

従って、たとえば路地のテーブル周辺の滞留者2人以上のカラムの確率は、基準となるハンコアイ通り物品なしのカラムに滞留者が2人以上いる確率×路地での滞留者2人以上のカラムの確率×テーブル周辺の2人以上のカラムの確率というように、モデルを説明するオッズ比の乗算によって計算できる。

こうして、滞留者が居ないカラムに対する滞留者1人のカラムの比率、ならびに滞留者が居ないカラムに対する滞留者2人以上のカラムの比率に、いかなる条件が影響を及ぼしているか検討することとした。分析では、カラムの滞留者数を説明するために、「テーブルの有無」「駐車されたバイクの有無」「路上に置かれたざるの有無」を取り上げた。これらの3つの路上物件は、3つの通り全てを通して観察され、時間帯によって増減はあるものの普遍的な物品として路上に存在した物件である。また第5章で、詳細に集計された物品でもある。

---

* ロジットモデルとはロジスティック回帰を含むロジットリンクを持つモデルの総称だが、ここでは典型的な ロジスティック回帰と異なる本章の分析を呼ぶ呼び名として使用する。

第6章 とどまる場の構造　　**139**

　一方、3つの通りによって、滞留者の多いピーク時間や路上密度の最大値が異なることから、ハンコアイ通り・ハンルオック通り・路地の、3つの通りを要因の一つとして取り上げ、テーブルなどの他の要因との交互作用の検出につとめた。これらの分析は、全面的に Agresti(2002, 1996, 前出) のカテゴリカルデータの分析方法を参考にした。分析の方法の検討、結果の表示方法は丹後・山岡・高木 (1996, 前出) を参考にした。実際の計算は SPSS ver. 12.0 のパッケージのうち "Regression Models" に含まれる当該分析モジュール "NOMREG" を用いて計算した。SPSS inc.(2003) によると、この計算プロセデュアーは McCullagh (1980) の方法に基づいているが、当該の方法は、前掲の Agresti(2002) にも紹介説明されている。この種の分析の方法として、一般的に良く知られ、用いられている方法と思われる。

3.モデルの適用結果

3-1　オッズ比

　表 6-1 にロジットモデルによって計算されたオッズ比をまとめた。この 4 つの時間帯の分析は、いずれもハンコアイ通りの何も物品がないカラムを基準としている (Agresti,2002, pp.267-274 前出)。つまり、基準カラムのうち、滞留者のないカラムに対する 1 人のカラム、および 2 人以上のカラムの割合が、他の要因とどのように関連しているかが示されている。要因間は効果が調整され、全て他の要因を統制した場合の値が示されている。また回帰式の切片は、ベースラインとなるハンコアイ通りの物品のないカラムでの、滞留者のいるセルのオッズを示している。

　例として、早朝の滞留者 1 人のモデルについて述べる。ハンコアイ通りの物品のないカラム (基準カラム) での無人カラムに対する 1 人カラムのオッズは、切片に示された .104 であり、おおよそ無人セル 10 個に対して 1 人セルが 1 個である。しかし、ハンルオック通りでは、この割合が .131 倍になり、無人カラムに対する 1 人カラムの割合は、.014 程度に減少する (.104 × .131 ≒ .014)。従って、ハンコアイ通りに比べて、滞留者が 1 人居るカラムが、1/10 ほど少ないことがわかる。

　一方、路上の物品がない基準カラムに対して、テーブルが存在するカラムでは、この割合が 8.182 倍増加する。すなわちハンコアイ通りでは、.104 の 8.182 倍 =.851 となり、テーブルがあるカラムでは、他の要因を統制すると、無人セル 10 個に対して

SPSS Inc., 2003, *SPSS® 12.0 Command syntax reference*, US: PDF File (Attached SPSS ver. 12.0)
McCullagh, P., 1980, Regression models for ordinal data, *Journal of the Royal Statistical Society: Series B 42* 109-142.

1人のセルが8個半となり、カラムに滞留者が1人居る割合が大幅に増えている。従ってテーブルは滞留者の存在と密接に関係していることがわかる。

また、交互作用がない場合は、これらのオッズ比は単純に乗じることができる。つまり、1) 路地で、2) テーブルのあるカラムについて、滞留者1人のカラムが生じるオッズは、.104×.489×8.182となり、無人カラムに対する1人カラムのオッズは.416となる。

表6-1のマス目のうち、太字のマス目は、有意な正の方向 (滞留者カラムが増加する方向) のオッズ比であり、青色のマス目は有意な負の方向のオッズ比である。無色のマス目は、影響がない (= オッズ比が 1.0 である) 可能性が捨てきれないオッズ比である。

3-2　アウトライン

まず、3つの通りの違いを見る。切片をみると、ハンコアイ通りは、4つの時間帯で比較的平均して滞留者がおり、滞留者1人のセルも滞留者2人以上のセルもおおむね10〜20セルに一つ程度の割合である。これは、この分析でハンコアイ通りを基準にした理由でもある。これに対して、ハンルオック通りや路地の滞留者は、ハンコアイ通りと同程度か、やや少ない傾向にある。特に特徴的なのは、朝のハンルオック通りで、他の時間帯や場所に比べて極端に滞留者が少ない。

3-3　物品：テーブル

物品と滞留者との関係を見ると、テーブル・バイク・ざるの3種とも滞留者と正の関係があるか、無関係である。負の関係はないことがわかる。この結果は第5章の結果と一致する。テーブルは特に滞留者との関係が示されており、その関係の強さは時間帯や通りによって変化する。早朝・正午の時間帯には、滞留者と強い関係がある。滞留者の人数に注目すると、1人の滞留者より、2人以上の滞留者と関係が深く、オッズ比がおおよそ倍となっている。つまり、1人の人間をとどまらせるだけでなく複数の滞留者を " 収容 " する力を持っていることになる。例えば正午には、テーブルのあるカラムでは滞留者が1人居るオッズは 6.383 倍高まるのに対して、滞留者が2人以上居るオッズは 13.704 倍高まる。

その一方で、午後にはやや関係が弱まり、夜間には滞留者との有意な正の関係が見られない。ただしハンルオック / チャーカー通りだけを見ると、夜間にも滞留者を引き

表 6-1: 3 街路と3種の路上物品に関する調整済みオッズ比ー路上密度のロジットモデル分析結果ー

	記録をおこなった時間帯							
	朝 (6 時前後)*6		昼 (正午前後)		午後 (15 時前後)		夜 (20 事前後)*6	
対象のカラム *1	滞留者1	滞留者2↑	滞留者1	滞留者2↑	滞留者1	滞留者2↑	滞留者1	滞留者2↑
回帰式上の変数	滞留者なし	滞留者なし	滞留者なし	滞留者なし	滞留者なし	滞留者なし	滞留者なし	滞留者なし
切片 *3	.104**	.066**	.140**	.133**	.156**	.191**	.111**	.012**
説明変数								
I) 街路 *2*3	交互作用の欄参照		8.876(4)†		17.474(4)**		交互作用の欄参照	
i) ハンルオック・チャーカー通り	*.131***	*.065***	.787	*.630**	*.627**	.935	.893	*.501***
ii) 路地	.489	.820	1.179	.745	*.345**	1.368	.000	*.162**
II) テーブル *3	42.16(2)**		102.805(2)**		60.354(2)**		交互作用の欄参照	
・テーブルあり / なし *4	**8.182****	**12.752****	**6.383****	**13.704****	**4.151****	**7.278****	.815	1.610
III) バイク *3	12.243(2)**		32.848(2)**		148.780(2)**		31.416(2)**	
・バイクあり / なし *4	**2.910****	**2.409****	**2.175****	**2.384****	**2.005****	**1.927****	**2.938****	**1.817***
VI) ざる *3	交互作用の欄参照		4.770(2)†		15.572(2)**		17.911(2)**	
・ざるあり / ざるなし *4	**11.932****	**9.610****	1.705	2.032†	1.729	**4.687****	**10.830****	2.807
V) 有意な交互作用 *3 *5	街路×ざる 11.18(4)*		交互作用なし		交互作用なし		街路×テーブル 11.93(4)*	
ハンルオック通り上の物品	3.080	.668					**4.383†**	**7.350****
路地の物品	.357	*.024***					8.786	7.248†
Devience Coef. (df)	26.665 (20) p = .145		29.178 (26) p = .303		26.809 (20) p = .141		15.579 (14) p = .340	

滞留者 2 ↑とは、「滞留者2人以上」の意味である。

*1 対象となる「滞留者一人」「滞留者二人以上」のカラムの区別を示す。各々「滞留者なし」のカラムと
　　比較される。
*2 ハンコアイ通りを基準とした各街路の滞留者ありのカラムのオッズ比を示す。
*3 尤度比検定の結果を示している。検定が有意な場合、要因が有意に滞留者カラムを増加させている。
　　(**: p< .01; *: p< .05; †: p<0.1)
*4 当該物品があるカラムと無いカラムの滞留者カラムのオッズ比を示している。
*5 ハンルオック通りと路地の通りにおいて街路と物品の間に生じた交互作用の尤度比検定を示している。
　　またその下の欄には、どのような条件において相乗 / 相殺効果が現れたかをオッズ比で示している。
*6 このモデルには 0.1 を、そのほかのモデルには 1.0e+5 を、それぞれ発散を防ぐために空白セルに挿入
　　している。

オッズ比欄の網掛け部は有意なオッズ費の増減を示す。網掛け部のボールドは有意な滞留者セル比の増加
を、イタリックは減少を示している。

留める効果が残っている。この効果の不均衡さが、夜間の交互作用として表れている。従ってテーブルには滞留者を引き寄せる力があるが、時間帯だけではなく、場所によってもその効果が異なると考えられる。有効な時間・場所で稼動するテーブルは滞留者を強力に引き寄せるが、その枠組みを外れると人々を集める力が減少していることになる。

3-4 物品：バイク

バイクは滞留者と穏やかな正の関係がある事がわかる。バイクの効果は、1人のカラム・2人以上のカラムに対して、オッズ比にして 1.8 〜 3.0 の範囲に収まる効果を見せる。おそらくは、バイクが特別に人々を立ち止まらせるというよりは、道路沿いの店や露店にバイクで乗りつけた人が、バイクの周囲にとどまっている場合があり、これが道路上の滞留者として記録されたことによって穏やかな密度上昇を示したと思われる。またこうした背景から、時間帯を問わずほぼ一定の滞留者増加効果のみを示しており、場所や他の物品との交互作用は検出されなかった。

3-5 物品：ざる

観察記録では、多くのざるが記録された。これはハノイに一般的に良く見られる生活道具である。ざるは、運搬用のコンテナ、陳列用の容器、移動可能な店舗など、多用途に使われている。この結果として、ざると滞留者との関係は、多様な様相を示す。全ての時間帯・通りのセッションを通して最も一般的に見られる使われ方は、徒歩の行商人が使うもので、竿を通して天秤として利用するというものである。こうした使われ方では、ざる2個に対して行商人が1人は必ず居るので、弱いながら滞留者数とざるとの正の関係が出現することになる。加えて、午後や夜は、食材や軽食の行商を中心に、商品を求める客がつきやすく、より強く滞留を引き起こしている。

一方、早朝のハンコアイ通りでは、路上の青果市場が開催され、それに伴って青果を運搬・陳列するための多数のざるが路上に置かれる。また、それと同時に多数の人々が取引のために路上に滞留し、通りは身動きが取れないほどの盛況となる。したがって、朝のハンコアイ通りには、特異な、極めて強い、ざると滞留者の関係が成り立つ。そのため、分析のうち朝の結果には、街路とざるによる有意な交互作用が表れ、ハンコアイ通りにだけ生じる特別なざるの意味合いが反映されている。

4. 考察

4-1 時間帯・場所を通して

　全ての時間帯のセッションを通じて、二つの興味深い傾向がモデルの中に見て取れる。第一は、物品と滞留者の関係が一定ではなく流動的である点である。状況によっては、物品と場所の交互作用が出現した。これは、物品と人々の関係が定常的ではなく、時間によってその関係が変化していくことを示している。例えば、早朝には人々と物品の関係は正の関係を持っているが、午後や夜にはその傾向は弱まる。おそらく、路上の物品以外の要素が、滞留者をとどまらせる要因になっていると思われる。

　このモデルは因果を示しているわけではないが、人間と環境の関係を考慮する上での教訓を含んでいると思われる。われわれが、ある前提のもとで、環境を調査したり計画したりするときには、物的環境の影響が一定ではなく、時間軸上で、あるいは場所の条件によって容易に変動することを考慮する必要がありそうだ。

　第二に、テーブルと滞留との間には、他の物品には見られない、きわめて強い関係があるということである。通りの上のテーブルと人間の間には特別な関係が見える。これらのテーブルは、滞留との強い関係を示すとともに、どちらかというと1人の滞留というより、2人以上の人々の滞留と深い関係がある。テーブルは、ある人を立ち止まらせるというよりも、人々を集団として集わせる働きをするものと思われる。

4-2 モデルの有効性の検討

　表6-1の最下段には、モデルの当てはまりを示す逸脱度が示されている。各時間帯の当てはまりのよさを比較すると、早朝と午後の二つの時間帯の当てはまりが悪い。早朝の時間帯は、ハンルオック／チャーカー通りと路地ではまだ静かであるのに対して、ハンコアイ通り、それも全体の1/3程度の一街区のみ、早朝の露天路上市場が非常にたくさんの人々を集めている。こうした特別なイベントが偏って発生していることによって早朝のロジットモデルは当てはまりが悪く、観測した値と、回帰式から予測された値に差が生じたと思われる。

　一方、午後の時間帯は、各街路とも活発に活動しており、買い物客などでどこも人が多めである。予測するのに十分な人出であるし、特異な交互作用も見出されなかった。にもかかわらずモデルの当てはまりがよくない。

この結果を推測すると、午後、対象外路上に居る人々は、店頭での取引に忙しい店員や商品を探す買い物客など「目的が明確な」行動をしている場合が多いのではないかと思われる。昼食やその後の特に目的のない休息の時間（ベトナムにはシエスタの習慣がある）、あるいは商売が一通り終わったあとの夜の時間帯には、思いつきで茶屋などに立ち寄る人々も、午後のかき入れ時には目的のある行動に勤しんでいる。したがって路上の物品の有無などでは説明できない滞留が多かったのではないかと考える。逆に前述の通り、昼食の時間帯と夜の時間は、他の二つの時間帯よりもモデルの当てはまりがよく、通りと道路上の物品によって滞留者の増減はよりよく説明できている。

こうした時間帯による街路の違いや物品の影響力は、本来4つの時間帯を同時に分析する方法（多重測定に対応できるよう拡張されたロジットモデル）を用いれば、時間×物品の交互作用まで厳密な検討が出来るのだが、計算方法の制約で実現できなかった。以後の課題としたい。

4-3　前章の結果との関連

前章では、路上の物品のうち、テーブルの持つ吸引力、特に「路上茶屋」のもつ機能を考察した。本章の分析では、時間や場所が条件にあっているならば、路上のテーブルが滞留者を引き寄せることを支持するものであった。またテーブルは、1人だけというよりも2人以上の滞留者を集める力が強いことがわかった。本章ではテーブルの使用目的を分けて分析することは出来なかったが、テーブルのうちの半数を占める茶屋や露店食堂のもつ気軽な「立ち寄り留まることのできる場」としての機能の一端をうかがわせる結果となっていると思われる。更なる観察が可能ならば、どのような人がどのように茶屋に集まり、去ってゆくかを時間とともに記録してみたい。本章ではテーブルの滞留者吸引力と時間帯や場所との関係が明確になったが、とどまっている人が地元の人か訪問者なのかなど、滞留者の属性もより詳しく分析することが可能だ。さらに分析方法を工夫することによって、時間帯と場所や条件との間に生じる交互作用を具体的に検出することが必要であろう。本章の分析方法を更に拡張、応用する工夫を心がけ、時間帯に沿ったデータをもって、空間×時間の「場面」が人間行動に及ぼす影響を明らかにすることを今後の目標としたい。

4-4 分析方法についての若干の補足

　環境と人間の行動について評価するとき、多くの場合具体的な連続変量を測定することが出来ない。実験室研究や質問紙調査と異なり、現場にて行われた記録は、最終的に文章や写真で再現することが多い。表現方法の制約のために、その結果の表現の不十分さから、最終的な結論が恣意的な物とみなされてしまう場合も多い。本論文でも、写真や図面などを用意して現場の再現を各所で試みてはいるが、それだけでは説得力に乏しい可能性がある。これは専門分野にも拠り、あるいは記録や測定の方法にも拠る。

　さて現場での記録方法について考えてみると、人間の行動を間隔尺度や比率尺度として取り出すことは難しいが、名義尺度レベルの分類や、事象発生回数を記録するといった、名義尺度や順序尺度に基づく単純な計測ならば可能な場合がある。本章では、ハノイ旧市街での路上の人々の滞留の記録を有効に活用するためにロジットモデルを用いたが、この種の離散変数の分析についてはここ十数年の間に長足の進歩があった。分析方法の開発が進み、解説する文献も非常に増え、それらを簡単に入手できるようになった。上述の名義尺度や順序尺度に基づく計測は、離散変数として分析することが多い。本章の分析もその一例である。離散変数に関する分析は、本邦においては林 (例えば林,1974; 駒澤, 林, 樋口,1970; 林,1993) による各種数量化理論の歴史があり広く知られている。ロジスティック回帰やその一般化された形であるロジットモデルについても邦文の文献が出始めている。例えば、Dobson, A. J. (2002) の "An introduction to generalized linear models" の邦訳である「一般化線形モデル」(田中, 森川, 山中, 富田 (訳), 2008) などは、通常の線形回帰を習得している者にとって、離散変数の回帰的解析の理解に大いに役立つ。離散変数分析の研究は進み、かつては数量化と呼ばれていた手法が、量的変数の分析と統合され、一般化されたモデルの特殊な場合の分析として整理され始めている。一方、国内でも異なるディシプリンでは、異なる分析方法や同じ原理を使った異なる応用が行われている。これは大変不幸なこ

林知己夫 ,1974, 数量化の方法 , 東京 : 東洋経済新報社
駒沢勉 (著), 林知己夫 (監修), 樋口伊佐夫 (監修), 1970, 情報処理と統計数理 , 東京 : 産業図書
林知己夫 , 1993, 数量化 - 理論と方法 , 東京 : 朝倉書店
Dobson, A. J., 2002, *An introduction to generalized linear models* (2nd ed.), London: Chapman and Hall/CRC.
Dobson, A. J.(著), 田中豊 , 森川俊彦 , 山中竹春 , 富田誠 (訳), 2008, 一般化線形モデル入門 , 東京 : 共立出版

とであり、有益な分析方法が一部の分野に特有な分析方法として価値を見出されていない例がいくつもある。例えば本章の分析は、医学分野での疫学的な研究に良く用いられる種類のものを応用した。標準化された尺度や、厳密に測定される値の取得が難しく、度数などの情報量の少ない記録を扱わざるを得ない研究分野では、離散変数の分析に通じることは非常に有益なことであると考える。前述の本章の課題のほかにも、離散変数の分析については発展を追跡し活用することが望まれる。

　更に心理学・建築学以外の分野の分析の中には、「時間経過を前提にした分析」が含まれており、応用の余地がある。これは環境行動学で望まれる時間軸を要因の一部に組み込む分析のヒントになる。例えば、医療統計での「生存率」を問題にした分析や、経済統計で使われる時間軸上での「自己回帰」などは、環境と時間を考える上で今までと違った視点や分析をもたらす可能性がある。

　こうした方法を知り、その応用可能性を心にとどめながら現場に臨む場合、集められる観察記録はより大きな意味を持ち、今までになかった方法で現場を再現する可能性が広がる。またそれを可能にするための観察方法を考案したり工夫することにつながる。方法に固執し観察の「目」にバイアスが掛かることは避けなければならないが、できるだけ多数の視点と方法をもって現場に臨み、記録が行われるべきである。また得られた記録を考察するに適した方法を多数の選択肢から選択する自由をもつことが必要であると思われる。

引用文献

Agresti, A., 1996, *An introduction to categolical data analysis*, Hoboken, NJ: John Willey & Sons, Inc.

Agresti, A., 2002, *Categorical data analysis* (2nd ed.), New York: John Willey & Sons, Inc.

Dobson, A. J., 2002 *An introduction to generalized linear models* (2nd ed.), London: Chapman and Hall/CRC.

Dobson, A. J.(著), 田中豊, 森川俊彦, 山中竹春, 富田誠 (訳), 2008, 一般化線形モデル入門, 東京: 共立出版

林知己夫, 1974, 数量化の方法, 東京: 東洋経済新報社

林知己夫, 1993, 数量化 - 理論と方法, 東京: 朝倉書店

岩原信九郎, 1965, 教育と心理のための推計学 (新訂版), 東京: 日本科学文化社

石村貞夫, 2006, 入門はじめての統計解析, 東京: 東京図書

駒沢勉 (著), 林知己夫 (監修), 樋口伊佐夫 (監修), 1970, 情報処理と統計数理, 東京: 産業図書

松田紀之, 1988, 質的情報の多変量解析, 東京: 朝倉書店.

McCullagh, P., 1980, Regression models for ordinal data, *Journal of the Royal Statistical Society: Series B* **42** 109-142.

McCullagh, P., & Nelder, J. A., 1989, *Generalized linear models* (2nd ed), London: Chanpman and Hall/CRC.

SPSS Inc., 2003, *SPSS® 12.0 Command syntax reference*, US: PDF File (Attached SPSS ver. 12.0)

丹後敏郎, 山岡和枝, 高木晴良, 1996, ロジスティック回帰分析 -SAS を利用した統計解析の実態 -, 東京: 朝倉書店.

東京大学教養学部統計学教室 (編), 1992, 自然科学の統計学 (基礎統計学 #3), 東京: 東京大学出版会.

第 7 章
都市の高密度環境の意味

ハノイ：路上茶屋

1. 都市の魅力・都心の魅力
1-1 調査記録の間から見える「都市に住む喜び」

　本論文で調査対象となった台湾・台中市やベトナム・ハノイ市を見る限り、都心部における居住は、当該調査他においてはタブーではなく、むしろステータスに見える。台湾台北市において、東西方向の大動脈である忠孝東路3段から4段にかけての都心部で、幾つかの商業ビルを調べたところ、地階・地上階・二階辺りは一般向け小売・サービス店舗、上層階は、一般客の来訪の少ない会社等の事務所とそれにまじって一般家庭の住宅となっている建物が多いことがわかった。

　こうした都心居住は、欧米文化圏と異なり、積極的な意味、あるいはステータスになっている。仕事の時間以外は自然に近い環境を目指し住宅地を積極的に郊外に広げていった欧米に比べ、東アジア・東南アジアには、「都市に住み続ける」ことにある種の価値がある。もちろん「地価の高いところに住んでいる」という資産的価値の評価も加わる。しかし資産的価値だけでなく、「〜代前からここに住んでいる。」とか「今は無き曾祖父がここに店を出した。それを守る」といった個人的・家族的な歴史、さらにはその都市自体の歴史への愛着があり、また歴史に関与する喜びがある。

　第4章から第6章までで説明したハノイ旧市街地区はまさにそうした歴史的価値や愛着の対象となる手がかりに富んでいる。1000年前の李王朝の時代に拓かれ、市場機能をその建設時の街路名に残すだけでなく、街路名とその街路の主な取引物品との間にいまだに関連が残っている。ハノイの

写真 7-1(上) 忠孝東路4段 128-134 番のビル入り口
写真 7-2(下) 同ビルの入居者表

　台北の繁華街にある商業ビルでも、半数近くの区画が個人宅として使われている。1〜3階までは企業・商店が多く(写真2で字数の多い区画)それより上の階は、「○寓」と二文字で表示された個人宅が多い(○は住人の苗字)。当地は、台北市にMRTが開通する以前は、バス交通の要衝であり、日本を知る台北人には「新宿のようなところだ」と場所の性質を説明された。付近にはデパート・専門店街も存在する商業地である。

他の都心部に比べて建物も街の機能も少々古い。いくつかの建物はフランス占領時代の意匠が残っている。解体新築される際にも、ある程度近隣の建物と意匠の調整が行われる。また住民も出来れば町の伝統を残したい意思を持っている (第 8 章のエピソード参照)。調査で訪れた街路上の様々な場面や人々の語り口に、都市の歴史や文化の下に集い住む人々の意欲や喜びが見えた。

1-2 わが国はどうか？

わが国の戦後の大都市とその周辺の復興開発は、居住地を郊外に求める欧米と同様の軌跡をたどった。例えば首都圏の「ベッドタウン」と呼ばれる住宅地は、新宿・大手町などの都心部分から 50km も離れることとなった。

しかし、その背景は欧米型の郊外への進展とは若干異なり、地価の高騰に伴ってやむなく郊外に移転したり、都心に居住することを希望としながら地価の高さの為に、郊外に住まざるを得なかった住民が多い。例えば、東京都市圏の戸建住宅物件探しでは「山手線の内側」「環状八号線道路の内側」という地域の限定方法が頻繁に使われていた。東京都心から一定範囲内を限定する言い方である (賃貸物件ではおそらく今も多用されている)。これは「より都心側に住みたい」「すこしでも中心に近い場所に住みたい」という意識の現れである。バブル景気とそれに伴う地価の高騰によって、東京の都心に住むことはほとんどの人々にとって夢になった。また固定資産税や相続税によって、既に都心に住んでいた人たちでさえ郊外に移転させるを得なくなった。

バブル景気に伴う地価高騰は、郊外居住を進めた契機の一つに過ぎない。それ以前にも郊外居住を促進する要因があり、幾つかの計画されたベッドタウンも存在する。しかし 1990 年代前半までの地価の高騰が最後にダメを押した。現在、東京の都心部に通勤する人々のベッドタウンの広がりは東京 (大手町) を中心に半径約 30km 程度にまで広がっており、これはおおむね国道 16 号線の走る環状エリアと一致する。主なベッドタウンは、川崎市、町田市、多摩市、日野市、八王子市、所沢市、さいたま市、春日部市、柏市、千葉市などが挙げられる。これらのベッドタウンの人口はそれぞれ 20 万人〜 50 万人超である。また新しい住宅開発はさらに都心から離れつつあり、通勤に新幹線を使う例も伝えられる。日本においては、求めるものは異なりながらも、結局は大都市郊外の通勤圏内に多くの人々が居住し、そしてその範囲は徐々に都心から離れる傾向にある。

2. 台湾夜市の光と影：調査の結果から

　本節では、本論文2章3章及び4章で行った台湾逢甲夜市での各調査の結果を統合し、台湾夜市の現状と将来を考える。同時に、応用すべき長所や学ぶべき教訓があれば、日本への応用・展開を前提に考察する。

2-1 「夜市は好き、ただし家のそばなら嫌」- 夜市存在の根源的葛藤 -

　第2章において、夜市の利用者(夜市の存在を肯定的に捉え、利用している人々である)でさえ、自宅のそばに夜市があることは嫌であると言う意見が大半を占めたことを述べた。ここに夜市の抱える根源的な葛藤が見える。夜市は長所ばかりではなく住民にとって忌むべき特質を持ち、それが夜市の発展や応用を阻害していると言えよう。ここで、夜市の短所、問題点として挙げられたものを整理すると

　1) 騒音、営業時間などの環境的問題
　2) 悪臭やゴミ問題などの衛生的問題
　3) 違法販売などの治安問題
　4) 周辺の往来を阻害する交通問題

の4点に分類できる。

　沿道に店舗を構える店舗の2名の責任者に話を聞く機会があった。1名は固定建築のパン販売店の店主、もう1名は屋台の肉料理店の店主であった。

　パン販売店の女店主は、「人がたくさんきてくれるのは有難いが、交通が全く機能しなくなるのは困る」という回答であった。特に夕方から夜間は、この店舗の面する道路が事実上歩行者天国(実質は回遊する人々であふれる広場)になり、四輪の自動車の通行は非常に困難となる。この回答には、仕入れや通勤の便についての不満のみならず、事故や火災時の緊急時の交通に対する懸念も含まれている。

　一方、肉料理屋台の主人は、「正直、このような場所で店をやっていくのには抵抗がある」と漏らした。場所の猥雑さ、不明瞭な夜市の運営にやや疲れた様子であった。逢甲夜市は屋台だけはでなく、固定店舗や近代的なショッピングビルディングもその一部に取り込んでいる。しかし、路上での屋台の営業の一部が「黒社会」とのつながりがあることを指摘する台湾人もいる。本邦でもタカマチ(縁日などの臨時の屋台街)での屋台運営者であるテキヤさんたちの営業の権限や場所取りなどは、一般的な方法

とは異なる独自のやり方で決められる。またテキヤさんたちは有職ではあるが渡世人の一種で、生活様式も一般の市民とは異なる歴史を持つ (神崎 , 1993)。台湾でも独特の方式や決まりごとがあるのかもしれない。

　営業する側から見ても、3) の治安問題 4) の交通の問題には、現在の集客力を維持しながら、何らかの改善を必要としている。明快で多くの店舗が加入する自治組織や、それを認めながらより明るく健康的なものに導いていく自治体の指導監督があれば何らかの解決に近づくと思うが、残念ながらその両方とも十分に機能していないように見える。自治組織に関しては次節にて述べるが独自の対策・活動を行っており、評価できる面も多い。しかし「自治体 (市政府) の関与」については、市当局がこの場所を「夜市リスト」に載せておらず、市場として認めていない。そのため指導や協力が一切なされない事態となっている。市政府の方針の決定やそれを可能にする、指導力や財政力が必要である。

2-2　清掃・警備・営業時間−夜市運営側の努力−

　さて、前項では、利用者や営業者の持つ夜市の欠点を整理した。夜市の自治組織にも言及したが、実は逢甲夜市には、加入率は不明ながら自治会があり、前項で挙げたいくつかの夜市の欠点を出来る限り排除しようとしている。

　この自治組織を仮に逢甲夜市自治会 (略して自治会) と呼ぶことにする。自治会で行っている活動のうち、大きなものは夜市の清掃と警備である。警備には、不審者の発見のほか、交通に対する働きかけ (駐車場所の指示など) も行われている。

　夜市終了後、朝までの間に公共の道路はおおむね清掃され、多くの学生が逢甲大学に登校すると思われる時刻には、道路は清潔な状態である。また交通問題に関しては、逢甲大学との間に駐車の契約があり、大学は来訪する客の車両を駐車させるスペースを提供している。

　このように、地元・大学が協力して市場の環境を整え、価値あるものとして大切に扱っているにもかかわらず、本節の第 1 項で述べたような欠点があり、住民や「夜市を好まない人々」に対する、抜本的な改善には至っていない。

神崎宣武 , 1993, 盛り場の民族史 (岩波新書 300), 東京 : 岩波書店

2-3 人が人を呼ぶ構造－臨界値の存在の仮定－

3章3節では、店舗の人の出入りに、「人が人を呼ぶ」構造が見られた。先客のある、人がいる店舗には、更に人が集まる傾向にあり、逆に先客の無い状態になるとなかなか店に客が入りにくくなる。

この構造は通り・街区・夜市自体の成立に敷衍、拡張して適用できる可能性がある。つまり、夜市の営業者や街区の住民にが、望むと望まないとに限らず、人が人を呼び、加速的に客が集まる可能性がある。台中市内の市場地区を調査しその街区や市場全体について調べると、街路や小売市場「市場」として地方政府に認められていない。ということは、地方政府や関係当局の動きは緩慢であり、かなり自由に路上での商売が行われていることになる。またこうした自由な路上の商売が集まり、あるきっかけや、ある水準の客数を超えた場合に、屋台や店舗の集まりが、夜市とよべる一街区を形成するようなことも起こり得るだろう。したがって夜市の存在自体も、当局の定義や登録等の書類上で決められるものではなく、実際の人出や市場内の店の数などのある一定の閾値の存在によって成立しているといえる。

夜市が成立するきっかけ、その集客力が閾値を越える場合とは、客の数でもあろうし、事件・出来事かもしれない。また他の要素で急に人が集まったり、逆に人が途絶えることもあろう。身近な例では、「行列の出来ているところに並んでみる」とか「事故が起こったところに野次馬が集まる」等が近い。

こうした人の集まりの臨界域は、その方向性が定まり一旦走り始めると、どんどん人が集まり、それに伴う現象、例えば取引の活発さや、交通問題なども加速する。この場合、望まれるものも望まれないものも加速する点に注意が必要である。特に既述の問題のうち、「騒音」「治安」などの制御不能なストレスが、「夜市は好きだけれども、家のそばにあるのは嫌だ」という回答に結びつく。

本論文では、1章に、基本的な問いとして、混雑は耐え難いが、スポーツの試合観戦(野球観戦)は高密度な環境で楽しく行われる事を掲げたが、この中に若干の夜市に対する示唆があると思われる。

野球の試合を見る場は、「スタジアム」に限られている。そこには住民はおらず、居住地区との間隔がある程度あるが、夜市は境界が不明瞭で、夜市街区内や隣接地区に住民がある。野球の試合の場合は、密度は高いが「座席」というスペースによって自他の占有場所が明示的に区切られるが、夜市は、居住者の空間と来訪者の空間が

第 7 章 都市の高密度環境の意味　**155**

一部重なる。野球の場合、周囲は「野球を応援する」という同じ目的を持つが、夜市は「にぎやかに取引をして満足したい」営業者や来訪客の目的と、静かに過ごしたい住民の目的が相反する。野球の場合、有料のサービスであり、また清掃等が行われるが、夜市は誰でも参加できる。そのため野球では、どんなに人気のある試合でも自ずから参加人数の上限があるのに対して、夜市の場合は無制限であるし、人数が少なくても、極端に人が集まる場所や時間帯が発生することがある。

　野球は開始時間と終了時間がある程度はっきりしている。これに対して夜市もある程度の時間的枠組みがある。様々な面で制御しにくく、夜市を好まない人々にとっては扱いづらい夜市であるが、時間的枠組みを明確にすること、特に終了時間を明確にすることは、現状で夜市がすぐに使える唯一の制御方法であろう。はっきり明示され、守られる時間的枠組みのなかで夜市が営まれるならば、夜市の存在もより許容され、認められる存在になるだろう。終了する時間が明確ならば、耐えることもも可能になる。

2-4　残された課題－交通・群集・違法物販売について－

　以上述べたように、現代の台湾夜市は若干の未解決の問題を抱えている。夜市の起源は、台湾人によると「昼間忙しい農村を、夜間に巡回する商人のグループがあった」という話もあれば、「寺社の周りが自然と市になり、それが現代では大学の周りなどに拡大している」という話もある。前者の話に関連して、台中市やその近郊を、曜日ごとに巡回する夜市が確認されている (出口・松尾・小倉・馬場・南, 2002)。後者の例は台北市内の伝統的な夜市が寺社の付近にあることが良く知られている (例えば李・戸沼 1997; 片山・李・戸沼, 1997; 闕・田中・布野, 1996; 黄・鳴海, 1996)。いずれにせよ現在の状況は、古くから伝わっている商売の方法が、急速に現代化し、従来は行われなかった場所で、また従来は使われなかった方法で夜市が開かるようになっている。この変化に伴って、上述のように一部統制できない要素を孕みながら運営さ

出口敦, 松尾桂一郎, 小倉一平, 馬場健彦, 南博文, 2002, 台中市における灘販集中区の立地と仮設的空間の構成 - 台湾の夜市と灘班に関する研究 (3)-, アジア都市研究 *3* (2), 47-62.
李東毓, 戸沼幸一, 1997, 台北市の夜市に関する研究：その 1 都心部における夜市の分布状況, 日本建築学会大会学術講演梗概集 557-558, 発表番号 7279.
片山賢太郎, 李東毓, 戸沼幸一, 1997; 台北市の夜市に関する研究：その 2 重層利用の観点からの萬華地区の夜市の現状, 日本建築学会大会学術講演梗概集 559-560, 発表番号 7280.
闕銘崇, 田中禎彦, 布野修司, 1996, 台北艋舺の街区構成に関する研究：その 2 寺廟と街区構成, 日本建築学会大会学術講演梗概集 287-288, 発表番号 7144.
黄永融, 鳴海邦碩, 1996, 清末における台北城形態計画の理念に関する考察, 第 31 回日本都市計画学会学術研究論文集 259-264.

れてきた歪みが、夜市のいくつかの側面に表れている。夜市の利用は楽しく、市場は活気にあふれている。関係当局も、文化としてあるいは商業活動の一環として、また観光資源として、次代に伝えてゆく方針はあるが、その反面の欠点に対する抜本的な改善策は見つかっていない。

これらの現状については、4章冒頭で述べたシンガポール式の集中管理型屋台センターが一つの回答例となっている。1983年にシンガポール政府は主として屋台の衛生面の改善の為、屋台禁止令を制定した。シンガポール政府の屋台に対する対策は素早く、ほどなく屋台は「ホーカーズセンター」や「フードコート」と呼ばれる、上下水道完備の屋台センターに統合された。

これにより屋台の欠点のいくつかは改善された。屋台センターのなかの屋台(あるいはブース)は、所有者・権利者がはっきりしており、明確な契約の上にある場で営業できる。また衛生面の問題も上下水道が完備されていることにより解決された。また屋台センターは道路上ではなく、街区の中に作られているので交通の邪魔にならない。

シンガポール方式については、台中市政府当局者の話でも話題に上がり、「予算があれば」実現したい一つの目標のようにも語られたが、一方で批判もある。シンガポール政府の半ば強引な執行手法に対する批判もあるし、かつてはそれぞれが工夫を凝らしていた屋台そのものの形態や空間が失われ、画一化してしまったという点も見逃せない(中村・古谷, 2006)。屋台の持つ「需要のある場所にあつまり、需要のない場所から離れる」という機動能力は全く失われてしまったわけである。同様に、得意先を廻りながら商う、ということも屋台では出来なくなった。様々な角度から見ると、シンガポール方式は、台湾においては完全なる解決策ではないと思われる。

2-5 夜市の魅力

a) 三項関係を促進させる構造とコミュニケーションの楽しさ

ここまで、台湾夜市の問題について述べてきた。ここで問題の多い夜市がなぜ現在まで維持されてきたのか、その魅力や理由について述べておきたい。上述の問題解決についても、夜市の魅力を削ぐような方法は望ましくない。

中村航, 古谷 誠章, 2006, マレーシア・シンガポールの華人系屋台街にみる空間の"にぎわい"比較調査 : 都市と多数性に関する研究, 日本建築学会大会学術講演梗概集 669-670, 発表番号 9335.

まず第一に夜市は「対面販売」であって、会話が飛び交う場であることが挙げられる。3章で、夜市の対面販売について「店主がいつでも客に口出しできる」と述べたが、この「口出し」できる構造が興味深い。そこには、夜市ならではの、店主の話芸、客を喜ばせる、また商品に興味を持たせる、独特の間合いがあるようである。

日本では対面販売での「口上売り」* は、あまり見られなくなったが、台湾の夜市では、ある種の口上売りがまだ多く残っており、客をひきつける口上をもって店主が待ち構えている。客が付いたときを見計らって口上を述べると、店頭がどっと沸く、という具合である。夜市の商売に熟練した商人たちは、客をひきつけ、喜ばせ、できれば商品に興味を持たせ、また商品や客について話すときには、短所を説明するのは最小限にとどめ、長所を最大限に褒め称える会話に非常に長けている印象を持った。**

こうした会話を持つ場としての夜市は、非常に愉快であり、特に2人以上で訪れるに適すると考えられる。というのも、2人以上のものが、共通する何かに注目し、あるいは意見を交換する「共同注視」「三項関係」あるいは「トライアンギュレーション」の構造 (例えば加藤秀俊, 1981) が容易に成立するからである。複数人で店頭にとどまると、店主が客の1人に商品の紹介や希望する商品などをたずねる。そこから始まって、店主の様々な口上や冗談、店主との会話に複数の客が共に参加し、客1人と同伴者や、たまたま居合わせた他の客が店主や商品を頂点とする三角形に取り込まれる。店主は巧みに、買うものとその同伴者に対して会話をもちかけ、商品に興味を持たせようと努力する。一方客は店主と会話しながら商品についての情報を集め、また同伴者と意見を交わし、取引を決めるわけである。店主から見れば、ただ1人の客に対して商品についての説明や蘊蓄を語るのは間が持たずやりにくいと思われるが、客が複

加藤秀俊, 1981, 習俗の社会学 (角川文庫 4918), 東京：角川書店
　　(加藤秀俊, 1978, 習俗の社会学, 東京：PHP 研究所. の再発行版とおもわれる。)
*「口上売り」とは、露店業界の用語では「啖呵売(たんかばい)」と呼ばれる。古くは「ガマの油」売りが好例。最近の例としては調理器具などを商品として、流れるような口上で、商品を実演販売する者もこの流れを汲む。伝統的な口上売りは、日本では残念ながら衰退が激しく、タカマチでも見ることは少なくなった。山田洋次監督によるテレビ及び映画シリーズ「男はつらいよ」劇中にて渥美清が演じる主人公「車虎次郎」の職業は一種の啖呵売であり、往時の口上や手法を劇中に鑑賞することが出来る。
** 台北郊外にてインタビューに応じた生ジュース屋の店長は、一通り回答や意見を述べ、予定されていたインタビューが終了したことを察知したとたん、商売口上をつかって話し始めた。当日の雨について「雨だと客が少なく困るのではないか」との追加質問に、「雨によって植物が育ち、果物が成り、そして我々が商売が出来る。雨は生命の源である。なぜ雨の夜を厭おうか。」と修辞たっぷりに応え、別れ際には長揖 (古式の礼) で挨拶された。店主は、現代的な清潔でカジュアルな服装であったが、夜市の文化として以上のような礼や口上を受け継いでいると思われる。また逢甲夜市の中でも、同様の口上を使って商売する店主が複数確認された。

数だと扱いやすい。客の方も、一対一で店主と相対するよりも、同伴者や他の居合わせた客が、あれこれ意見を述べたり、自分に代わって店主に詳しい説明を求めたりするほうが楽である。

発達心理学において三項関係は、ある対象物を頂点に養育者と乳幼児が共に対象物に注目しながらコミュニケーションが行われることを意味している。特に言語の発達において、様々なものに共同で注視しながら、情緒的に結びついた (大好きな) 養育者から働きかけられることによって、声の出し方、ものの呼び名、感情の表現の方法を覚えると言われている (Bates, Camaioni, & Volterra 1975; 常田 , 2007; Nelson, 1988; 岩田 ,1988)。 また子どもはこうして言葉を覚えることを通じて養育者との絆も深めていくことになる。

夜市に見られる三項関係では、頂点となる店主や商品が初めから目を引くように用意され、調整されている。店主は巧みに複数の客の関心の頂点を自分や商品に誘導し、客同士相談させる。そこに、店頭に居続けさせる店主の意図がある。夜市の店主の腕の見せ所であろう。うまく商品の取引に成功した場合、購入した客は、購入したものに対して「同伴者と共に考えて、購入した物」という意味が発生し、同伴した者との絆を深めることとなる。また店そのものも「2人でいろいろ探して購入した店」として、特別の認識を持ってもらえるようになり、客との新たな関係が発生する。このようなコミュニケーションの構造と結果的に生じる新たな関係が実にスムーズにながれ、「対面販売の面倒くささ」が上手く克服される。

つけ加えるならば、3 章で明らかになっているように、店頭に客が居ることが、次の客を寄せる手がかりになっている。だから、最終的に商品を購入してくれなくても、口上を聞いてくれ、長時間店頭で楽しそうにしてくれる客は、夜市の屋台店主にとっては非常にありがたい、次の客を誘い込んでくれる、広告塔のような存在である。*

こうした会話・コミュニケーションを通して、店主は客の好み、売れる品物、流行等、情報やニーズを仕入れることが出来る。また客の方も、どんなものが仕入れられ、ど

Bates, E., Camaioni, L., & Volterra, V., 1975, The acquisition of performances prior to speech, *Merrill-Palmer Quarterly 21*, 205-226.

常田美穂 , 2007, 乳児期の共同注意の発達における母親の支持的行動の役割 , 発達心理学研究 **18**, 97-108.

Nelson, K., 1988, Constraints on word lerning?, *Cognitive Development 3*, 221-226.

岩田純一 , 1988, 言葉の発達に必要なもの , 発達 **35**(9), 17-26

* 日本の口上売りでは、このような客を演ずるサクラが用いられる場合があった。(サクラは売り手の口上がいいタイミングに差し掛かった時、購入することを「よし、買った、一つ貫おう」と宣言し、聴衆の決断を煽る。)

んな値段で売られているのかを知ることが出来る。2章で取り上げたアンケートでも、夜市に来る目的として「商品を見て廻るため」「いろいろ見ながらぶらつくため」という回答が多かった。特に何かを買う必要がなくても、夜市のコミュニケーションの輪に参加できることが夜市の魅力の一つだろう。

b) 時間帯による用途の集積

もう一点、3章から得られた結論がある。3章では、夜市のもっともにぎわう時間帯に道路が通路としての役割を失い、広場に変わることを、夜市利用者の歩行導線から導き出した。朝から夕方にかけて自動車も通行する逢甲夜市の道路は、夜は役割を変え、広場のような市場空間となる。

本章では、付近の住民など、夜市の存在と対立する立場からの視点で夜市の欠点を挙げたが、そもそも高密度な台湾、あるいは台中市において、公園の面積や閑静な住宅地というものはあまり見られず、むしろ住民は好んで都心に住もうとする傾向が見られる。都市の限られた面積の中では、居住や商業など複数の機能を土地に当てはめる「用途地域区分」の考え方ではなく、時間帯によって「住宅地」「商業地」と複数の用途が重なる空間の存在がむしろ不可欠である。これによって生じる葛藤も前述の通りだが、しかし夜市が運営される場所の時間帯による用途の使い分けは見事である。仮設構造物や屋台によって作られる、機動力のある店舗の構造が、この用途多重性をもたらしている。時間帯によって空間構成を変えることで、通過する者、居住する者、営業する者、訪れる者のそれぞれの利害の均衡が計られているように見える。そもそも、24時間市場が開かれると、市場内の店舗は仕入れのために車を使うことができない。しかし時間を区切って営業し、それ以外の時間には道路を空けることによって、車両の通行、特に住民の通行が確保されているのである。

今回調査対象とした逢甲夜市では明確には示されていなかったが、台中市内では「午後5時以降屋台が占有する場所なので、その時間には駐車しないでください」という看板を見かけた。ある程度明示された時間区分で、街路の通行者・沿道の住民と夜市の時間による棲み分け、もしくは場所の利用権利のシェアが行われている一例であろう。逢甲夜市も、利用者には良くわからないが、暗黙の、あるいは当事者同士ではっきりと取り決められている「時間割」が存在するのかもしれない。逢甲夜市は、調査後ますます集客力を増し、「台湾一の夜市」とも呼ばれるようになった。こうした発展

の背後では、住民との取り決めの明確化や、住民の入れ替わり（夜市を許容する住民に換わっていった）などがあったのではないかと推測する。

c) 夜の時間帯の意味

　以上のように逢甲夜市は、一日の時間帯によって異なる用途を持っている。また、仮設物による空間構成によって、空間も昼と夜とで作り変えられる。夜市一般に関して言えば、かつては薄暗い、照明灯も限られた状態であったと推測されるが、3章で述べたとおり、逢甲夜市など現代の夜市は発電機や電灯線が利用され、華やかで効果的な照明が用いられる。また音楽や、客を煽るような拡声器によるアナウンスの音も聞こえる。

　しかし、夜の市場は昼間に営業されている市場と少し異なる。それは「暑い昼間の仕事の時間が終わった」という時間のもつ開放感と、それとも夜そのものがもつ、人間に働きかける何らかの要素の二つの要素を挙げることができる。調査で夜市から距離を置いて俯瞰している際に、市場の現場に参加してみたくなるのは、明るさの残る薄暮よりも、日が暮れた後の明かりが必要な時間帯であった。こうした「夜」の意味合いについて（「暗さ」ではなく）言及した文献は少ないが、Merleau-Ponty(1945) は「それ（夜）は私を包み込み、私の器官全てを貫いて侵入し、私の思い出を窒息させ、私の人格的同一性をほとんど抹消してしまう。- 中略 - 夜が活気付くのは全体としてであり、夜は面や表面ではなく、そこから私までの距離も無い純粋な奥行きである」と夜の特殊性を述べている。Bollnow(1963) は、夜の空間を、昼の空間からの要素の剥奪したものではなく、認識に値する全く独自の性格をもったものであるとしている。

　実際夜市のなかを歩いて体験すると、照明の効果もあり、ごく近くの屋台や店舗だけが浮き上がって見える反面、見通しは利かず、足元は暗いことがわかる。前後左右に人が歩いており、視野が制限され、それだけに1歩ごとに新しく視野に入るものが新鮮に見える。距離がある対象は、明かりや音で「何かがある」ことがわかるが、何があるのかは、数 m 以内に接近して対象に相対することによってようやくそこで、何が商われているかわかる。こうした「夜の」市場となった街路上の経験は、昼間、見

Merleau-Ponty, M., 1945, *Phenomenologie de la perception*. Paris: Gallimard.
　(邦訳：竹内芳郎 , 木田元 , 宮本忠雄訳 , 1974, 知覚の現象学 , 東京：みすず書房 .)
Bollnow, O. F., 1963, *Mensch und raum*, Stuttgart: Kohlhammer.
　(邦訳：大塚恵一 , 池川健司 , 中村浩平 (訳), 人間と空間 , 東京：せりか書房)

通しの利く時間帯とは全く異なる体験となる。身の回りが暗く、足元も不明確で、人にさえぎられて明かりも届きにくいうす暗がりに、時折不意に商品が生々しく現れる。遠くから見通すことが出来ず、暗闇をかき分けた先に急に色彩が現れるわけである。夜の闇が体に張り付き、視界を失わせる効果が、夜市の「新鮮さ」「意外性」「生々しさ」に寄与していることは間違いないだろう。*

　夜市が暑い気候での生活の文化として生まれたとは言え、夜の雰囲気を利用して客を驚かせ、楽しませているということ、逆に言えば夜だから面白がって夜市の通りを歩く気になるということが、現代の夜市の前提になっているように思える。夜の空間性を利用する夜市と、そこに生まれる夜だからこその知覚的な楽しさを、夜市の魅力の源泉と捉えてもいいのではないだろうか。**

d) 群集としての夜市

　本論文では、夜市を「高密度居住地域で行われる商業」「高密度かつ用途重積な都市空間」として捉えてきた。しかし集まる人々に注目すれば、夜市に集まる人々を「群集」として考えることも可能である。「混雑感」を表すクラウディング (crowding) と群集を表すクラウド (crowd) はそもそも同語である。群集に関しては、主に政治活動や扇動についての検討がなされてきたが、夜市のように「自発的に集合」「集合した人々の間に特段の共通目的がない」「比較的おだやかでルールを守り、暴徒化することはない」というような人の集まり方については仔細に検討されていない。しかしそれらの考察は、夜市に集まる群衆を説明する鍵として役立つ教訓を含んでいる。

　群集についての論考の嚆矢となった Le Bon(1985) は、人々が個人として行動する場合に比べ、群衆の一員になることで 1) 成員が均質化され 2) 知性が抑えられ 3) 感情がより明確に表出されると述べている。これは群集に参加する人々が、指導者の指導のもとに集まる政治的闘争の集団や、暴動などの現実の現象から帰納的に考察されたものであるが、穏やかな形で夜市に集まる群衆にも当てはめることが出来る。つまり夜市の客の 1 人になってしまえば職場の地位や学歴は全く意味が無くなり「夜市の客の 1 人」として他の客と同質となる。また知性が抑圧されるという表現は、夜市

Le Bon, G., 1895, *La psychologie des foules.* Paris: Presse Universitaires de France,.
　(邦訳 : 桜井成夫 (訳), 1993, 群集心理 , 講談社学術文庫 #1092, 東京 : 講談社 .)

* 視界の悪さを利用する違法行為もまた存在する。例えば偽札は明かりが暗いところで行使される。
** 逢甲夜市は歩行者天国型の典型的な夜市で、人が多いほどに見通しが利かなくなる。見通しが利くタイプの夜市には、「夜の空間の利用」という点はあまりあてはまらないと思われる。

162　第7章 都市の高密度環境の意味

の大勢の人々が取引をする場では、損得勘定や購入の必要性などの合理的判断よりも、気軽な店主との会話や、それによって導かれる衝動的な購入にあてはまるのではないか。そもそも夜市に来る目的が「時間つぶし」「見て歩く」人々にとっては、気軽に何でも見たり聞いたりすることに目的がある。さらに夜市の中では確かに日常場面よりも感情の表出が良く見られる。Le Bon の考察は、革命のための集団が政治に対して抱く、あるいは予定通りにことが運ばないことに対して暴れる人々の「怒り」が主体と思われるが、夜市の感情の表出は「喜び」「愉快」「弛緩」の表出である「笑い」がほとんどを占める。さらに昼間に所属している職場や学校での責任や義務から、夜市に居る間は解き放たれる。夜市のなかを、思うがままに屋台や店舗を見て歩き、商品を手にとって試し、店主の口上を聞く。場合によっては買い物や食事をする。こうした行動を通じて、ある程度日常のストレスやプレッシャーから解放され、笑うことができる。

　付け加えるに、夜市の客同士は、前述のとおり、何かと批判もある夜市の存在を肯定するもの同士という淡い連帯感があるし、同じ店に居合わせた客同士は、店主や店員の導きによって、「同じ店の客同士」という連帯が生まれることもある。これは客の言動に対していちいち反応し、会話を投げかけることができる夜市ならではの感覚で、例えば店員の介入がないコンビニエンスストアやスーパーマーケットなどでは生まれない感覚である。客として店頭に立ったら、隣の客に店主が冗談で応答し、店頭の全ての客が笑う、という種類の機会が夜市には満ちている。また店主もそれを狙って店頭の客に対応していると思われる。

　以上のように、台湾夜市は、同じ日同じ時間に集まった客同士、なんとなくの淡い連帯感と、群集の一員ならではの非日常的な開放感を持ちながら、気軽に買い物をし、ぶらつくことを許す空間であると考えられる。人の多さにまつわるこのような特性を、人為的に安全かつ効果的に活用しようとすることは難しい。本邦の市中においては、日時が限定される「お祭り」の観衆、初詣の人ごみなどが類似の例として挙げられるが、一つ間違えば、群衆の密度や感情の方向性が変わってしまい、事故につながりかねない。実際に、過去に事故が何件か起こっている。＊

　逆に、こうした群集のコントロールを空間と時間と参加人員を限定することによって行っているのが、コンサートやプロスポーツの試合の聴衆・観衆と言えるかもしれない。これらの場所では、一定の金額を支払い、切符を持ち、また共通の目的を持ち、

＊ 例えば1956年1月1日、新潟県弥彦村の弥彦神社の事故が挙げられる。この事故で初詣客が同神社の石段付近で将棋倒しになり死者124人(多くが圧死)、重軽傷者94人を出した。

そのためのコストを支払った者だけが観衆の空間に入ることが出来るし、主催者側も前例から見て必要な観衆管理のための人員を手配している。そうして参加者は聴衆・観衆の一員として、日常の肩書きを脱ぎ、「○○のピアノを聴きたい人の1人」「○○のチームを応援する1人」として開放的な気分で、見ず知らずの人々と共通の目的をもち、参加する権利を買った者として連帯感を感じながら、与えられたプログラムを楽しむことが出来る。*

　夜市に集まる人の多さ、夜市での人の密度の高さは、夜市の魅力を高める。それを利用して夜市の営みが続いているとも思える。参加は無料であり、コンサートやスポーツ観戦よりも敷居が低い。毎日でも参加できる。にぎやかで華やかな夜市の客の1人になって、日常を忘れることができる。衝動的に物を買うこともあるかもしれないが、それもまたいいだろう。夜市は高級品を商う場ではなく、日常の安いものを商う場である。値段もたいしたことはない。このような、入場料なしの参加が可能な台湾夜市のような場は日本国内にはない。夜市には、日本にはない不思議な開放感がある。**

e) 回遊の手がかり - 巷と弄の構造 -

　次に台湾の都市街路の構造について説明する。台湾の都市の街路、あるいは住所を表記する方法は以下のようになっている。最初に大きな領域、都市やその中の区（日本で言う政令指定都市の場合）または懸と、その中の市・鎮・郷（日本の市町村にあたる）が指定される。その次の段階では、路（/Lu/ 英訳 road）が指定される（例：中華路）。指定された道路が主要な道路で、延長が一定以上で、かつたくさんの支線道路を抱えている場合、混乱を避けるために数字で分けられた「段」(/Duan/)で当該道路の場所が指定される場合もある（例：中華路二段、英語では Section N と表記される）。段は一般に 500m から 1km 程度に区分された当該道路の一部分を示す。道路の起点から一段、二段と分けられる。まれには路よりも幅員の小さい「街」が路の代わりになることもある。つまり「路もしくは街」が住所表記の上で最初に表れる「表通り」を指す。表通りに直接面している建物の住所は、○○市○○区○○路○段○号となる。

---

* 近年こうした管理されているはずの観衆が暴力を行使して破壊的行動に及ぶ事件がスポーツの観衆などに見られる。防犯上の問題のみならず、群集の場の管理に対する問題提起ともいえる。
** 一方で、災害や事故の発生時、どの程度群集を安全に誘導できるか、密度が高い場所ならではの対策が必要である。特に災害時には、客や店舗のスタッフに付け加えて、沿道の建物の上層に居住している人々もまた避難しなければならない。居住地と商業地を分ける根拠の一つである。しかしながら夜市が支持され続けるためには、居住者も含めた群集の管理について検討しておく必要があろう。

164　第 7 章 都市の高密度環境の意味

　ここで夜市について考察したいのは、以下の部分である。図 7-1 を参照しながら確認してほしい。指定された街路から垂直に分岐してゆく小路は「巷」(Xiang: 英語ではlane) として番号つきで弁別される (例：中華路二段 130 巷)。もちろん大きな表通りが分かれていく場合は巷ではなく○○路の名称が与えられる。巷と路の区別はあいまいな部分もあるが、路よりも幅員が狭く、路が歩行者用のスペース＋自動車上下 1 車線ずつ 2 車線程度以上であるのに対して、巷は自動車が離合できるぎりぎりの幅であることが多い。日本流には、いわゆる路地と称される道路が巷であることが多い。巷には分岐元の街路の住所番号がついて弁別される。

　路から巷が垂直に分岐し、さらに巷から路地状の道路が垂直に分岐する場合、これを弄 (Nong/Long: 英語では alley) と呼び、これも番号つきで区別する (例：中華路二段 130 巷 4 弄)。弄は、物理的な配置としては路と平行に進む小路となり、表通りに面するビルや商店の裏側に接しているものや、さらに路から離れた部分には静かな住宅の並ぶものもある。表通りにあたる街路と平行していることから、街路と役割を分担している場合もある。例えば、街路は自動車のための道路、弄は歩行者のための通路であったり、街路は客のための、弄は裏方 (商品搬入) や身内のため (住居の出入り口) の空間であったりする。

　以上のような「路」「巷」「弄」の構造を図示すると図 7-1 のようになる。さらに市場や商店がある表通りならば、路・巷・弄の 3 種の道路に、更に「隙間」や「建物内通路」が付け加わっていることが多い。図に示したとおりである。路・巷・弄の 3 種の道路によって作られる道路の形状は、模式的には四角形をなし明快である。それと同時に、街路と巷と弄は、隙間、通路によってつながれており、「どのように歩いても行き止まりにはなりにくい」構造になっている。したがって、台湾の市では、簡単に横道にそれることが出来るし、また本来の街路に戻ってくることも容易である。行き止まりが少ないので、同じ道を通って戻ってくる必要がない。例えば街路に面した店を訪れ、店の中を通り抜けて弄に抜けて混雑をやり過ごし、次の巷を通って元の街路に戻る事が可能である。この構造を利用して、街路だけでなく、巷や弄で営業している屋台や店舗も少なくない。

　こうして夜市の街路は巷・弄とともに、自由に選択できる歩行ルートと、行き止まりのない回遊性の高い空間を作り出している。前述のように混雑をやり過ごしたり、目的の店に街路を通らずに到達したりといった、自由で臨機応変な行動の選択肢を提供

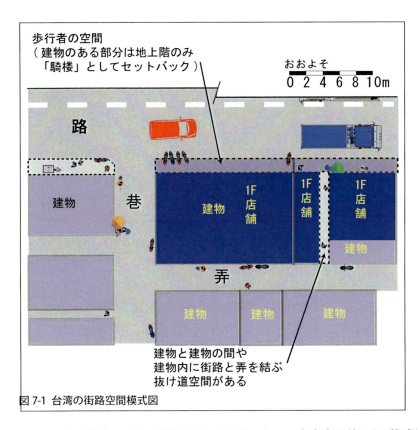

図 7-1 台湾の街路空間模式図

している。これは特定の夜市に慣れた人ではなくても、一度夜市を訪れれば把握できる。

　古いヨーロッパ都市の街路空間を論考した Benjamin(1975) の言葉を借りると、台湾の夜市の背後にある自由な歩行をゆるす手がかりや、来訪者とその土地の者が融合できる路地や階段などからなる空間は「多孔質」な空間として定義できる。台湾の夜市の場合、住民と来訪者というよりも、その場で商う者と、外部から来る者が出会う場所であり、住民も何がしかの侵入を許容しているといえる。物理面から見た台湾の街路システムの場合、台湾の夜市はその多くが、台湾の道路システムを利用した

Benjamin, W. (au)., Tiedemann, R., Schweppenhäuser, H., Adorno, T. W., & Scholem, G. (eds), 1975, *Gesammelte Schriften, IV*, Frankfurt: Suhrkamp Verlag KG. (Original articles were printed in 1925-1935.)
（邦訳：浅井健二郎 (編訳), 久保哲司 (訳), 1997, ベンヤミンコレクション 3: 記憶への旅 , 東京 : ちくま書房)

多孔質な空間であり、しかも一つ一つの穴―通路や巷や弄―が相互につながっている開放的な構造で、どの孔からも違う孔に到達できるスポンジのような存在になっている*。そのため、特に気をつけなくても、どうにでも歩け、どのようにしても元の道に戻れる。こうした空間構成は、夜市の幾つかの欠点に対する対処になりえるし(例:混雑を避ける・災害時の非難通路確保)、それ以上に、利用者に「適当に、気軽に」歩ける環境を提供している。

2-6　夜市の将来：居住地との融合へ向けて

　以上のように台湾夜市は、利用者にとっては他に替えがたい、特異な魅力を持つ空間であるが、一方でそれを望まない人々や、「家の近くには来てほしくない」存在としてあげる人々もまた多い。ここでは、本論文の一つのテーマである商住近接の立場から、夜市の存在と拮抗する立場の人々を一括して「住民」として議論することにする。実際住民の中には夜市許容派や、夜市の存在があることを知っていて居住を選択した人もあるだろう。しかし現在の台湾の夜市の発展を見ると、望まないにもかかわらず夜市のそばに住まざるを得ない人もまた多いと思われる。夜市をよく利用する夜市の「ファン」の多くが、「自分の家の側に来ることは望まない」と回答しているのも、住環境と夜市の葛藤の現れであろう。

　夜市の魅力を前項で幾つか挙げた。特に本項では住民と夜市との関係を改善し、夜市を高密度な都市の、機能が集積された魅力的な空間として生き続けるために必要な条件を考えたい。本章において、逢甲夜市を通して、台湾夜市の抱える問題を以下のように整理した。

1) 騒音・営業時間など夜市の環境の枠組みの問題
2) 悪臭・ゴミなどの衛生上の問題
3) 違法販売などの治安問題
4) 往来を阻害する交通問題

---

* 物理的に多孔質の発泡体をモデルにすると、多孔質ではあるが、内部まで水が浸透せず、個々の孔(セル)が独立していて他のセルに連結していない泡構造の「クローズドセル構造」(例:発泡系断熱材/発泡スチロール製食品トレー)と、各孔が互いに連結していて水が奥まで浸透するオープンセル構造(例:スポンジ/へちまのタワシ)の2種がある。

これらの問題は、既述の通り効果はともかくとして、対策がとられているものもある。さらに本研究の観察から、人が人を呼ぶ構造が見出され、これを夜市全体に重ね合わせると、利用客がある閾値を越えて集まればその夜市に加速的に人が集まる臨界値があるのではないかと推測された。人が集まる場に身をゆだねる事はそれなりに愉快で、ある種の娯楽的な要素を生み出す一方で、上記4つの問題を加速させることにもなる。

夜市の人での統制不可能性については、夜市の持つ幾つかの魅力のうち、欠点にもなりえる項目であり、ここで考察の対象とする。

a) 解決策1－明確な時間軸上の枠組み－

日本の繁華街は住居用地とは離れているので、夕方から活動を始め、朝始発の電車が出るまで活動を続ける。その終わりの時間ははっきりしない。逢甲夜市も、終了時間の取り決めがあるようではあるが、終了時間が明確ではない。ここに市場としての営業時間をはっきりと取り決め、例えば夕方18時から夜中24時までを営業時間とするとか、○時以降はスピーカーを使った販売促進活動をしないなどの、明確なルールを作り、それを守ることで、周辺住民との共存ができるのではないかと考える。また、一日の営業時間だけではなく、○曜日は休みにするとか、月の始めの日は休むなど、週・月・年の中での休日もはっきり決めておくと効果的であろう。

関係する市政府も、このルールを守ることを条件に含めて営業を正式に認め、それを守らせることを一つの目標に出来ないだろうか。さらに、市政府が出来る対策として、騒音源となる発電機の使用を禁じて、電気や上水などを供用し、取り決めた閉店の時刻にこれらを遮断するなど、物理的な手段を用いて夜市のルールを作ってゆくことも可能であろう。こうした方法は、シンガポール政府が行ってきた屋台対策のサブセットであり、「常設屋台センター」とまではいかないが、電気や上水の利用を通じて衛生面での環境を改善し、かつ時間的枠組みを守ってもらうための手段である。

本研究では取り上げなかったが、夜市の営業形態の中には、曜日を決めて巡回する移動夜市も存在する。こうした夜市は近隣の住民にとって週に1度か2度訪れるだけであるから、対処しやすい。一方、毎日同じ場所で行われる夜市は、避けようが無いために、夜市の環境を好まない住民にとっては耐え難いものになる。住民に受け入れられるために、営業の時間、華やかな時間(あるいは「やかましい時間」)を区切り、

終わる時間が明確に示されていれば、少しでも耐えることができるだろう。また休みの日があれば近隣の住民にとっても「静かに休むことの出来る日」として、受け入れられるだろう。

b) 解決策2－明確なルールとその責任の所在－

夜市に関しては、夜市自治会、市政府、警察、利用客、住民などさまざまな人々が入り混じり、その利害や権限の範囲にあいまいさが残っている。端的に表現すると、夜市に新規に店を出したい場合、誰にどのような申請をすべきなのか不明確である。また調査中に見られた例であるが、違法な物品を販売する屋台が、他の店の販売を邪魔する位置で開店していたが、それに対して他の店舗はおろか、自治会や警察なども指導・取り締まりに乗り出してくることがなかった。

こうした不明瞭で、管理権限が様々に分散している現状に対して、明確なルールを決めて各関係者に書面として公開する一方で、各関係者の責任の所在を明らかにすべきである。例えば食品衛生・営業時間管理は市政府の責任で、ゴミ問題や違法屋台の通報・夜市終了後の清掃は夜市自治会で、違法案件の摘発は警察でという具合である。調査時は、逢甲夜市全体がまだ市政府の認める夜市ではなく、ほとんどの屋台が違法状態で黙認されていた。その中に違法性が高い屋台があったからといって取り締まりを行うことは少々難しい。場合によっては違法性は低いながらもルールに抵触している周囲の他の屋台まで取り締まらなければならなくなる。またそれを恐れてか、他の通常の屋台の人々も、「違法商品の屋台には非常に迷惑をしているが、出て行かせる手段が無い」という話であった。責任を持って対応する担当が決まっておらず、また基準がない為の混乱である。

夜市には、人の数の臨界がある可能性は先に述べた。事故や行事などで利用客の統制が取れずに生じる様々な災害について、事前に予測し、責任を分担する必要がある。前項の時間のルールも含め、あらゆる側面について納得できるルールを少しずつ整備し、責任を担当する者も決めてゆくことが出来れば、より明確で後ろ暗いところの無い、住民が参画できる運営になってゆくことだろう。

c) 教訓－巡回夜市の可能性に学ぶ

前述の改善策は、出口ら(2002, 前出)による台中市内の夜市観察結果のうち、我々が「移動夜市」と呼んでいた夜市にヒントを得たものである。移動夜市は、ゲームや

飲食などを商品とし、トラックやバンなどを移動手段として、曜日ごとに契約した営業場所を巡る。彼らが契約日の営業場所に到着する時間は正確であり、また彼らが移動して行った後は清掃が行われており、翌日の朝には昨夜の市を思わせるものはその場に残っていない。

　移動夜市は、比較的静かに運営され、運営は非常に統制が取れている。というのも、彼らの屋台の中には、低額ではあるが非合法な賭博が含まれているからである。客が集団で抗議したりすることがないように、移動夜市の人々は穏やかに客に接し、また警察が客に混ざっていないか冷静に観察する。

　非合法な取引は問題ではあるが、彼らの夜市の運営の仕方は非常にスマートかつ合理的であり、住民とも利用者とも上手くやっているように見える。また客や住民との関係に関して大変工夫されている。付近の住民にとっては夜市の日が限定されていることが、夜市を受け入れる手がかりとなっているように思われる。実際、上記のような灰色のアトラクションを持ちながら、家族連れ、特に小さい子どもをつれた客が良く集まっているのである。

　この移動夜市のように週の決まった曜日に、遊戯や飲食だけでなく幾つかの業種が集まった夜市集団が、自宅の近くに来るならば許容できる市民も多いのではないだろうか。毎日ではなく、週1回ないしは隔日の夜市が、現代の台湾市民に「ほどほどの頻度」として受け入れられているように思う。そのために夜市は機動力を必要とする(トラックやバンによる移動)が、現代の台湾社会に適応した夜市に進化する上で必要な投資であるのかもしれない。

　移動夜市は幾つか存在する夜市の一類型に過ぎないが、機動力を持ち、広範囲の客に支持され、各地の市民に「週に一度ならば」と、受け入れられる現代に適応した夜市の一形態と思われる。

2-7　夜を楽しむ夜市の文化－わが国への応用－

　前項まで、台湾の夜市が未来に向けてどのように、住民に受け入れられ存続して行くための方策を考えてきた。しかし夜市には日本にはない独特の空間、独特の魅力がある。本節では、夜市の日本への応用を考えてみたい。日本人として台湾の夜市について考えると以下の点は日本の商業空間、あるいは商住混合地で利用する価値がある。

a) 夜に「アルコールなし」の健全な余暇時間の文化を

　わが国の気候は、冬はそれなりに寒いが、夏の気温と湿度は熱帯同様であり、涼しくなった夜を楽しむ文化が皆無なわけではない。しかしそれは、例えば花火大会であったり盆踊りであったり、日常から離れたハレの場としてしか残っていない。毎日や、毎週の決まった曜日という単位では夜を共有して、屋外で楽しむ文化はなくなった。

　一方で「夜の街」と表現すると、どうしてもアルコールが関係する20歳未満には禁じられた文化しかない*。福岡市における日本において例外的といわれる屋台文化も、残念ながらアルコールの文化と不可分な「おとなのための」屋台が大半である。

　台湾の夜市のように「若者の小銭」程度で十分楽しむことが出来、不健全さのない、小学生でもつれてゆくことが出来る日常の夜の文化が日本に無いことは不思議である。気候の違いや、夜の治安に対する感覚、子どもの就寝時間の違いが原因として挙げられる。2章3節2項では、台北市郊外に在住する姚氏の語りとして、幼い頃に家族で夜市に行くために早く就寝していた氏を、ご両親がわざわざ起こして夜市に連れて行った話を紹介した。この話が示すとおり、現代でも早寝は奨励されていない様子で、夜遅くまで家族と共に過ごす子どもを頻繁に見た。**

　小学生やそれ以下の年齢層にまで夜のサービスを準備する必要があるかは、わが国の習慣を考えると現実的ではないが、一方で、中学生や高校生、また家族連れに対して、アルコールと切り離された、軽い食事が出来る、また「お小遣い」程度で楽しめる夜の文化があってもよさそうに思われる。中学生や高校生は現在、夜自分たちの時間を使える場所がなく、仕方なくコンビニエンスストアなどで友人と集まり、たいした消費も出来ずに帰ってゆく。夜市のような気軽で安価で健康的な夜の小売消費値が無いために、終夜営業する高価で、邪魔者として扱われるコンビニエンスストアに集まらざるを得ないのである。さもなければ、より危険度と消費金額の高いゲームセンターなどが行き先になってしまう。中学生・高校生にとって、ちょうどよい気軽さで、安全性もある程度確保された場(例えば成人がたくさん居て、アルコールが供給されず、治安上問題のない場)がない。

---

* 日本では治安が良いために街中を泥酔して歩けるが、世界の多くの国では犯罪の被害者になるか、それを防ぐために警察に保護されることが一般的である

** 最も劇的な例では、夜12時も近い頃に、移動夜市の「メリーゴーランド」に乗って遊ぶ3歳程度の子どもを見かけた。また、夜、商売をしている店ではその店の子どもが、店の周りで深夜まで遊んでいることも多い。台湾の「遅寝」は、「遅くまで起きて、勉強をすることが良いこと」とされる教育観も関係している。なお日本の子どもの就寝時間も近年、遅くなってきたといわれる。

翻って台中市では、学習塾・予備校の集まる街区が一大夜市街となっており、授業の合間に夕食を食べたり、帰り道に友人と屋台を見て回ったりする場が提供されている。その場は極めてにぎやかであり、また安全でもある。こうした気軽な夜の過ごし方を提供する場が日本にあっても良いと思う。

欧米においても、中学生から高校生が気軽に立ち寄り、集まれる場所は少ないらしく、アメリカでは「モール」とよばれるデパートメントストアと専門店からなる商業施設が代用品になっているらしい。こうした施設を徘徊する少年は mole rats(モールラッツ/モールのネズミ) と呼ばれている (Stern & Stern, 1990)*。ちょうど行き場所の無い年頃の少年少女が、他に行き場所も無くモールに集う様子をよく表している。

若い世代の夕方から夜の時間を健康的で豊かにする場が、日本にも必要であり、台湾では夜市がその役目を十二分に発揮している。少年も参加できる、あるいは家族連れでも楽しむことが出来る、夕方からの気軽な市場があることは、台湾の人々の生活の潤いとして、また青少年の安全な溜まり場として果たしている役割は非常に大きい。

b) 施設は簡素であっても、品数が多い夜市は魅力的

夜市では、様々な店が沢山の賞品をバリエーション豊かに陳列し、自分の望む賞品を、時間が許す限り探して見て廻ることが出来る。デパートメントストアや個人商店では長時間商品を探すことが抑止され (店員に「何をお探しですか」と介入される)、またバリエーションもそれほどなく一定の範囲内に収まってしまう。夜市では、店員と上手くやり取りをしながら自由に商品を手に取り、納得のいく物が無ければ「○○なものを探しているがなかった」と店主に告げて、次の店に探しに行ける。細かいアクセサリーや携帯電話関連の部品など小さくかさばらない商品ならば、夜市を巡ると相当なバリエーションの商品に行き当たる。こうした商品選択の幅の広さはユーザーにとって非常なメリットである。

また、実際に買う気が無く、特に何かを探している場合ではなくても、夜市を歩きながら、「どのような商品が沢山売られていて人気があるのか」「現在、その商品のバリエーションはどのような幅があるのか」を知ることが出来、見て歩くだけでも楽しむことが出来る。

Stern, J., & Stern M., 1990, *The encyclopedia of bad taste*, New York: Harper Collins.
　(邦訳：ジェーン＆マイケル・スターン (著), 伴田良輔 (監訳), 1996, 悪趣味事典. 東京：新潮社)
* 書名でわかるようにネガティブなイメージで取り上げられている。ちょうど日本の「コンビニにたむろする少年」と同じ見方と思われる。

172　第 7 章 都市の高密度環境の意味

　高密度に個人単位で営まれる露店が集まり、その背後に様々な規模の固定店舗が存在する逢甲夜市では、商品の幅広さ、各商品の品揃えの広さが、人をひきつけ、見に来てもらう吸引力を発揮し、夜市の集客力を高めている。あふれる商品を見て歩く楽しさを夜市の魅力として語るアンケート結果も非常に多かった。「ぶらぶらするために来る」「見て歩くために来る」「流行を知るために来る」などの夜市に来る目的についてのアンケート結果は、複数回答ながら、おおよそ半数の人々の目的として挙げられている (永吉 , 南 , 李 , 2001)。気軽に商品に接することのできる、簡易な店舗の存在は、日本ではあまり一般的ではない。

c) 対面で会話を必要とする夜市の楽しさ

　台湾の夜市には、対面して行われるコミュニケーションの楽しさに満ちている。店主は、客に気まずい思いをさせずに店頭に引きとめ、出来れば自店の商品に興味を持ってもらうために、さまざまな話題や間合いを利用して客と接する。客の側からは、特段の準備をせずとも、店主の方から親しく対応され、しかし購入を急かされるわけでもなく、気軽に応じることができる。

　こうした対面販売の楽しさや気軽さは、人員の合理化が進んだ先進的な小売業ではなかなか実現できない。個人で営む店舗は少なくなり、一般的な小売店では「店員から話しかけられる」ということは「買うことを促される」意味をもち、気軽に店員と話すことは難しい。しかし夜市ではそのような気後れ、購入する義務感などはほとんど無く、実に気軽に会話を楽しむことが出来る。その楽しさは残念ながらわが国のあらゆる商業環境を考えても例示することが難しい。

　本来は、客に商品を購入してもらうため、またその延長として買ってもらえなくても店頭に居続けてもらうため、さらには客の嗜好や流行を知りよりよい商品を仕入れる為に行われる店主と客の会話によって夜市は、来訪者に広く開かれた、非常に洗練された社交的場になっている。本邦のコンビニエンスストアやスーパーマーケットなどの、会話する必要が一切無い小売店を想起すると、その対照的な場の差異に驚くと同時に、「会話が全くない」商取引の味気なさを感じる。

永吉知郁代 , 南博文 , 李素馨 , 2001, 利用者から見た夜市の現状と問題点 : 台中市の逢甲夜市と中華路夜市を事例に , アジア都市研究 *2* (3), 27-39.

3. ハノイ旧市街の魅力：観察された現象と計算された現象

　既に4章から6章で、ハノイ旧市街における路上の密度の分布、時間的な展開、路上占有物の機能などについて、個別に検討してきた。また、方法も異なる方法を用いてきた。この節では、5章と6章の異なる方法から得られた結果を元に、ハノイ旧市街の路上のみならず、商業地としてまた居住地としての旧市街の運営について考察する。

3-1　ハノイ旧市街の高密度空間の運営・維持の手がかり
a) 明示された、または黙示された時間管理

　一日のサイクルで繰り返される高密度状態は、ハノイでは厳密に時間帯を守って行われる。その源は、電力事情の悪さと農産集積地としての町の役割が背景になっていると思われる。

　まず、電力事情の悪さのために、夜間の商業はほとんど抑制される。固定建築の店ももちろんだが、特に路上にテーブルを出して行われる路上食堂や茶屋の活動は抑止される*。わずかに残っている店舗や路上の営業者は、地元の固定客を相手にする、利益を求めない、特定の客を相手にした店舗と考えられる。第6章でも、早朝から夕方まで安定して人々を引き付けていたテーブルが、夜8時前後にはその力を失うことがはっきり表れている。ここに黙示された「一日の終わり」があり、喧騒から静寂へと街が移行してゆくスケジュールが見出される。一日の終わりがもっとも早く訪れるのはハンコアイ通りで、18時には宵、19時には「夜更け」を思わせる雰囲気が漂う。朝が早い分、夜も早く訪れるらしい。夕食が終わり夜の団欒の時間が過ぎてゆくころ、あれほど往来の激しかった通りが徐々に静かになってゆく。5章でも示したように、朝の早いハンコアイ通りで仕事をしている人々は、床に就く時間が19時から20時前後のようだ。一方で朝の遅いハンルオック・チャーカー通りにはまだ人が残っているが、夕方と比べるとずいぶん静かになる。記録したデータ外のことであるが、21時～22時にはすっかり通りの往来はやむ。この通りは旧市街のメインストリートの一つでもあるが、夜中は本当に静かである。また、夜が遅い分、朝も遅く、ハンコアイ通りから数時間の"時差"があるように思える。

---

* 電力事情についてのエピソード：ハノイ旧市街には、かつての住居をホテルに改装した「ミニホテル」といわれる物件が増えている。外国人を泊めることの多いホテルでは、停電の多い電気事情を改善する為に、自家発電装置を設け、短時間の停電ならば自前の電気でホテル内の設備を稼動させる。

通りによって時間の違いはあるものの、それらの一日のスケジュールはかなり頑強で、曜日とは関係なく、全く決まった過程を歩む。ハノイについては、予備調査と本調査で季節の異なる2回にわたって観察したが、「街の時間」には差が無かった。四季が明確でない低緯度地域なので、季節的な夏時間のような調整はないと思われる。

更にハノイ旧市街の町の機能のスケジュールが通りの密度の変化に影響を与えている。ハンコアイ通りのスケジュールは農産物の売り手の搬入時間、また買い付けるハノイの仲買人の買い付けや最終消費者(特に飲食店など大口消費者)への売り渡し時間に拘束されている。夜間、ハノイ近郊の農業者は農作業が出来ない。そこで一定の量の作物が収穫できた時点で、農作業の出来ない夜にハノイに向けて出発する。これらの農作物は夜2時から3時頃にハンコアイ通りに次々と到着する。ハンコアイ通りの路上青果市場が何時から始まっているのか調査時に確認できなかったが、ハノイ人に聞くと3時とか4時という答えが返ってくる。実際には、農民から問屋や仲買人への売買はもっと早く、そして速やかに行われているであろう。この種の一次売買は大体取引相手が決まっており、簡単に済んでしまうことが多いものである。

そして3時もしくは4時から始まる路上青果市場は、問屋・仲買人から、小売業者(つまり八百屋など)や大口需要先(食堂など)への第二次の売りさばきを行っていると思われる。これが、早朝のデータに記録された「露天市場」である。この路上市場が終わるのは6時半である。この時間に警察官が笛を吹きながら現れ、路上の露店を追いたてる為、終了時間は厳密に守られる。その後、この路上市場で出た農産物の殻・残滓で汚れている路面が、7時前後に清掃され、8時前後には「昼間の通り」として機能し始める。この時間帯には沿道の固定建築の店舗の開店に支障が無くなる。この朝の時間の管理は、警察が介入していることもあり、非常に素早く、無駄がなく、見事な効率で道路空間用途の転換が行われる。

ハノイの一日のスケジュールは、夜の一日の終わりを、「黙示」され、早朝の終わりを警察官によって「管理」されているわけである。そのスケジュールに沿って「住民」「農民」「仲買人」「買い付け人」「道路掃除員」「警察官」「商店」「商店客」などが表れ、あるいは時間帯によっては消える。ハノイ旧市街、特にハンコアイ通りは、この時間的規範が守られ、その上で運営されている。これには、昔からの商習慣・生活習慣を背景にしたの暗黙のルールや、関連する政府機関の指導方針などが反映しており、非常に頑健で天候や曜日によって左右されない。

b) 対人関係の演出による密度への適応−混雑でも知り合いなら耐えられる−

　5章で取り上げた、「茶屋」の機能の一つに、見知らぬもの同士(特に来訪者と地元居住者)の関係を取り持ち、ゆるやかな「知り合い同士」の人間関係を生成することがあげられる。茶屋では茶やタバコなどが供されるが、この種の共飲共食は、対人関係を強化し、人々の連帯感を強める、人類に普遍的に見られる手段である。

　ハノイ旧市街での茶屋での共同飲食は、お茶もしくはタバコというほんの些細な共飲(共喫/キセルを共用する)であるが、それに応じた緩やかな人間関係を促進する。その場でわずかばかりの時間休憩する利用者と店主とが、和やかで無難な会話を交わし、店主や他の客について、お互いに知り合う。また店主との会話の中で、自分の立場やこの場にいる理由が他の客に知られ、共有されてゆく。これは、路上でずけずけ訊ねられたり、無言で疑惑の眼差しを受けるより、大変気楽で快い体験であり、店主や周囲の客に自身の存在が受け入れられてゆく過程は楽しいものである。

　このような茶屋が路上にいくつも存在し、その一つ一つの茶屋に一服の時間と場を求める人々が集まる。前章に記述したとおり、ハノイの路上は、お互い知らない者同士ならば苦痛なほどの密度である。しかし、彼らの多くは、路上での目的や仕事が一段落すると茶屋にやってきて、つかの間の休憩を得、同じ地域で仕事をする者や地元の居住者と出会い、緩やかではあるが関係を構築することになる。あるいはその後、再び通りの上での仕事に戻るかもしれないが、そのときには、その通りの上に居る根拠、自身の通りの上での仕事について、ある程度理解されている状態になっているわけだ。

　茶屋を介して、外来からの行商人や、路上で作業する人々、地元の居住者はだんだんと「身内」のような関係を構築していくと思われる。それは前述のように極めて淡い緩やかな関係であるけれども、茶屋で隣同士に座る程度の物理的な近接に全く抵抗のない知り合いになっていく。6章で取り上げた密度分布の分析の中で、テーブルが示す「2人以上を集わせる力」は、端的にはこの茶屋の機能として現れているように思う。6章では、テーブルの用途まで区分して分析できなかったが、5章での集計の通り3つの通りのテーブルは、おおよそ1/3が茶屋、茶屋と路上食堂の合計が半数強である。茶屋のみを取り出して測定することが出来るならば、6章の結果はもう少しはっきり茶屋の「吸引力」を見ることが出来ただろう。

　居住の密度のみならず、商業的な目的で外からの来訪者をも迎え入れなければならないハノイ旧市街で、全くの他人同士が高密度に居合わせる情況を改善し、有る程度

の「知り合い」として場を共有する間柄を取り持つ茶屋や類似の施設の意義は大きい。「知り合い」であればこそ高密度に居合わせることが可能になる。1章で「野球スタジアム」や「音楽会」の例を出し、密度の意味の多様性に言及した。ハノイ旧市街では、目的や価値を同じくするとまでは言えないが、「害意がない」「ここで生業を営む」「ここに居住する」などの人々の背景を明らかにし、またそれを共有し、「知り合い」となるための情報交換の場としての役割を茶屋が果たしていると思われる。

c) 茶屋の機能－地元居住者と来訪者の関係を調整する場－

　旧市街は表通りは商店が並ぶが、路地を一本入ると表通りとは一変して住民の領域になる。路地自体が街区に住む住人の中庭になり、路地に面した扉は、おおむね住民家族の居住室の扉である(扉を共有している場合もある)。庭として使われる路地は、洗濯物が干され、時間によっては食事の屋台が出され、清掃され、子どもの遊び場となり、住民が集い歓談する場でもある。

　こうした住民の領域に、調査を行う私たちのような部外者が入ると、嫌疑の目が向けられることがよくある。なぜなら路地は半ば住民の私有地のように使われているからである。しかし、例えば路地の入り口の、あるいは路地の中にある茶屋に私たちが客として腰を下ろすと、住民からの嫌疑の目はおさまる。その場にいる住民の中には、茶屋にやってきて、私たちが何者であるかを友好的に訪ねようとする者もいる。あるいは、そのように直接私たちと接触しなくても、私たちが「茶屋の客」であるからには、突然無礼を働いたり、悪い何かを始めたりするのではなく、用事があってこの場に入ること、また、茶屋に対して情報を開示したことを知るわけである。したがって茶屋の主人に後からでも尋ねれば、新しくきた客の身分や、この場での仕事がある程度わかる。茶屋の主人と住民とは日ごろから親しいはずである。

　この例では、私たち調査者自身が「見慣れない外国人風の、機材とメモ帳を持った若者4名」で、住民にとってあからさまに怪しいよそ者であった立場から、住民に受け入れられる様子を題材にした。得体の知れない、怪しい者であっても、茶屋の主人の扱い方や、私たちがハノイの茶を喫し、時に、ハノイ風の水タバコを喫して、茶屋の客と談笑するのを見れば、ある程度「よそ者でもここのルールを知っている者」として許容することが出来る。なにしろ茶屋の主人や常連客としゃべっているのだから。これはもっとローカルな間柄でも同じであろう。普段見ない男が、やってくる。路地にばよ

第7章 都市の高密度環境の意味　177

そ者がやってきた」という若干の緊張が走る。茶屋の主人や客は、新しく見る男を観察する。が、そのとき、その男が茶屋に顔を突っ込み道を尋ねる。

「○○さんの問屋はどこかね？」
「そこを右にいって３つ目の右の建物がそこだよ。月末の清算かい？」
「いや、注文しようと思ってね。・・・ありがとう。」

　実際に茶屋でお金を払わなくてもこれだけの会話で、新しくやってきた男の身分や所属がある程度わかり、茶屋に居合わせた客にもその内容が伝わる。また茶屋に居なかった人にも、「茶屋に出入りした人間」としてある程度安心を与えるわけである。詳細情報は、茶屋に行き、来た人物について茶屋の主人に聞くことが出来る。
　こうして新しくきた男は、怪しい男から「茶屋と会話した男」に、さらに「路地の○○問屋に注文しにきた取引客」、と徐々に格上げされ、路地にとって危険な人物ではないことが確認されてゆく。路地の中にある問屋と定期的な取引が始まれば、さらに付近の茶屋の常連の客として一服したり、場合によっては問屋の主人と契約交渉の場として茶屋を使ったりすることによって、さらに情報が明らかになってゆく。もし例の彼が、路地の問屋の常連客となれば、茶屋にとっても、路地にとっても、いつもの人として、歓迎される人物となり、客人ではあるが路地を共有する一員として認められるのである。
　初めての場所に赴き自己紹介をする、というのは非常に骨が折れることであるし、しかもそれを都市の住宅地で、多くの住民に対して行うということは不可能に近い。本邦でも、例えば政府の統計調査などでは、事前に多大な費用と労力を払って、営利ではなく公的な統計調査であること、プライバシーが守られることなどを説いてまわる。また建設工事などでは、町内の現場に近い数十件に対して、タオルなどを配り「工事の挨拶」をする。どちらも非常に面倒かつコストのかかる「自己紹介」である。
　一方、ハノイの旧市街の茶屋での自己紹介は、非常に気軽で気楽なものである。先方がどんどん尋ねてくれるし、またそれを広めてくれる。また時には、路地の中の場所について教えてくれることもある。このような機能は「路地に対する自己紹介の場」であり「認めた客に対するサービス」が提供される場である。善意の来訪者にとってこれほど役に立つ存在はない。また、悪意をもって住民の領域に入ろうとする者には、これほど邪魔で「犯行」を妨げるものはない。そのために路地はおとなにとってはもち

ろん、子どもにとっても、表通りとは異なる、おとなの目の届く場安全な遊び場として利用されるわけである。このようにして怪しい者は排除され、善意の訪問者には自己紹介の席が与えられる。調査を行っていた我々もこの恩恵に浴したのは既に述べたとおりである。

ハノイ旧市街には、茶屋のほかにも物品販売や路上食堂もあるが、住宅地の一部である路地の内部、あるいは路地入り口に普遍的に存在するのが茶屋であり、茶屋の機能は茶屋でしか実現できない。また茶屋―食べるところでも選んで購入する場でもなく、時間をかけて一杯のお茶を啜り、一休みする場所―であるからこそ、会話が成立しやすく、お互いに気軽な言葉の掛け合いになる。

さらにもう一つ、このような茶屋の機能の背景を考えるに、茶屋自体があまり「商売に熱心ではない」ことがあげられる。これは立地や主人の性質にもよるが、一般に茶屋の利益は、家族全員を養うようなものではなく、家族の内の、高齢者や女性、また障害を持つ人々が営んでいることが多い。そのために、例えば少しでも客の回転率を上げて収益を上げよう、というような姿勢ではなく、地域の人々に支えられて、また地域の人々の為に営んでいる茶屋が多いように見受けられる。6章では、夜の時間帯に、客が少ないながらもいくつかのテーブルがまだ路上に残っており、それが昼間のような吸引力を持っていないことを述べたが、これらの多くは、地元住民の「夜のひと時」を援助するために、利益とは関係なく場を提供していると思われる。

茶屋の歴史や、営業する権利に関してはまだ不明な部分が多いが、高密度商住混合環境のなかで茶屋が担う潤滑能力は高い水準であり、ハノイ旧市街になくてはならない存在のようだ＊。

3-2　ハノイ旧市街の高密度の背景－歴史的視点

前項では、一日の町のスケジュールとそれを支える茶屋の機能について明らかにしたが、本項では、やや異なる視点でハノイ旧市街の環境を守る背景を説明する。

ハノイの旧市街地区は、密度を数値化してみると、居住地として快適な場所であるとは言いにくい。しかし、私たちはこうした環境が、政治や経済や大規模な物理的環境の変化の過程の上にあり、こうした背景が居住者がこの地に住み続け、この地の環境を維持していくことを促進していることを感じた。

＊ 茶屋はハノイ旧市街に特有なものではなく、少なくてもハノイを中心としたベトナム北部では一般的な町や街路の商売である。ハノイ旧市街の茶屋は、本文のとおり負担する役割の多さに特徴がある。

また6章で試みた密度の分布の統計的解析では、幾つかの空間の特性と時間とが絡まりあっている様子が示唆された。密度は一日のうちの異なる時間帯によって、通りによって、路上の物品によって説明されたが、それらはまた相互に絡まっていると考えられる。例えば、調査を5年おきに行ったとすれば、5年ごとに異なる事情に基づく密度と、時代を超える普遍的な密度が、両方観測されるだろう。

ハノイの旧市街は、開闢以来の長い歴史があり、近年の評価できる変化がある。伝統のある街に誇りを持って住み、変化を実感しながら、将来への明るい展望を持つことができる。こうした時間や時代の背景があることによって、多少の悪環境でも改善・維持して住み続けられる。また、住み続けるための努力(例えば建物の修理)や投資にも、前向きに取り組むことができる。

ハノイはアジアの多くの都市がそうであるように、発展中の都市である。そこでは、人々は、現在の環境に多少の欠点があっても、毎日の生活が急速に進歩していることを認識することができる。こうした長期的視点、良好な時間的展望は、発展中の都市と成熟期の都市の間で大きな違いがあろう。

3-3　ハノイ旧市街から学ぶ巨視的視点－時間のスケールを変えてみる

5章7節にて、航空機の速度計を例として環境の測定値の持つ意味について取り上げた。私達が測定した密度は、一瞬の密度を示すに過ぎず、本来は時間的な変化と共に考察されなければならない。

日本や西欧諸国の都市環境、とりわけ高密度地域などの生活しにくい場所では、そこに住み続け、利用し続ける上での明るい展望に乏しい。そのため、機会があればその地から出ていきたいと思っているし、居住・利用し続ける人も「しかたなく」そうすることになる。しかし、ハノイの旧市街地区は、現在の状況はあまり望ましくないが、もともと由緒ある地区であり、また将来改善されていく希望がある。従って積極的に居住・利用し続けることができ、住民や利用者は、その地域を改善・維持することにも積極的になれる。このように、人々は、明るい展望を抱きながら、少々快適性にかける環境であっても現在の居住地や職場にい続けることができる。

本研究の記録はあくまでも「一時点の密度」を繰り返し測定し、一日の中での変動を追跡したものである。しかしそれを通じて、より長い期間の変化や傾向によって、この場所の価値や展望が築けるのではないかと気づいた。住民は一日一日、その日の街

路の繁忙時間帯にややストレスを感じ、街路が静かになる時間にくつろぐ。こうした変化は、季節・年代によっても生じ、過去の記憶や未来の予測によっても、現在の環境に対する評価が変わるということがあり得る。環境にはいくつもの変動の要因・周期があり、それらが全て足しあわされて現在の環境状態が決定する(図7-2参照)。だから、一時点の密度を捉え、高い低いと議論するよりも、その密度がどうかわっていくのか、短期的には1時間後にはどうなるのか、長期的には10年後には改善される見通しがあるのか、という高い視点から時系列に沿った変化を念頭に置く必要があるのではないか。

ここでも、第一章の「野球スタジアム」「音楽コンサート」の例を引き合いに出したい。これらは、観客の価値の共有があるのは前節のとおりだが、時間的展望もかなり明らかである。野球もコンサートもおおむね3時間程度で終わる。さすがに如何に野球ファン・音楽ファンであろうとも3日間続けて客席に座っていることは苦痛であろう。価値の共有とともに終了時間の予測があるからこそ、安心して見知らぬ隣の人々と共に応援し傾聴することができる。

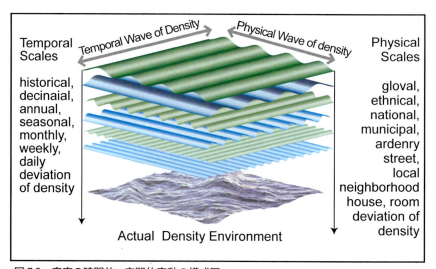

図7-2　密度の時間的・空間的変動の模式図
　　密度は一日・週・季節・年・時代などの周期で増減する。
　　また空間的には数m、街路街区、行政区、県などの単位で変化がある。これらの周期や単位が重積して、ある地点のある瞬間の密度が決まる。この値の意味を考える際、どんな周期や単位の波が重なった結果であるか考える必要がある。

第7章 都市の高密度環境の意味　181

　また、1章で述べた、文脈、または経緯の問題も、時間進行を見る視点に関連する。いまそこで生じている環境・出来事が、どのような経緯で起こったのか。それを考える為に、単純な出来事には物事の進展を1時間や2時間の範囲で説明出来る。密度の場合、単純には一日の出来事やその街の役割から、もっと深く理解するためには、その街の住民がどこから集まってきた人々で、その場所に居住し始めて何年（もしくは何世代目）であるか、その年数の間、表通りの環境がどのように変わったか、究極的には、無人の野であった場に人が集まり始めた経緯・理由を問う数百年の歴史（ハノイの場合は1000年の歴史）を考慮しなければならない。

　そして、1日のいつもの変動によって説明される密度は、「明日もおおむねそのように変動するだろう」と言うように、向こう1週間くらいの密度の変動を予測させる。ここ数年の環境の変化や住民の変化は、向こう数年のその町の密度や環境の変化を予測する手がかりとなろう。1000年の歴史を考えるとき、その町の長期的な成長や維持について世代を超える長期的な手がかりとなろう。

引用文献

Bates, E., Camaioni, L., & Volterra, V., 1975, The acquisition of performances prior to speech, *Merrill-Palmer Quarterly 21*, 205-226.

Benjamin, W. (au.), Tiedemann, R., Schweppenhäuser, H., Adorno, T. W., & Scholem, G. (eds.), 1975, *Gesammelte schriften, IV,* Frankfurt: Suhrkamp Verlag KG. (Original articles are printed in 1925-1935.)
（邦訳：浅井健二郎 (編訳), 久保哲司 (訳), 1997, ベンヤミンコレクション 3: 記憶への旅, 東京：ちくま書房）

Bollnow, O. F., 1963, *Mensch und raum*, Stuttgart: Kohlhammer.
（邦訳：大塚恵一, 池川健司, 中村浩平 (訳), 人間と空間, 東京：せりか書房）

闕銘崇, 田中禎ців, 布野修司, 1996, 台北艋舺の街区構成に関する研究：その 2 寺廟と街区構成, 日本建築学会大会学術梗概集 287-288, (発表番号 7144).

出口敦, 松尾桂一郎, 小倉一平, 馬場健彦, 南博文, 2002, 台中市における灘販集中区の立地と仮説的空間の構成 - 台湾の夜市と灘班に関する研究 (3)-, アジア都市研究 *3* (2), 47-62.

黄永融, 鳴海邦碩, 1996, 清末における台北城形態計画の理念に関する考察, 第 31 回日本都市計画学会学術研究論文集 259-264.

岩田純一, 1988, 言葉の発達に必要なもの, 発達 *35*(9), 17-26

神崎宣武, 1993, 盛り場の民族史 (岩波新書 300), 東京：岩波書店

片山賢太郎, 李東毓, 戸沼幸一, 1997; 台北市の夜市に関する研究：その 2 重層利用の観点からの萬華地区の夜市の現状, 日本建築学会大会学術梗概集 559-560, (発表番号 7280)

加藤秀俊, 1981, 習俗の社会学 (角川文庫 4918), 東京：角川書店
（加藤秀俊, 1978, 習俗の社会学, 東京：PHP 研究所 . の再発行版と思われる。）

Le Bon, G., 1895, *La psychologie des foules.* Paris: Presse Universitaires de France,.
（邦訳：桜井成夫 (訳), 1993, 群集心理, 講談社学術文庫 #1092, 東京：講談社 .)

李東毓, 戸沼幸一, 1997, 台北市の夜市に関する研究：その 1 都心部における夜市の分布状況, 日本建築学会大会学術講演梗概集 557-558, 発表番号 7279.

Merleau-Ponty, M., 1945, *Phenomenologie de la perception.* Paris: Gallimard.
（邦訳：竹内芳郎, 木田元, 宮本忠雄 (訳), 1974, 知覚の現象学, 東京：みすず書房 .)

永吉知郁代, 南博文, 李素馨, 2001, 利用者から見た夜市の現状と問題点：台中市の逢甲夜市と中華路夜市を事例に, アジア都市研究 *2* (3), 27-39.

中村航, 古谷 誠章, 2006, マレーシア・シンガポールの華人系屋台街にみる空間の " にぎわい " 比較調査：都市と多数性に関する研究, 日本建築学会大会学術講演梗概集 669-670, 発表番号 9335.

Nelson, K., 1988, Constraints on word lerning?, *Cognitive Development 3*, 221-226.

Stern, J.,& Stern M., 1990, *The encyclopedia of bad taste*, New York: Harper Collins.
（邦訳：ジェーン＆マイケル・スターン (著), 伴田良輔 (監訳), 1996, 悪趣味事典 . 東京：新潮社）

常田美穂, 2007, 乳児期の共同注意の発達における母親の支持的行動の役割, 発達心理学研究 *18*, 97-108.

第8章

結論

ハノイ：路地の茶屋

1. アジア高密度都市環境の現状と密度を見る視点

本節は、第1章7-1項に挙げた、密度に対する視点の問題への回答である。密度を考える視点を、現地調査の結果とその分析考察を通じて整理し、過去の知見との関連や妥当性を考察する。

1-1 Evans 教授の一連の研究に対する意見

第1章で触れたとおり、米国の Evans ら は、都市居住環境における人間へのストレスや病理学的影響を明らかにしている。その検討は、おとなだけでなく子どもについても (Evans, Lercher, & Kofler, 2002; Evans, Lepore, Shejwal, & Palsane, 1998)、また米国国内の民族グループだけでなく、インドの高密度環境についても (Lepore, Evans, & Palsane, 1991; Lepore, Palsane, & Evans,1991)、統計学的に密度とそれ以外の変数と厳密にコントロールする方法 (Evans & Lepore, 1992) を用いて行われている。彼らの一連の研究は、実生活における密度とその影響を適切に測定しようとする努力がなされている。ほぼ全ての研究で居住に関する高密度は否定的な結果をもたらしかねない危険な存在であることが指摘されている。Evans とその研究グループは、実証的かつ生態学的妥当性をもつ方法によって、密度の厳密な影響力について分析しており、その結果は無視できない知見の一つである。

しかし、本論文は都市高密度環境の積極的評価を目指している。したがって、Evans によって構築された高密度環境を否定する視点、また密度に関する文化的差異を否定した論文「密度に対する耐性の文化差：事実かフィクションか?」(Evans, Lepore, & Allen, 2000) に対して、ある程度の反駁を行わなければならない。

総合的に見ると、全体的には密度を検討する目的や、その目的に応じた密度に対する視点の違いによって本研究と Evans らの研究の違いが決定付けられる。また一部

Evans, G, W., Lercher, P. & Kofler, W. W., 2002, Crowding and children's mental health: The role of house type, *Journal of environmental psychology 22*, 221-231.

Evans, G. W., Lepore, S. J., Shejwal, B. R., & Palsane, M. N., 1998, Chronic residential crowding and children's well-being: an ecological perspective, *Child Development 69*, 1514-1523.

Lepore, S. J., Evans, G. W. & Palsane, M. N., 1991, Social hassles and psychological health in the context of chronic crowding, *Journal of Health and Social Behavior 32*, 357–367.

Lepore, S. J,, Palsane, M. N. & Evans, G. W., 1991, Daily hassles and chronic strains: a hierarchy of stressors?, *Social Science & Medicine 33*, 1029-1036.

Evans, G. W., & S. J. Lepore, 1992, Conceptual and analytic issues in crowding, *Journal of Environmental Psychology 12*, 163-173.

Evans, G. W., Lepore, S.J. & Allen, K. M., 2000, Cross-cultural differnces in torerance for crowding: Fact or fiction?, *Journal of Personality and Social Psychology 79*, 204-210.

には共通する要素があることも判明した。本項では以下の6点から、Evans の一連の密度研究に対する立場の相違点を説明する。また共通点についてもあわせて説明したい。

a) 住商混合の街での環境の優先度

　まずここまでの調査と調査結果を分析した視点を確認しておきたい。本論文は都心商業地区かつ居住者の居る地区を対象として選択した。この点は1章で述べたとおり、発展中の都市あるいはアジア諸都市に広く見られる都心の風景であり、先進諸国の土地の区分が成立した成熟期の諸都市とは一線を画している。したがって、本論文は、先進諸都市（日本諸都市も含む）の、比較的整然と用途地域が分離され、「住宅地」として純化されている居住地や居住環境について述べているものではないことがEvans らの研究と異なっている。調査の対象とした台湾の夜市やハノイの旧市街は居住地であると同時に、小売を中心とする商業地区である。これはアジア各地に見られる（そして世界各地にもみられるかもしれない）「住商混合」の街である。したがって、住居や街区の居住環境を最適化することが必ずしも街の商業的な機能と一致するとは限らない。むしろ商業を営む世帯においては、居住上の問題、狭さや衛生的問題、生活上の不便などを承知した上で、商業的利便や取引の活性化の方が優先させることもある。

　また、限られた都市の資源や予算を使って行われる環境整備において、密度を下げる方法が望まれるとは限らない。実際に踏査した場所は、住商混合で、「住」と「商」が、お互いに影響を与え合う街であり、「居住地」を調査対象としてきた Evans の指摘がそのまま当てはまるか不明である。Evans らの検討は、高密度環境が人間に直接及ぼす影響、その一点に注目が向けられている。また主に内部密度を指標として扱っている。「生業を営み生活してゆくための高密度居住」という条件は、Evans らの検討の上では「限定された特殊例」になるのかもしれない。言い換えれば、アジア諸都市の高密度環境を評価するという本論文での目標のために、調査場所として住商混合地域が取り扱われ、結果的に Evans やこれまで検討されてきた場と異なる場所が選定され、異なる方法で密度を取り扱ったことになる。また Evans らの研究の中では、都市の違い、とりわけ気候や発展の度合いなどについて考慮していない。

186　第8章 結論

b) 対処可能性の手がかりとしての時間的スケジュール

　本論文で現地調査を行った各都市・各街区では、実際の混雑あるいは店舗の営業時間が厳密にあるいは暗黙のうちに決められ、決められた時間どおりにスケジュールが進んでいることが確認されている。特に、4章から6章で詳述したハノイ旧市街の密度の遷移は、極めて正確な時間どおりになっている。

　こうした時間的スケジュールの正確さは、店舗の営業には関わりのない住民であっても、「予定がわかっている喧騒」「○時には終わる過密状態」として、対処する為の手がかりになっている。いつ混雑し、いつそれが終わるかわかっているならば、対処のしようがあり、また耐えることもより容易に出来るだろう。この点は、Stokols(1976)がクラウディング感 * の研究の中で「選択の自由を奪われること」を大きなクラウディング感の要素としてあげている点と関連する。旧市街の密度は「時間的に」選択可能である。混み合う時間を避けて、離れた場所にいることや、あえて喧騒の中に飛び込んで活発な取引を行うことが選択可能であり、しかも密度の高い時間とそうでない時間がかなり明確に区分されているために、予定して行動すること、また前もって選択しておくことが可能である。

　なお、台湾やハノイでの「街角のスケジュール」には、厳格な取り決めや一般的生活スケジュールとの関連 (例えばたいていの人は夜を就寝時間としているので、夜間の街路上の人々の人数は減少する) で永続性があり、将来も変わらない、根拠のはっきりしたスケジュールがある。また一方では、街の活気など地域の経済状況、地元政府の方針や法律・規則の改正、また特にハノイでは開発の波によって変わってしまうかもしれないスケジュールがある。従って現在の住民が、将来的に高密度環境に適応しうまく生活していけるかどうかは、住民の自治方針や地域の計画、また行政当局の方針によって左右される可能性がある点は指摘しておきたい。

c) 将来を予測させる時間的視点−歴史的な視点・過去と未来

　ハノイの旧市街地区は、約千年前の王が首都の商工業市街地として指定した場所であり、往事の建物こそ残ってはいないが、通りの名称とその通りで商われる物品の関

Stokols, D., 1976, The experience of crowding in primary and secondary environments, *Environment and Behavior 8*, 49-86.

* 原典では "crowding" であるが、その対象者が感じる主観的側面を強調するため本章ではあえてクラウディング感とした。

係に、当時の名残を残す。また、ベトナム戦争時の爆撃を逃れた建物の多くはフランス植民地時代のものや、その意匠を取り入れて建築されたものが多数あり、独特の町並みを形成している。3章で説明したように、この地区は活発な商業地区であり、かつ多数の住民を抱える都心高密度居住地区でもある。住居の内部と外部の両方の密度が高く、住民の生活は多大なストレスに対する適応力が要求されている。しかし、調査を通して、この地区の住民は、高密度にうまく対処し、そこに住む積極的な意味を見出していることがわかった。

　筆者らが路上で観察記録を行っているとき、中年女性の住民に呼び止められた。通訳を介して曰く「自分の家は古く、修理をしたい。しかし、昔の（フランス植民地時代の）意匠がたくさんあるので修理にお金がかかる。なにか補助金のようなものがないだろうか？」という相談であった。「残念ながら歴史的建造物保存に関しては専門ではなく、行っている調査は、建物よりも人々の様子を調べるものである」と前置きをすると、相手は少し落胆した様子を見せた。その上で「初めに、建物の歴史意匠に詳しい専門家に、家の中に入ってもらって評価してもらう。次に隣近所の自治会のような会合で話しあい、政府と話し合う際の目安や案を住民の間で検討し住民の意思をまとめる。最後に政府との話し合い等に慣れた住民や、政府についてのある住民が代表となって、出来るだけ穏やかに建設的な交渉になるよう努力する。」と、当たり障りのないアドバイスにも、その住民はいちいち納得していたようだ。ここ数年、日本人による旧市街地区の研究（例えば 辻 ,1996*）がなされていることもあり、その住民は、なにか自身の住む建物や街区の維持保存、またそのための金銭的援助に期待するものがあったのかもしれない。求めるものが何であれ、その住民は旧市街のなかの自分の家に住み続けることを前提にして、行動している。旧市街は住みやすいとはいえないかもしれないが、困窮の末にこの街に来たわけでなく、自ら選択して住んでいるわけである。そこには「かつての首府」「歴史ある街」の住民であるという矜持と、ここ数年の政府の方針やそれに伴って実感できる経済の変化による「将来的にはもう少し良くなるのではないか？」という展望がある。矜持と明るい展望をもつ住民の街は、物理的にはスラムに等しい高密度環境であっても、居住地としての質や営まれる生活は、スラムとは別種のものである。

辻鈴子, 1996, ホーコーの暮らし, *SD(Space and Design) 378(9603)*, 50-52.

* そのほか SD9603 号は東京大学を中心とする調査隊によるハノイ旧市街の調査報告が特集されている。

d) 社会的援助と文化的背景－茶屋の機能の考察から－

Evans らは前述のインド調査 (Evans, Palsane, Lepore, & Martin, 1989; Lepore, Evans & Palsane, 1991) およびアメリカ本土での調査 (Lepore, Evans, & Schneider, 1991) にて " ソーシャルサポート " が、高密度の経常的ストレスを和らげる唯一の資源であると指摘している。

しかし考えると、人と人が出会う場があるならば、ソーシャルサポートが指す内容は非常に広い。家から出る機会が多いならば、街区や路地での生活でお互い支えあって生活している人々にとっては、相手の何気ない対応がソーシャルサポートになり得る。この点は 1 章で既に指摘した。実際に本論文で調査した諸都市は、ハノイ・台湾ともに熱帯性の気候をもつ地域であり、暑い家の中を避け、外で涼む文化のある地域である。この地域では、住居や居室が独立・隔離されてしまう日本や他の非熱帯圏の住居環境と比べれば、人が外に出てくることが多いために、ソーシャルサポートが発生しやすい。寒冷な気候の文化とは異なる生活文化が「引きこもらせない」土壌を作っていることに注意するべきである。

また、ハノイ旧市街の居住地にはさまざまな人々が住んでいる。住民たちの職は、他の場所に出勤する者、表通りで屋台を出す者、路地の中で隣近所を相手に商売する者、路地の内部で仕立て屋や問屋などの商売をするものなど、バラエティーに富んでいる。日中も住居周辺に居る住民は、住民同士、相互に空いている「ニーズ」、つまり隣近所にない商品やサービスを補完すべく小さな商売をはじめる。忙しい勤め人や住居内で調理をしない住民に対して早朝から露天食堂を営んだり、くつろぐことの出来る風の通る「居間」として、住民を主な客とする茶屋が営まれるのはその例である。路地の奥では、昼ごはんとおやつだけを商う家もある。外来者を相手にする表通りの大きな店舗と比べると、住民相互の商売は、小規模であまり利益を求めない。そうして住民は持ちつもたれつの間柄となっている。台湾よりもさらに互いの生活が見えてしまう関係にあるが、住民同士が互いに足りない部分を補っているのである。

Evans, G. W., Palsane, M. N., Lepore, S. J., & Martin, J., 1989, Residential density and psychological health: the mediating effects of social support, *Journal of Personality and Social Psychology 57*, 994-999.

Lepore, S. J., Evans, G. W. & Palsane, M. N., 1991, Social hassles and psychological health in the context of chronic crowding, *Journal of Health and Social Behavior 32*, 357–367.

Lepore, S.J., Evans, G.W., & Schneider,M., 1991, Dynamic role of social support in the link between chronic stress and psychological distress, *Journal of Personality and Social Psychology 61*, 889-909.

また特筆されるべきは、表通りと路地との接点には、住民による何かしらの露店（多くの場合は茶屋と数種の飲食屋台）が営まれ、これが路地のゲートの役割をしていることである。この露店の店主と客によって路地の入り口は「監視」されることになる。路地の中ごろや奥にも茶屋が営まれている場合があり、これも住民の「自治・保安」の要素を持っている。旧市街地区の歴史を紐解くと、かつては街区 "Phuong "（フォン、日本語でいうと「坊」）ごとに門があり、門内の同業者の生活と外界とを仕切っていたという（辻,1996,前出）。現在は物理的なハードウェアである門がなくなった代わりに、茶屋という営み（ソフトウェア）がその役割を担ったことになる。そしてソフトウェアであるからこそ柔軟に展開でき、各街区に必要な量の茶屋が稼動し、一日を見守り、茶やタバコを商うと同時に地域の保安施設にもなっているわけである。

またこれとは逆に、路地入り口の茶屋は、路地の奥にしかるべき正当な用がある来訪者にとっては、よき案内役として役立つものになる。荷物のあて先を訪ねたり、相手の人物が居るかどうかなど、茶屋の主人は相手の用件やふるまいを見極めながら、質問に答える。つまり住民が地元で営む茶屋はガードマンとコンシェルジュを兼ねた存在である。さらに付け加えるならば、狭い面積の住居に住む地元住民や、地元の商店主にとっては、この茶屋は、自らがくつろぐ場所として、また客をもてなし、雑談・商談を行う応接室にもなる場所でもある。

既に5章において路地入り口の茶屋について、「界面空間」を生み出す装置として説明した。プライベート空間とパブリック空間との間に緩衝地帯となる空間が物理的に少ないハノイ旧市街地区において、茶屋は、果たす役割の多い都市的な存在である。7章では台湾の路地のシステムがわかりやすく開放的な構造であることを述べた。台湾と比べてハノイの路地は居住者の私的空間であり、関係のない部外者の侵入は防がなければならないが、一方で関係のある来訪者は受け入れられるべきである。そのための装置として働いているのが茶屋に代表される路地入り口や路地内の簡易店舗である。中でも茶屋の持つ来訪者に対する機能は、接客に忙しい食堂屋台や、稼がなければならないその他の店舗に対して、余裕のある接客と、客と一体となった街路監視能力という点で、他に比較する物がないほど優れている。

また3章で詳述したとおり、客単価の安さ、運営の容易さ・投資の少なさなどが、この茶店を構成する要件として挙げられる。これらの条件がそろった時、茶屋は、住民と善意の来訪者の双方に、気軽でコストが安く、気恥ずかしさの無い界面として働き、

両者の交流を促進する働きをもたらす。一方悪意を持つ侵入者にとっては店主や客から常に監視され、悪事を行い難い環境となっている。こうして住民や常連客がお互いをよく知り合い、職業や家の位置などに基づいて相互に扶助し合い、人によって構成されたソフトウェアの「門」をもつ一つの塊となって居住する。そのような社会的つながりを整える茶屋やそのほかの路上の活動がある。

　本論文で取り上げたハノイの旧市街地区は既述のように世界的な超過密居住地でありながら、以上のような手がかりを持ち、かつ住民自ら選択して誇りを持って住める場所であるために、荒廃することなく地区の機能を維持しながら住区としても健全に運営されてきたと思われる。

e) 文化とはなにか文化の差とはなにか

　Evans 達のいくつかの論文の中で取り上げられている文化や文化差 (culture, cultural deffrence) が何を指しているかは、論文によって違いがある。本節で特に反駁の対象として取り上げた、「密度に対する耐性の文化差：事実かフィクションか？」(Evans, Lepore, & Allen, 2000, 前出) では、明らかに民族的違いに焦点が置かれており、アメリカ国内に住む 4 つの民族グループの比較が行われている。各グループは、それぞれ米国内で特有の場所に住んでおり、あるいは民族的な生活方法をある程度継承しているかもしれないが、米国の法の下、米国のしきたりや方法に基づいて生活している。そういった意味では、この研究は、「環境は同じ、民族 (出自・血統) が違う」場合を比較している。

　一方、いくつかの現地調査に基づく論文では、民族とその民族の原住地での固有の生活環境を含んでいる場合がある (例えば前掲の Lepore, Evans, & Palsane, 1991)。この種の論文では、Evans は文化的な差異とは別に、「文脈上の要因」に注意すべきであることを述べている。

　これらの二種の研究視点を比べると、文化差や文化的差異という用語がどのような範囲を示しているか問題であることに気づく。Evans, Lepore, & Allen(2000, 前出) では、アメリカ社会に住むベトナム系アメリカ人が一つの群として扱われているが、をなしている。しかし他の群との違いは、根本的には彼らの両親の出身地だけであり、多少の居住環境の違いはあれ「アメリカでの生活」にある程度慣れた人々のはずである。例えばハノイの旧市街の茶屋によって結び付けられる近隣との関係や、豊富な物

売りや屋台によって成り立つ外食主体の生活、夜の涼しさを尊ぶ熱帯の気候と合致したライフスタイルなど、ベトナムの「文化」は全く考慮していない。

　出自や血統としての民族性は、それなりに文化を形成する一つの要因であろうが、実際にはその民族が繁栄した場所の、気候や特産物、生産活動にあわせて改良を重ねてきたルールや習慣、町や家や街路のスタイル、一日や一週間や毎年のスケジュールの積み重ね、こういった諸要素が混合して文化を成すと考えたほうが自然である。前述のとおり、アメリカ国内での各民族の特定のコミュニティや居住地があるかもしれないが、そもそもその民族の原住地とは気候も環境も法制度も異なっており、もはやそれはその民族の「文化」ではなく、「アメリカ合衆国内におけるその民族の文化」と称すべきである。文化的な差と民族の差を混同すべきではないし、また民族の原住地と移転先の環境の違いにも配慮が必要である。その民族が集まり、その場所の気候や風土に合わせて作られた生活のシステムが、異なる場所ではうまく働かず、改変されてしまうからである。

　本研究では、住民の心理的ストレスや混雑感の認識について調査したわけではない。しかし、茶屋やそれに類する、アメリカや日本には存在しない、ベトナムの人々や現地の気候と密接なかかわりを持つ、固有の文化的空間を持つことによって、集住する人々を援助しつなぎ合わせる機能を見出した。こうした文化の一断片が、いくつも存在して、それらがハノイ旧市街の非常に高い密度環境での居住を可能にし、住民の心理的負担を軽減させているならば、「文化差」のなかにこの種の文化の断片、土地のルールやしきたり、小売商業取引や行事などのもつ意味を拾い集める必要がある。そしてそのような土地に根差した文化を含む検討は、その文化の「住民になる経験」を通して初めて明らかになるのではないかと思われる。本研究では、台湾台中市およびベトナム・ハノイ市において、できる限り住民の視点で記録を残して分析を行ってきたが、滞在期間が各調査 7 日程度と限られていたこともあり、「文化の断片」を全て集めたとは言えない。しかし「夜市の魅力と問題」や「茶屋の便利さ」等を実際に体験した上で理解できたもの、客観的な手法にとどまる研究では得られない収穫であった。例えば、ハノイ旧市街の居住環境について、実際に体験することで資料の数値ではわからない意外なサービスや互助関係を理解することができる。そうすることで、住民が居住し続ける根拠が見え、また住民がここに住み続けたい希望を持っていることを知ることができた。これは私たち自身が住民と部外者の界面空間にて認証され、住民の領域に進入を許された者となったからこそ得られた知識であった。

192 第8章 結論

Rapoport(2000) は、文化という言葉があらゆる意味で使われ、いろいろな場面で適当に扱われてきたことを指摘している。その点を批判した上で、文化そのものは直接には調べることが難しいが、その文化固有の価値観やイメージ、それが具象化したライフスタイルやそれを支える道具、空間、ルールなどを通じて、文化について考察できると述べている。本論文も、この見解を肯定する。本論文で明らかにした夜市の構造や運営方法、茶屋の空間やその機能は、現地住民のライフスタイルを支える道具や場の断片である。そしてそれは、現地の気候・気象的特徴・雇用のスタイル (台湾・ベトナムとも働く女性が多い)・過去の歴史などが積み重なった上の結果である。従って、高密度や住商混合の意味について、部分的に現地の文化的背景に沿った説明になった。より詳しい事情が明らかになれば、さらに詳しく、高密度居住のための現地住民の資源や問題が明らかになることだろう。

f) 人々の居る場であるいは屋外で過ごす習慣

本論文で取り扱った台中市とハノイ市は、どちらも熱帯性気候に分類される地域で、そのために屋外の風通しのよさを重視し利用する習慣がある。例えば台所やトイレなどはなるべく家の外もしくは家の外に近いところに設置する。飲食店でも、厨房は歩道に出してしまい、客が飲食するスペースだけが屋内になっている場合もある。この場合、厨房は、食堂の営業と、食材を示す看板でもあるが、室内の喫食空間に温度と湿度を上げない必然の配置の結果でもある。両国に共通する気候上の条件から生まれた、その場所に必然的な文化の断片であり、上述の Rapoport の用語を借りるならば文化の構成要素である「ライフスタイル」の一つの表現型である。

また、ベトナム・台湾両国とも、女性の就業率が高く、「外食」にあまり抵抗がないこともあり、気軽な路上の食堂やすぐ食べられるものを売る屋台が多い。そのために「台所のない家」もまれではないと聞く。また、台所を持っていても、そこでめったに調理しないこともまた普通のこととのことである (森枝, 1997)。実際、温度と湿度が高い環境下では室内の台所の衛生条件を安価に整えることは非常に難しいと思われる。

Rapoport, A., 2000, *Culture, architecture, and design*, Chicago: Rockie Science.
　(邦訳：大野隆造 (訳), 横山ゆりか (訳), 2008, 文化・建築・環境デザイン, 東京：彰国社 .)
森枝卓士 , 1997, 図説東南アジアの食 , 東京：河出書房新社 .

このような気候や建築上の条件から、食事は外で、という習慣が根付いている。また食事だけでなく、様々な活動も外で行われるようになったと思われる。生活の一環となっている屋外の活動として、路上で七輪を使って調理をする人々、路上で顔を洗ったりすることなどは、ハノイの旧市街で特に珍しくも無い日常の光景である。同地域では、水道の蛇口が屋外や道端にあり、地域住民の水場として用いられている。前述の通り、水道の蛇口とそれを伴う「流し」の設備の衛生管理に困難があることが一因であろう。

一方商業活動としては、台湾では「夜市」が夜間の涼しさを利用した開放的で気軽な場として、人々の夕食やその他の消費を支えている。ハノイの営業活動としては、台湾よりも素朴な屋台が多数存在し、様々な種類の食事、軽食、果物、お茶などを販売している。またハノイの場合、空調設備がまだ庶民にとっては高価なこともあり、昼間の営業時間中には、街路上や、街路沿いの一番外側に商品を陳列する場合が多い。

既述のとおり、これらは単に宣伝のためだけではなく、厨房や商品を屋内で管理するコストが高いこと、夕方から夜にかけて、涼しい夜の外気を楽しむ習慣があることなどが関係している。台湾の夜市が賛否両論あるなかで、現代まで受け継がれてきた理由の一つが、気候や気象的条件から与えられた「夜、外で」のライフスタイルに求められるわけである。またハノイにおいても、数量的な調査記録としては残らなかったが、特に市場の通りであるハンコアイ通りにて、蝋燭の光の下にあつまり団欒する人々の姿が見られた。現地の電力事情のために、台湾のような煌々と明るい夜の商業の場はできないが、それでも近所の茶屋や、道路の隅にイスを集めてお決まりのメンバーで仕事の終わった涼しい時間を過ごす、そのような光景が随所に見られた。ハノイの電力事情が改善すれば、旧市街の中でも「夜でも買い物にいける通り」が出現するかもしれない。

g)Evans の密度観と本研究の密度感：類似と相違

以上の通り、Evans の密度観と本研究のそれが異なるところは、「時間的展開の有無」「文化の取り扱い方」の2点である。本研究は Evans の一連の研究を補うことができるようなものではなく、さらなる検討が必要な新たな観点を示したに過ぎない。

一方、「社会的な援助」が高密度環境のネガティブな影響の唯一の手助けとなりえるという点に関しては、本研究で扱った調査対象地での都市資源の多くが、最終的に社会的交流を援助するという構造から、間接的にその妥当性を確認できたといえる。社会的環境以外の要素が、密度感・混雑間を高める構造であっても、社会的交流を援助する資源は、他の要因を凌駕して働き、高密度環境下の人間の活動を援助し、密度を積極的に利用するための手がかりとなっている。関係を築くことによって密度に適応してゆくメカニズムが存在する。詳しくは本章2節以降で詳述する。

Evans らの密度研究は一貫して高密度居住環境がもたらす荒廃や発達への影響を重視しており、最終的な目的は高密度環境での居住を余儀なくされている人々の救済策を考えることであった。一方、本研究は高密度でありながら一定の活動が行われていることが既に判明している住居・商業混合地区を取り扱った。そしてその目的は、過酷な居住を余儀なくされている人々の救済というよりも、高密度都市空間が日々活発な商業活動を営みながら居住地としても成り立つ背景を明らかにする目的であった。本研究では高密度環境を善悪の評価を超えて検討し、その環境が「うまく利用できている」ならば、積極的に評価しようとするものであった。ここに Evans と本研究の根本的な観点の違いがあり、同じ内容、似通った調査対象でありながら、異なる結論に至った本質的な原因がとなっただけで、どちらかに誤りがあるわけではないと考える。

1-2 高密度空間の危険と対策

本研究は、アジア諸都市中心部の高密度公共空間にみられる合理性や応用可能性を追求し、高密度居住や住商混合の場を評価する目的で現地調査を行った。そして、台湾・台中市およびベトナム・ハノイ市の、高密度都市空間にある様々な魅力や居住するための手がかりについて述べてきた。一方でこれらの場から得られた資源の応用を考えると同時に、明らかになった危険や欠点について考えておく必要がある。ここで、高密度都市環境における危険や欠点についてまとめて述べる。

a) 匿名性の増大と制御不能な群集の発生の危険

台湾の夜市など、居住の場から離れた場所に人々が集まる場では、しばしば無名の人々から成る群集の暴走が起こり得る。第1章にて「プロスポーツの観戦」について触れた。また第4章では台湾夜市において、密度に加速がつく臨界点があることが示唆された。

ある種のスポーツの試合では、良く知られているように観衆による暴力事件が頻発している。また台湾の夜市の賑わいを見ると、平常時の賑わいと楽しさは理解できる一方で、加速的に人が集まり、なし崩し的にルールが守られなくなり、火災などの災害が発生した場合の誘導などが的確に行われるのか疑問が残る。

楽しむ為に集まり、ルールを守って行われていた都市のプログラムが、度を越して暴走し、あるいは偶発的な事故により統制が失われた場合にどうなるか。高密度に集まる人々を「群集」として捉えた Le Bon 以来の社会心理学の諸学派は、相互に様々な批判はあるが、それぞれに群集の特性、とりわけ暴走したときのメカニズムを説明しようと試みている。7 章で既述の Le Bon(1895) は、「感染」「被暗示性」などのキーワードで、またその後は Martin (1920) が「群集内個人の抑圧の解放」の理論によって、Allport (1924) が「社会的投射」「普遍性」などの諸概念による説明によって群集の行動を説明している。これらの立場は、それぞれは相反し批判しあいながら、群集の持つ同一の、時として禍々しい性質を何とか説明しようと試みている。また近年は Turner & Killian(1987) による、集団の規範が群衆の間で短時間のうちに作られるとする創発規範説などが論じられている。

これらの立場から様々に論じられる群集だが、いずれにせよ「気軽さ」や「楽しさ」を助長する性質がある反面、災害や事故に際して、あるいは悪意に基づく扇動に対して強く影響され、恐慌やそれにともなう破局的な結末を招きかねない脆弱さが指摘されている。人々を高密度に集わせる建物や場所については、ある程度、関係法令等で各国とも災害発生時を想定した条件や規制が行われているはずであるが、屋台などの簡易な占有物によって運営される小売市場にも、もしもの時のための設備の指針や緊急時を想定した訓練が必要であろう。

人の多い大都市中心部は、様々な人々や商品が行きかう交錯の場であり、都市の活気を我々に見せ付ける場である。しかし一方で不安定性を持っている。第1章から取り上げている野球スタジアムやコンサートホールは不特定多数の匿名性の高い人々が多

Le Bon, G., 1895, *La psychologie des foules*. Paris: Presse Universitaires de France,
 （邦訳：桜井成夫 (訳), 1993, 群集心理 , 講談社学術文庫 #1092, 東京： 講談社 .)
Martin, E. D., 1920, *The behavior of crowds*, NY: Harper and brothers.
Allport, F. H., 1924, *Social psychology*, Boston: Houghton Mifflin.
Turner, R. H. & Killian, L. M., 1987, *Collective behavior*, (3rd ed). Englewood Cliffs, NJ: Prentice-Hall.

数集まり、高密度な環境で利用されるものである。こうした場で密度が低い、つまり客の入らないコンサートや試合であったなら、これらの場の魅力は半減してしまう。

これらに参加する人々は、「同じチームを応援する野球ファン」「演奏を楽しみにきたもの同士」という共通する目的、共有する価値観がある。また、その場に参加するための料金を払った人々でもある。全く名を知らないもの同士でも、完全に匿名的とはいえない関係性がある。

一方、本論文での検討から、ハノイの茶屋が、街区における関係性演出の機能を果たしていることを見出した。未知の警戒すべき関係を、穏やかに引き合わせ、その場に居る理由や背景の情報を交換する茶屋の機能は、都市街頭の匿名性という非常に難易度の高い対象に対する優れた解のひとつである。こうした知恵・運営方法を都市の匿名性を下げる工夫に取り入れる工夫が必要であろう。

b) 分担されたはずの責任のあいまいさ

衆人がその惨劇に気づきながら結局被害者の死が避けられなかったキティージェノベゼ事件と、それを取り上げた Latane & Darley(1970) の警告は、都市の持つ匿名性や冷淡さに関して、シカゴ学派以来の都市の欠点を思い起こさせる。殺人事件が看過された原因として同書では「責任の分散」をあげている。これは都市という広いエリアだけでなく、特に本論文が取り上げてきた都心高密度環境、また市場の一区画のデザインにも大いに多いに参考にすべき点がある。

高密度に居住者と来訪者が行き交い、様々な人々がそこで商業を行い、また生活する都市中心部の高密度公的空間では Latane & Darley の指摘するような責任の分散、あるいは責任の所在の曖昧さが生じる。彼らは前掲の著書のなかで、いわゆる「傍観者効果」の原因として「匿名性」「多元的無知」「評価懸念」「責任の分散」などをあげている。前項で匿名性の一側面として、個が矮小化する群集の場の安全対策について述べたが、ここでは「群集の場の責任」について述べておきたい。

わが国では恒常的に群衆が集まる場では、比較的によく責任が分担され、混乱状態に陥ることを回避しているように見える。しかし仔細に事例を見ると、火事などの災害場面や、一時的な催事の場合、集まる人数や起こり得る混乱についての事前の検討

Latane, B., and Darley, J. M., 1970, *The unresponsive bystander : Why doesn't he help ?*, New York: Appleton Century Crofts.
（竹村研一 (訳)・杉崎和子 (訳)『冷淡な傍観者——思いやりの社会心理学』1977).

が不十分で、結果として惨事を招いた例が少なくない。火事については、何例かの建物火災、とりわけ人の集まるデパートメントストアなどでの例が散見される。また催事に伴う惨事としては、死者11名を出した2001年7月21日の明石花火大会歩道橋事故が記憶に新しい(明石市民夏まつり事故調査委員会, 2002)。この事故は、観客誘導・整理にあたる警察と民間の警備会社の責任の分担が曖昧、かつ主催者である明石市の計画や調整の不備が指摘され、三つの団体の担当者全てに対して刑事では有罪判決、民事では賠償責任を認める判決が下された。

　翻って、台湾・ハノイの例を考えると、まず台湾の夜市に関して、様々な団体や部局が関わっていることを指摘しておきたい。夜市は、台湾政府および地方政府の「観光局」にあたる部局では、観光資源として大いに取り上げている。夜市を認め、生かす方向である。一方、衛生面では保健衛生を担当する部局が、雑踏の整理は夜市の自治会と警察が、道路使用状況については警察が、屋台の営業許可証に関しては市政府が担当している。保安設備などについてはおそらく消防と警察が関与しているのだろう。こうした分担は非常に曖昧な面があり、有効に機能しているかどうか確認すべき点がある。営業者からも利用者からも不満な点として挙げられた事項に「夜市内で違法な物品を販売する屋台が出没する」というインタビュー回答があり、また私たち自身も短い調査期間のなかでそのような屋台を何度も見かけたが、残念ながら取り締まられる事はなかった。夜市の自治会にも所属せず、他の屋台や店舗の位置を無視し、道路の中央で営業する違法屋台は、もしこのまま営業を続けるならば、夜市の品位を貶め、また緊急時に際しては、緊急車両等の通行を妨げる存在である。もちろんこのような道路の中央での営業はだれからも許可されない。それでも、このような屋台を取り締まる担当部署が不明瞭、かつ夜市にかかわる各部局の働きが不活発なので、残念ながら誰も不法屋台に対して何も出来ない状況にあった。こうした分担や責任の不明瞭さがもたらす不透明感は混乱の原因となる。責任の分担がうまく働いていないことを示す、事例である。

　一方ハノイの旧市街地区の雑踏は、オートバイによる交通事故が多い点は問題であるが、早朝の路上市場から夜間まで、一日を通して警察が最終責任を負っているようであった。例えば路上市場の時間を「守らせる」場面においても、警察官が出て撤収するように「命令」しており、徹底されている。さらに営業者・居住者などの旧市街に

明石市民夏まつり事故調査委員会, 2002, 第32回明石市民夏まつりにおける花火大会事故調
　　査報告書, 兵庫:明石市(発行).

住んでいる人々の動きが活発、かつ連携が取れている様子であり、居住空間である路地内や表通りの商店に不特定多数の群集が殺到するような状況は起こらない。おそらく、普段からの隣近所との交流と、自治会に相当する街区ごとの地区委員会などでの活動が上手く言っているように思われる。一見雑然としていて、また人の密度も高いハノイ市旧市街は、責任の系統があまり分散せずに運営され、また居住者や営業者の個々の活動の結果、群集が飽和するような混乱は起こりにくくなっているようだ。

　物理的な配置を見ると、両国の調査対象地域である都心の「屋外の小売市場」は、設備や屋内の施設や小売店に比べて万一の際の逃げ道が多くあり、開かれた空間としての安全性があることは注目したい。火災などの災害時に多く見られる例として、限られた脱出路に人が殺到して、死傷者が出る。これに比べて外部の市場、とりわけ、「オープンセル構造」を持った台湾の夜市は、現在地や移動している方向の手がかりに富み、構造的に多人数が避難する経路が複数存在し、災害には強い可能性がある。また簡易な露店そのものが、災害に際して格納・移動できることも災害に対する対処法として優れている。

　わが国の状態に戻る。前述の花火大会以後、各地の花火大会は取りやめや規模の縮小、開催日時の変更（平日にする）などの対応がとられた。責任分担を明確にする、起こり得る事態・集まる人々について高め多めに見積もっておく、開放的な場で行う、等の積極的な対策が採られず、消極的な対応に終始している点は非常に残念である。催事にせよ、常設の市場や大規模店舗にせよ、事故や事件が起こった場合、誰かが責任を持ってそれを把握し、参加者に伝達できるような設備や運営が出来るのが理想である。わが国ではそのような対応ができる十分な知見や技術、経済的背景があるはずである。それらを上手く活用し、人の集まる場を上手く構成し、催事の安全、商業地区の快適さ、最終的には都市の魅力を増す人々の場を形成することは、それほど難しいことではないはずである。

1-3 既存の理論との関連

a) なわばり理論との関連

　Altman & Chemars (1980) は、これまでの人間や動物におけるなわばりやなわばり行動についての理論を整理し、人間については「一次的なわばり」「二次的なわばり」「公共的なわばり」の3種に分類している。このうち、一次的なわばりは寝室レベルの非常に個人的なレベルであり街路や街角のレベルと比べると非常に小さい。公共的なわばりは誰もが利用できる市場や大通りにあたる。この中間に作り出される空間は、「共有されていながら時に排他的」「生活の全部ではないが一部を担当している」「関係者と認められれば受け入れられる」共有のなわばりである。

　本研究で扱った台湾の夜市は、「公共的なわばり」に該当するが、それぞれの店の店頭や、接客スペースなどは二次的なわばりとなり、商談に応じる物や、物品を買ったものだけが使用を許されるスペースとなっている。ここに「売買に関する会話を交わす」という最低限の承認手続きがあり、これを超えると店頭や店内に居続ける権利を与えられる事となる。この承認の儀式は非常に簡単であり、コミュニケーションができれば外国人でも夜市の一角にある机を占有することは簡単である。利用する人々は購買の単価が安いものの「お客さま」であるから、難しい質問や特別な認証は必要とされない。非常にスムーズで店主側にも客側にも気まずさが生じないようにうまく準備されている。

　ハノイの路上の各店舗も同様の構造を持っており、特に茶屋では場合によっては商品を購入せずとも二次的なわばりへの出入りの許可を得られる。台湾よりも敷居が低いが、しかしうまく公共なわばりと、二次的なわばりを区切る工夫があることは、7章において「界面空間」として既に述べたとおりである。

　なわばり理論と本研究の結果は矛盾せず、むしろこれらの理論が実際にどのように区切られているかを本研究では明らかにし、例示したと言える。

Altman, I. and Chemars, M. M. 1980, *Culture and Environment*, NewYork: Cambridge Unversity Press.
　(邦訳 : 石井真治 (監訳), 1994, 文化と環境 , 新潟 : 西村書店)

b) 密度の性質

Rapoport(1975) は、密度の問題を物理的環境が人間の認識に影響を与える要素とする単純なモデルを否定し、密度を感じ取る人間の感覚に、その場の物理的なボリュームや配列、時間的な展開、そこに居合わせる人々の社会的な構成や秩序などが、相互に影響を与え合い、最終的に知覚される「密度」「快適感」が決定すると述べている。この説明は、密度の説明としておおむね理解されている内容であるが、例として挙げられている「密度感を左右する要因」がことごとく本論文の調査対象地域の持つ特徴と一致している点が目を引く。公共空間の秩序のない高密度状態や、建物の不均一性の例が重なるということは、低い行動の自由度、コントロールできない感覚、単純ではない空間構成から、高い密度、快適ではない感覚を引き起こすと結論付けられるが、本論文ではそのような結果にはなっていない。表 8-1 に Rapoport の述べている密度感を高める要因を挙げる。

本論文で取り扱った台湾の夜市とハノイ旧市街は、共に、Rapoport の指摘する「高密度を認識しやすくなる要因」を多く含んでいる。特に表 8-1 で示されている要因の

表 8-1: Rapoport (1975) が指摘した高密度感をもたらす要因

知覚的側面
1) 込み入った場所 / 複雑な場所　2) 視界に入る建物の大きさ / 高さ
3) 居合わせる人々 / 取り扱われる商品の多様さ　4) 多くの標識や看板　5) 人工的な照明の多さ
6) 視界に入る他人の多さ　7) 視野に入る人工物の多さ (植物の緑の少なさ)
8) 騒音の大きさ　9) 人間の活動に伴うにおい　10) 駐車車両や往来する交通の多さ

時間的側面
11) 早いテンポの活動　12)24 時間の活動 / 営業

物理的側面
13)「守られている」と感じられず、コミュニケーションをコントロールできない物理的配置
14) 人目につく刺激の多さ　15) 利用できる他の近隣の場 (街路・ミーティングの場など) のなさ
16) 居住用途地域内での非居住的利用および用途混合地域

社会文化的側面
17) 過剰負荷につながる社会的相互作用の多さ
18) 環境に対する統制・選択・自由の欠落感、環境に統制されている感覚
19) 主観的にみた社会的多様性 (予測不可能性・余地のなさにつながる)
20) 物理的ではないが文化的に認められた「防壁」のなさ
21) 低密度環境での経験や発達など

Rapoport, A., 1975, Toward a redefinition of density. *Environment and Behavior 7* (2), 133-158.

うち、知覚的側面・物理的側面の各項目はほとんど全ての項目が、両地域の特徴と一致している。夜市の賑わいは既に述べたように五感に訴える構造であり、ありとあらゆる商品が山と積まれる。場所は商業地でありながら住居も混在する地域であり、特有の雑多さを感じさせる界隈性を持っている。夜市は、夜の不便さを補完する意味合いを持つ施設でもあるため、実際の営業は 24 時間ではないが、「眠らない市場」のイメージも、もたらしている。

またハノイの旧市街も、人工の看板や電飾は少ないながらさまざまな物品が商われる市場と居住の混合地域である。往来は激しく、商品は看板の代わりとしても使われため、壁面などの目に付くところに所狭しと陳列される。台湾の夜市と同じように食事や飲料を商う店舗があり、その匂いも宣伝の一端を担う。街の活動は人の往来にあわせて、表通りは夜遅くまで、市場地区は朝早くから活動し、24 時間とはいえないが早朝から夜まで、忙しく機能を変化させながら活動している。

Rapoport の論旨に沿って確認すると、「密度感」「クラウディング感」をもたらし、ネガティブな体験につながる要因を、台中・ハノイの住商混合地域は、知覚的・物理的・時間的なあらゆる側面、あらゆる種類を兼ね備えた場所である。しかし、実際には、現実の物理的密度からもたらされる悪影響を乗り越え、次の二つの利点をうまく生かしている。

ひとつは、Rapoport の挙げている社会文化的要因がほぼ完全に「逆転」した形で利用でき（表 8-1）、高密度環境に対処できる点である。これが他の要因を圧倒し、高密度環境の肯定的な利用可能性を保障している。先にあげた知覚的・時間的・物理的な「知覚密度」を上げる要因は、部外者にとっては「選択してやってきた」場の環境である。また住民についても、ある程度「必要悪」と認め、ある選択・決心して居住する人々が多く、「やむにやまれず」「出て行くあても無く」住んでいる人々は少ないと思われる。したがって、ほとんどの当事者にとって街の環境は「自ら選択した」結果であり、訪問客は自らの意思でその場を離脱する自由が、居住者は自らの意思で転居する自由がある程度確保されている。

また目に見えない防壁としてハノイでは、茶屋の半プライベートな空間には第 5 章で説明したような「界面空間」が形成され、プライベートな居住エリアと商業エリアを穏やかに分割している。茶屋やその他の路上の簡易店舗も、目に見えない「店のエリア」「店内とみなされる領域」を持っている。同じように台中の夜市でもそれぞれの店舗が

それぞれ物理的な境界線、あるいは物理的な配置から導き出される境界線 (隣の店との境界・店内と店外の境界) を持っている。台湾の場合はこれに加えて、「店主と会話しているかどうか」「会話に応じた客かどうか」で社会的な区別が行われ、不特定多数にさらされる状況とは異なる場を作りだしている。そのほか、屋台、テーブル、イスなどのさまざまな商売道具、車道と歩道の境界、建築物を使った商店と屋台を使った露店の位置関係、当該街路と交差したり分岐したりする道路・路地、住民同士あるいは住民と訪問客の交流や融通など、高密度環境で活動の手がかりとなる物理的な資源が利用され、社会文化的な資源が街路の活動の一環として生み出される。こうして、一過的ではなく、持続的な街路の活動と住民の生活が維持されている。

ここにおいて、Rapoport の考察を借り、それに付け加える形で結論を述べるとするならば、アジアの高密度都市、とりわけ高密度な住商混合地域が、居住に適するとは考えられない人口密度でありながら成り立ち、健康で特段の問題もなく運営できている根拠の多くが、最終的には「社会的側面」の資源の助けで成り立っている、ということを強調しておきたい。本章で既に確認したが、Evans らの研究結果の多くは「社会的な働きかけ」が唯一の高密度環境への援助方法であると指摘している点を考えると、都市高密度環境では「社会的側面」を支援し有効に活用する方法論が検討されるべきであろう。

社会的な資源は、他の要因を凌駕して働き、人間の「密度感」あるいは「クラウディング感」を決定付ける。従って、都市に新たな資源、新たな手がかりを計画するとするならば、最終的に社会的資源を手に入れられる手がかりを与えるデザインが必要である。また、逆に他の要因が快適な条件に当てはまっていても社会的な環境が悪ければ、知覚される密度環境、あるいは居住・利用に伴う快さは、大きく下がる可能性がある。人が場を利用する時、どのように他の人とスムーズに接触し、関係を保てるか、その一点にアジア高密度都市居住の伝統と工夫が積み重ねられている。それが現在までうまく機能を果たしており、高密度ながら健康な都心居住が行なわれている。

本研究では、都心居住地、高密度住商混合地域を対象として調査を行ってきたが、ここで述べた「社会的資源に結びつく手がかり」は、都心のみならず郊外においても、また住商混合地域ではなく純粋な居住地でも、異なる特徴や職業、立場の人々が共に生活してゆく、共生の必須の条件ではなかろうか。日本においては、古い村落共同体的なつながりのない都心や、人々の出入りが激しい住宅地などでは、互いの立場を

調整したり、地元のことを知りうる機会や場がほとんどない。家族を単位にばらばらに住んでいる、と言うのが実情であろう。

　台湾やベトナムの分析から現れた伝統や工夫をうまく応用し、都市環境やさまざまな住環境の最適化に活用することが、日本における大都市都心部を活性化する、あるいはコミュニティの再生するための手段となるであろう。都市が本来もっているはずの「異質な人々が集まることによるメリット」を無駄に浪費せず、都市や居住地を守って行くために、何らかの「関係を持つための手がかり」が必要と思われる。

　また一方で、現在発展中の諸都市においては、古くから受け継がれてきた、都心の環境に適応して生活するためのさまざまな設備や工夫が、都市の開発に伴って不用意に壊される危険がある。開発が進んでも高密度地区の人々の関係が維持され健康な生活が続けられるように、その場所の設備や工夫、ルールなどをよく確認し、賑やかだった町がスラムに変わってしまうことの無いよう、町の物理的・社会的環境をサポートする資源が保たれるか見守る必要がある。特に例を挙げるならば、ハノイ旧市街の茶屋は、強力な機能を持ちながら、経済的には、はかない存在である。茶屋という商いが成り立たなくなるような事態にならないよう見守りたい。と同時に、この種の都市資源を失った日本の都市においては、これに代わりうる何らかの工夫が必要だと思われる。

c) 密度の再定義 - アジア都市の現状から -

　本項では、台中市およびハノイ市の各調査結果と、Rapoport (1975: 前出) による密度の定義に関する基本的な議論とをつき合わせ、密度の定義や観点に関して特筆すべき点について指摘し、第1章の7-1項で目的1として挙げた新たな密度への観点を、ここでまとめて説明しておきたい。

　本研究では、知覚的側面・物理的側面・時間的側面など、さまざまな要因が密度の人間に対して影響する、という前提で密度を捉え、考察してきたが、最初に立ち戻って「密度とはなにか」を明確に表そうとするならば、密度とは物理的な人口密度に様々な副次的要因が重なったものであり、そのなかでも社会的な支援の影響が非常に大きく作用すると考えられた。また密度は、これを時間的に展望する視点で見る必要があるもの、との結論を得た。

　これまで見てきた台湾の夜市、ハノイの旧市街の密度は間違いなく密度が高く、しかも観察には外部からの訪問者が含まれているので、実際の統計データよりもさらに

204　第8章 結論

高い密度になっているはずである。また、物理的知覚的な側面においては、雑多な物品や視界に入る建物の多さなどによって、主観的密度はさらに高まる。密度と共に多様性が増大している。しかしそれらを上手く統制し、上手く対処する手立てがいくつかある。

　一つは選択性である。例えば、ある密度状況は、時間と同時に見ることによって、避けることの出来るものである場合が多い。数十m離れること、あるいは数時間後の決められた時間まで待つことなど、いくつかの手がかりが提供されている。これが全くない環境ならば、混雑は絶望的な閉塞感にも変わりうる。従って状況の物理的配置、時間的展開に関する手がかりがあることが密度の質を変えている。

　主観的な密度に関しては、前述の通り、体験する本人とその周囲の人々の社会的関係が、それを左右する。密度を形成しあう人々と自身が、全くの他人である場合と、何らかの結合要素がある場合とでは大きな違いがある。またこの応用例として、訪問者と居住者が全くの区別なしに交わり密度を形成することは、プライバシーや統制感の欠如などにおいて問題であるが、街路に店舗などの「訪問客も利用できる施設」があれば、うまく両者の関係を調整できる。ハノイの茶屋がその一例である。

　以上の視点や資源を用いることによって高密度かつ多様な都市環境を生産的に維持することが可能になる。この視点はJacobs(1961)の求めた都市の密度と多様性を求める主張とほぼ一致する。ちなみに彼女の求めた十分な多様性と密度は、Rapoportの「密度感が増す」条件ともほぼ一致する。つまり彼女の求める街区は、主観的な密度感が増大するような要素の塊でもある。従ってJacobsの求める都市のありかたを考えると、実は一番最初に実現されるべきものは、社会的な交流であり、またそれを可能にするような手がかりのある街ということになる。

　一方、現実に運営されている台湾台中市の夜市、ハノイの旧市街の両調査地には、十分な「社会的な手がかり」、が存在し、居住者のみならず、来訪者も「よそ者」ではなく、「お客様」「知り合い」等に「昇格」する機会に富んでいる。そのときに場を構成する人々との関係が変わり、「居続けること」が出来るようになる。次の節で詳述する。

2. 都市高密度環境の資源

　本節では本論文の目的のうち、調査によって判明した町の資源や時間的な文脈を見る視点についての結論を述べる。本節の2-1項は物理的な都市の資源について、2-2

Jacobs. J., 1961, *The death and live of great American cities*. New York: Rondom House.

項は時間軸上の視点についての結論であり、いずれも、第1章7-2項で本研究の目的として挙げた「アジア都市の資源の探求」の成果である。台中市とハノイの調査を通じ、データから明らかになったことや調査者が体験し感じたことを基に、アジア的高密度環境の運営方法や、場所の特性・資源としての役割について述べる。

2-1 アジア高密度都市環境を支え穏やかに保つための資源
a) 参加の自由、選択の自由を許す構造

　台湾の夜市は、既に述べたように評価が分かれる存在であり、夜市での買い物や夜市に近い住居を好まない市民が多く居ることがアンケート結果から示唆されている。住居が市場近くにあり市場との共生を選択の余地なしに実現しなければならない住民には負担が掛かっている可能性があるが、それにもかかわらず市場が存在できるのは、大多数の人々に、市場に行くかどうかを選択できることによる。

　一方ハノイでは、非常な高密度居住環境と活発な商業活動とが共存しているが、空間的な配置と時間的な変遷の2つの次元での密度の高低があることによって、住民や来訪者に「高い密度環境に参加するかどうかの選択の自由」をもたらし、あるいは不快な状況の終了を予測可能にすることによって、負担が軽減されている様子が明らかになった。

　また、「一日」「数時間」の尺度から、巨視的な尺度に移動するならば、「ここに居住する、居住し続ける」選択の自由はハノイ旧市街における住民の意識・「住み続ける」矜持に影響しているように思われる。ベトナムの現在の経済状況と政策は、ハノイ旧市街の住民に居住場所を変える自由と機会を提供しているし、現に移動してゆく人もある。選択が許されてなお旧市街に生活する人々からなる住宅地は、地元に責任をもつ住民からなり、地元への関心が注がれ、お互いが支え譲りあい、共に生きていくための努力や工夫に満ちた場になる。ここに住み続けることを自ら選択している事実は、その場所に対する自らの主観的立場を明確にしていることになる。こうした「選択の結果」の居住は、その場所に住む誇りや住民としての矜持を持たせるのではないか。

　また一方で、貧困と高密度が重複している地区での、「やむを得ず」「選択の余地無く」「出てゆくこともできない」といった結果の居住では、責任や誇りは持つことができず、閉塞感と無責任さが先行してもおかしくはない。スラムの多くの例は、「選択の余地のなさ」を伴っていると思われる。

b) 出会い・交錯・淡い連帯感を援助する構造

　台中市の夜市では、同じ夜市を利用する者同士が、ある店舗で出会い、店舗のスタッフによって引き合わされる。また利用者は、なにか未知の自分に合う商品に出会うことを望んで夜市にやってくるし、店舗のスタッフは、そのような準備状態にある店頭の客に対して様々な働きかけを行って、自店の商品を紹介し、客に対して、自身と商品とを印象付けようと誘導する。また一方で客は、自身の好みや値段に対する要求をアピールし、スタッフに対して消費者からの情報を提供する。こうした様々な人、物、情報の交錯が夜市を活発に活動させ、新たな客、新たな店や商品などの流入を促進し、利用者にとってより支持される場に進化してゆく。

　一方、ハノイ旧市街では、居住者同士、また店舗のスタッフと客などの組み合わせで茶屋をはじめとする屋外の屋台が利用され、対人交流の場として活用されている。また茶屋もその役割を理解しており、隣近所の人々の団欒のためならば多少の融通を利かせるし、新しい顔には穏やかに来訪の背景をたずね、おなじみの客の輪に入ることが出来るよう取り計らう。

　どちらのやり方も非常に気軽に行われるコミュニケーションをベースに行われ、気後れせずに会話に取り込まれ、人の輪に加わることが出来る。どちらも商売が本来の目的であるはずが、住民や来訪者にとって商品売買のとは異なる楽しみとなり、また周辺の人々の対人交流を促進する役割を果たしている。日本においては、予算を投入して地域の交流、活性化といった目標を達成しようと苦闘しているが、台湾やハノイでは、それを商業行為の延長として実に容易に達成している点が面白い。

c) 住民と来訪者を穏やかに取り次ぐ界面空間

　界面空間は、ハノイの茶屋から見出された機能である。この空間の機能の多くは前述の内容と重複している。しかし、空間の管理・運営について述べられていない部分があるのでここでまとめて説明する。

　一般に、居住地区の空間は、住民自身が管理し、運営する私的な性質を帯びる。一方で、完全な住民の私的空間、生活の場は住居内だけであり、扉の外までは、程度社会的な機能を働かさなければならない。扉の外にまで、私的な管理を行き届かせようとすると、郵便や届け物、知り合いの訪問などに、いちいち確認のための手続きが必要になる。日本においても、門扉あるいは玄関扉まで、正当な理由のある訪問

者に対しては開かれていなければ、住居周辺での社会的な活動ができない。その一方で、不特定多数を近づけたくはない空間である。日本では、映像装置付きのインターホンやガードマンの常駐、集合住宅ではオートロックなどで対応している。またアメリカ合衆国では、集落や街区全体を柵と門によって厳重に囲った "Gated" ゲーテッドというコミュニティが高所得者の居住地として発展している。

　こうした「私的領域のすぐ外」の空間に対する対応として、ハノイでは、居住地区の入り口に当たる路地の入り口や、半私的空間である路地に、茶屋をはじめとする多数の簡易店舗が配置され、いわば見張り番として役立っている。またこれらの見張り番としての役割のみならず、正当な訪問者に対しては案内役や仲介役として、訪問先への順路を教えたり、訪問者の正当性を紹介する役割も果たす。

　この機能も、前項と同じように、「商売のおまけ」として行われており、他の目的を兼ねないガードマンや管理人などによる管理とは一線を画している。少なくともその運営において、自らが " 利益 " をあげている点は面白い。

d) 対面で行われる交流の演出

　対面で行われる会話を伴う交流が人・物・情報の交錯を促進する夜市の機能については既にb) 項で述べた。しかし、どんな場面でもこうした交流が発生するとは限らない。台湾の夜市やハノイの茶屋では交流を促進する背景や手がかりが自然に存在し、あるいは念入りに用意されている。こうして用意された交流の場で、利用者は声を出し、店主や他の客との交流を安全に楽しむことができる。この交流を通じて、利用者は商品についての情報や、その地域の情報などを得る。また店を運営する店主側も商品についての客の嗜好や流行、客についての情報などを得ることができる。

　わが国では、コンビニエンスストアやスーパーマーケットなど、値段の交渉や商品の問い合わせなどの会話を必要としない形式の小売取引が増加した。多くの日本人が、値段の交渉や、商品の問い合わせにわずらわしさや、気恥ずかしさを感じるであろう。また、そうした行動傾向にあわせて、不必要な会話が生じないコンビニエンスストアやスーパーマーケットが発展してきたとも思われる。

　読売新聞が 2008 年 11 月 22 に配信した東京浅草の伝統ある縁日に取材した記事(読売新聞 , 2008) は、「恥ずかしくて値切りなんて…いまドキッ酉の市、熊手に " 値札 "」

読売新聞 , 2008, 恥ずかしくて値切りなんて、いまドキッ酉の市、熊手に " 値札 ", インターネット
　版 ,2008 年 11 月 22 日配信 .

と題して以下のように報じている。「かつては商品をめぐっての店頭でのやり取りが『江戸の粋』であった。またそのやり取りを楽しみにしている客も多いが、反面、値段のはっきりしない商品に関して、交渉にしり込みをする人も多い。かくして、何も交渉せずに買えるように、反対意見もありながら縁日の商品に『値札をつける』ことが3世紀半ぶりに容認された。その初日は、一部の店で値札をつけた商品が置かれたが、心配をよそに売上は伸びたという。」

　取材された縁日は、有名な市場であり、商品は実用品ではなく縁起物で、はじめから値段の基準が曖昧である。また、この縁日では、商品を買うと売り子が客を囲み、客の息災と繁盛を願いにぎやかな「手締め」とよばれる伝統の儀式を行う。いずれも他のタカマチや小売店舗では見られない特殊な取引形態で、衆目を浴びる方法であり、新たな客がしり込みするのも理解できる。

　現代人は、会話がなくても物品の購入ができるスーパーマーケットやコンビニエンスストアでの作法が身についている。そこに突然、買い手と売り手の交渉が必要な売買が必要となると敬遠したくなる。

　しかしながら、台湾の夜市にはもう少し洗練された、買い手に気恥ずかしい思いをさせないような気配りのある交渉場面が用意されている。慣れれば、商品をちょっと見るだけで、「他の店も見たいから後で来るよ！」と言い残して買わずに店頭を去ることのできる「拘束しない」雰囲気がある。この辺りの店主の言動や気軽な雰囲気作りには、多少なりとも市場関係者や店主の努力や工夫があるものと思われる。お得意さんだけでなく、一見客にも公平に接する柔らかな交渉の場、交流の場が、台湾の夜市に開かれている。こうした事情はハノイの茶屋も同じで、茶屋の主人は客の話し相手にもなるし、客が会話を望まない状況ならば、店の備品を整えたり、自身のイスを奥に引っ込めたりして、客の様子に合わせて間合いを取る。客と一対一で相対する必要のある商売ならではの店主の工夫だと言えるだろう。またこうした工夫が、夜市やそのほかの小売市場の歴史が長く続いてきた理由の一つでもあるだろう。

2-2　アジア高密度都市環境を支え穏やかに保つための時間軸上の資源
a) そこに住む誇りをもつことができる根拠

　この項目で説明される背景は、ハノイの旧市街の観察から見出されたものである。ハノイ旧市街は、居住環境としては不十分な点があり、そのことを単独で取り出し判

断すると、極めて劣悪な環境で対策が必要な場所である。しかし、この高密度な居住空間に居住する人々に退廃や悲壮感はなく、むしろ誇りをもって由緒ある場所に居住している。既に述べたとおり、ハノイ旧市街は1000年の歴史を今に伝える地域であり、高密度で制約の多い地域でありながら、様々な資源を通して、うまく集住の形が出来上がっている。これをそれなりに評価して居住し続けている人々は、職場や近隣との関係を評価して、また経済的価値からこの場所に生活している。そしてその選択の底には、「こここそがハノイの中核、ハノイの伝統ある市場地区」という誇りが感じられる。一方で、旧市街の居住環境になじめない人は、郊外に、よりよい条件の住宅を求めて移動していく。こうして、旧市街には「やむを得ず住む」人よりも「ここに住み続けることを選択」した人々が残ってゆくことになる。その結果、自ずから周囲の環境の維持管理、改善について住民自身のこととして主体的にかかわることが出来る。

　一方台湾の夜市は、評価が様々であり、店主の側からも「抵抗がある」とのインタビュー回答が寄せられている。夜市の猥雑さが醸す怪しげで安っぽいイメージがネガティブな評価につながっていると思われる。しかし一方で、夜市は台湾の伝統を受け継ぐ存在であり、古くからこの商売に取り組んでいる人々は矜持や使命感を持っていると思われる。特に夜市内に屋台のみならず固定店舗を使って営業している人は、夜市に対する評価が現実的で、改善すべき点や課題を挙げながらも、夜市と共に生きてゆく決意があるように思われた。台湾の夜市はこうした「ある程度その夜市に義務や責任を感じている運営者」の努力と小さな取り組みの上に夜市の賑わいが成り立っており、無秩序な屋台と簡易店舗が闇雲に夜間遅くまで騒々しく営業している場ではないことは明らかである。

b) 明るい未来をイメージできる根拠

　その場所に居住しつづけている人々は、居住地周辺の変化を敏感に感じて生活しており、過去の歴史や経緯からある程度未来を予測している。ハノイの人々の場合、近年の政治的な変化や経済的な改善、自由の増大を肯定的に捉え、制約がある日々を送りながら、より良い方向へと進んでいく将来を予測し生活している。人々の活気や、調査する私達への応対、通訳を介して伝えられる人々の生活や希望から、彼らが非常に楽観的に将来を考え、そのために生活空間の密度などの幾つかの面で過酷な生活環境であっても、欠点ばかりに注目せず、生活を支える社会的・環境的資源を積極的

に評価・活用して暮らしているように見える。生活環境に関連する大きな出来事として、台湾では 1980 年代の民主化やそれ以降の経済的発展が挙げられる。ベトナムでは、ベトナム戦争やその前後の混乱、ドイモイ政策 (経済の自由化) の実施などが挙げられる。こうした大きな歴史的な変化と共に、毎日の往来の様子や商業活動の活気などの、身近な変化が加わって、将来を予測するための材料となる。

こうした、過去から現在までの体験を根拠とした、未来の予測については、「時間的展望」として心理学で取り上げられてきた。早くから時間的展望に注目してきた社会心理学者の 1 人である Lewin(1951) によれば、時間的展望は、彼の場の理論における「生活空間」を構成する側面の一つであり、ある時点での個人の心理学的過去と未来に対する見解の総合体であるとしている。また時間的展望の構造や定義に多少のバリエーションがあるが、それが生活の質と関係していることは広く認められる (職業上のモラールとの関連 : Lewin, 1941; 達成動機 : Green & Knapp, 1959; 自己効力感 : Lennings, 1994)。特筆すべきは Evans 教授らが指摘している高密度環境の最終的な結末としての "social withdrawal"(社会的引きこもり / 社会的離脱) を症状とする疾患の患者と健常者の間に、時間的展望の長短や評価に違いがあることが注目されている点である。例えば、うつ病との関連について Wyrick & Wyrick(1977); Pyszczynski, Holt & Greenberg(1989) などが、時間的展望との関連を指摘している。

Lewin, K., 1951, *Field theory in social science: Selected theoretical papers*, New York: Harper & Brothers.
（ 邦訳　猪股佐登留 (訳), 1979, 社会科学における場の理論 , 東京 : 誠心書房)
Lewin, K., 1941, Time perspective and morale. In G. Watson (Ed.), *Civilian morale.* Boston: Houghton Miffilin.
（ 邦訳 : 末永敏郎 (訳), 社会的葛藤の解決 : グループダイナミクス論文集 , 東京 : 創元社)
Green, H. B., & Knapp, R. H., 1959, Time judgment, Aethetic preference, and need for achivement. *Journal of Abnormal and SocialPsychology 58*, 140-142.
Lennings, C. J., 1994 An investigation of the effects of agency and time perspective variables on career maturity, *Journal of Psychology 128*, 243-243.
Wyrick, R. A., & Wyrick L. C., 1977, Time experience during depression, *Archives of General Psychiatry 34*, 1441-1443.
Pyszczynski, T, Holt, K., & Greenberg, J., 1987, Depression, self-focused attention, and expectancies for future positive and negative events for self and others. *Journal of Personality and Social Psychology 52*, 994-1001.

Evans ら (例えば Evans, Rhee, Forbes, Allen, & Lepore, 2000) の見出した社会的引きこもりは、将来が見えない、これから良くなるとは思えない高密度環境でのやるせなさ、閉塞感が密接に関連していると思われる。時間的展望を念頭に置いた高密度環境の評価を行うならば、地域に住む人々のストレスや病理をより理解しやすい。また、「社会的に引きこもる」という病理は、うつ病の一症状として捉えることができ、それは他の疾患の一環と考えるよりも自然である。とするならば Evans の指摘する「社会的引きこもり」は、選択の余地がなく対処しようもない過酷な高密度住環境に置かれた人間が、その結果として時間的な展望を失い、絶望した末にたどり着く一つの防衛法なのかもしれない。一方で、時間的展望に焦点を当てて操作し、症状の軽減を狙ううつ病への時間的展望の応用もあることから、現在の状態が悪くとも、将来的に改善してゆく事を想定できる、明るい時間的展望を持てる住環境ならば、社会的に引きこもるような状況に陥らず、なんとか対処してゆこうとする環境への働きかけの努力を失わないであろう。

ハノイ旧市街のように、現在の環境が苛酷でも、希望が持てる、ひらけた、肯定的な時間的展望を持つことができる環境やそこに居る人々は、密度の高さの弊害に対処し耐える力を持っていると思われる。これは第一章で述べた「経緯」を含めた「文脈」の中でも比較的長期の経験と展望とを併せ持つものであり、従来の検討では重く扱われてこなかった文脈のひとつである。

こうした文脈によって、同じ密度の住環境であっても、耐えうる環境と耐え難い環境との差があることになる。これは、ある瞬間の空間構成や密度の問題ではなく、密度の評価に過去から続く時間軸を導入する必要があることを意味する。また、展望は過去の記憶や経験を個人的な方法で分析した主観的な結果であるとも言える。正当な環境の評価や測定においては、空間と時間、そして対象者の主観の3つの次元から対象となっている地域や物件を見る必要がある。

なお、本節 a) 項と b) 項に通底する視点として、住民や町の利用者に共有された、その場所に関する経験や記憶、歴史の力等に裏付けられた場所についての独特の感覚がある。

Evans, G. W., Rhee, E., Forbes, C., Allen, K. M., & Lepore, S. J., 2000, The meaning and effeicacy of social withdrawal as a strategy for coping with chronic residencial crowding. *Journal of Environmental Psychology 20*, 335-342.

212 第8章 結論

この感覚に関連して Hayden (1995) は、「場所の力」という概念を提供して説明している。彼女の「場所の力」とは、共有された町や街区やコミュニティの歴史を背景に、誇りある住民の力で地域を計画し、住民の主体的な参加によって力ある地域を作り出そうとするものである。上述の文献ではマイノリティや社会的に抑圧された者が権利を手にするために奮闘した歴史を主な題材としており、一見本研究や後述のデザインの例とは遠い存在に思えるが、「居住地や地域に対して無力感を感じていた住民が、活動することによって様々な事項を自らの手で決定してゆくことに目覚めてゆく」というストーリーは、文化的背景や規模の違いがありながらも類似点が多い。

3. これからの共生社会のデザイン

3-1 既存の都心施設の持つ役割と意味

調査地と比較しながら、日本の都市の資源について、既存の施設や場についてその隠れた役割や可能性を考える。調査から得られた資源は前節までで明らかにしたが、それを先進国や日本においてどのように応用しうるか、既存の施設や調査地の現状などを比較しながら考える。本節は、第1章7-3項に挙げられた問題に対する回答である。

a) コンビニエンスストア

都市部に限らず、酒屋・タバコ屋などの個人商店の多くが現在はコンビニエンスストアとして営業されることが多くなった。全国で均質に保たれる店舗内外の「味気ない」空間や、在庫を持たないことによる災害時の対応力の低さが指摘されるが、しかしコンビニエンスストアが果たしている役割は、単なる商店を超えている。特にその地域の外から来た来訪者にとって、最も取り付きやすい「地元の店」として手がかりを与えている。居続けることが出来ないために、その機能はかすかではあるが、来訪者と地元の人々が接する界面となっている。また店舗がガラス張りで、雑誌売り場が外部から見えることで、ある程度の街頭監視機能を持っている。また、24時間営業で、暗い夜に明かりを提供する存在でもあり、さらには常に人が居ることから、緊急時に

Hayden, D., 1995, *The Power of place: Urban landscape as public history*, Cambridge, MA: MIT Press.
（邦訳：後藤春彦・篠田祐見・佐藤敏郎（訳），2002, 場所の力：パブリックヒストリーとしての都市景観，京都：学芸出版社）

駆け込める場所としても利用されている (社団法人日本フランチャイズチェーン協会調べ、36622店が回答、一年に女性・子どもの駆け込み5325件)。

　コンビニエンスストアは、「ハノイの茶屋」の持つ機能を全てではないが発揮している。都市生活者に限らず、幅広い年齢から支持されるようになったコンビニエンスストアだが、単価の安さと営業時間の長さから地域の青年の集う場としても使われている。現代の日本で青年が集うことのできるコストの安い場がないことは既に述べたが、やむなく集まる少年たちと、周辺住民との間の軋轢など、多少の問題も含んでいるが、これからの都市の中で、欠かせない役割を担っているように見える。

b) ファーストフード

　利用するためのコストはやや高いが、そこに居続けることができるスペースをもつ施設として、都市中心部で独特の役割を果たしている。喫茶店やレストランと比べて、比較的多い人数を対象とし、セルフサービスで行われる接客は、より気軽であり、自由で居やすい空間を提供している。メニューは主に若い世代の利用を前提にしている場合が多いが、店舗や立地によっては客層の年齢を問わない。各種の学校に近い店舗では、店内で学習している中学生や高校生をよく見かける。また、単価が多少安い大型スーパーなどに付設される軽食コーナーなどは若い世代がよく集まる。

　これらのファーストフードの店舗は、ハノイの茶屋と比べると単価が高い反面、空調のある快適な空間と机を提供している点が特徴で、長い時間居続けることができる。一方で、人を集める力はあるが、街路に対する影響力や保護能力はコンビニエンスストアよりも低く、街路と利用者の間の関係性は薄い。

　一方国外に目を向けると、チェーン形式、フランチャイズ方式で経営されるファーストフードが目立つ日本に比べ、個人経営で軽食や飲料を商う「屋台」の文化がアジア諸都市にはあり、日本に比べて低い単価でサービスを提供している点に注目すべきである。中国・韓国・台湾・フィリピン・ベトナムなど、東アジアの諸国の大都市ではこうした屋台が普遍的に存在する。本論文で取り上げた台湾の夜市にもこの種の屋台が豊富に含まれている。またシンガポールは、路上の屋台を法律によって禁止し、「屋台センター」に集める政策を採ったが、同時に一定規模以上の建物や、街区の住民人口にあわせて「屋台センター」を設けることが義務付けられ、屋台の流れを汲む飲食業

社団法人日本フランチャイズチェーン協会, 2006, コンビニエンスストア・セーフティステーション (SS) 活動：まちの安全・安心な生活拠点づくり－全国展開アンケート調査報告, 非公刊.

214 第8章 結論

を一定数確保・保護する政策を採っている。そのため郊外の地下鉄やバスのターミナル周辺はいずれも「擬似屋台街」となっている。これらの場では、座席と飲食とが安価に供給されており、4章で述べた「多様性のなさ」に目をつぶれば、合理的で良くできているシステムである。既に4章で触れたが、古くからシンガポールに存在した屋台の商売を現代に生かす方法であり、注目に値する。その土地にある豊富なファーストフード屋台は、アジア諸都市において、人々に、茶またはそれに類する飲み物、軽食と、それを喫する場を提供しており、日本よりも幅広い顧客層に受け入れられている。日本においても、この種の低価格なサービスの提供、そのための柔軟な道路利用許可や営業許可の運用が望まれる。

c) 飲み物を供す場

日本においては、お茶や清涼飲料水の自動販売機が津々浦々にいきわたり、飲み物を飲みながら最休憩する場合、無人の自動販売機の前ということが少なくない。一方、世界各地の都市では「タバコ屋」「キオスク」「ニュースエージェント」などの路上の売店があり、歩行者に対するサービスを主体として街路の監視機能や交通機能の一端を受け持つ(バスや地下鉄などのチケットを販売する)などの働きを担っている。ハノイ旧市街における路上露天茶屋についても既に述べたとおり、幾つかの路上の機能、空間や社会を切り分けたり取りつないだりする役目を担っている。

もうひとつここで加えておきたいのは、茶屋が「茶」という安価な飲み物を提供しているという事実である。茶の起源についてはさまざまな説があるが、東西に茶が広まると同時に、「茶を用いて人間関係を構築・調整する文化」が広まっている事実である。そもそも人が集まり、会話を交わす場では、話すことによるのどの渇きを癒し、会話のリズムに一息入れる何らかの飲み物は必然的に飲用される。それ以上に「茶」は、対人関係をリラックスさせ、新たな関係を生み出したり増強したりする使命を持っているように思われる。加藤 (1976) は、日本での茶の普及とともに、集まって茶を飲むこと自体に「ともに茶を喫する仲間」という意味づけが与えられたことを指摘し*、同時にこうした「茶によるつながり」が英国の喫茶文化においても見られることを述べている。また中国にも「以茶待客」(茶を以って客をもてなす、お客様を歓迎し十分に尊重している事を表す)という言葉があり、茶が人間関係に入り込み、その手助けをしていることが明らかである。

加藤英俊, 1976, 暮らしの思想, 中公文庫 (M30), 東京 : 中央公論社
* こうした茶の機能を洗練させた一派が禅宗であり茶道であるとも言える。

わが国における飲み物、特に茶などの安価でありながら人の手で作られるべき飲み物は、残念ながら喫茶店などの価格が高い場において供されることがほとんどであり、身近な存在ではない。おとながデスクワークを行う事業所においては「お茶」の文化が残っているようだが、現場で働く人々や若者、少年や高齢者にとっては、お茶やそれに代わる飲み物を、自宅以外で安価で快適な場で飲むことができない。こうしたサービスは、前節のとおりアジア諸都市においては屋台やその流れを汲む商店で提供されており、わが国の対人小売商業の難しさ（初期投資の大きさや営業許可取得の難しさ）が、都市の発展や維持にかかわる機能を阻害していることになる。

d) 日本の都市の密度問題と本研究からの示唆

ここまで、日本の都市に見られる都市資源に関して、その能力や潜在的な可能性について論じてきた。しかしわが国の都市を見ると、都市への人口流入や人口の自然増が続くアジア諸国に比べてどちらかというと人口の減少や密度の低下が見られ、都市のもつ大量性・異質性・高密度性のメリットが十分に活用できなくなってきている。こうしたわが国の都市事情について本研究の考察を元に、対策の為の指針を提示したい。

まず第一に、高密度であれ低密度であれ、空間的・時間的にバリエーションを設け、選択の自由を許す構造が必要である。住民や商業の絶対的な数が低下しているならば、「にぎわってる場所」をどこかに設け、密度が必要な商業や来訪客のために提供するべきであり、町全体が一様に低密度化し選択の余地がなくなることを防ぐべきであろう。あるいは時間的な展開を考えるならば、一年中一様に空いている状況をあらため、何らかの行事や計画によって「賑わいを見せる期間」を作るべきである。同じような閑散が一年中続くよりも、「あの季節になれば客が来る」「あの行事にはにぎわう」という見通しが、街の運営に手がかりを与えることであろう。時間的な展開の上では、根本的には明るい未来を与える根拠が必要なところだが、日本の出生率の低下や人口減少は、つい最近のことではなく、長い間の凋落傾向の果ての帰結で、抜本的な対策はとりにくい。それよりも人口が減り密度が低下したメリットを生かし、空間的・時間的にコントロールされた密度空間を住民・来訪者に提供することが必要となろう。

216　第 8 章 結論

　第二に、密度が高い場合、低い場合、どちらにしても問題が発生するのはコミュニケーションの欠如が発生した場合である事を指摘しておきたい。本章 1-2 項で説明した高密度地域の危険、あるいは活気ある都市を求めた Jacobs(既出) の主張、いずれも円滑なコミュニケーションの欠如が求められている。

　密度が低下していく都市で、その都市に残った人々が商業を営み、住み続けてゆくには、密度が高まっていく時代と同様に、より緊密なコミュニケーションが必要であろう。ハノイ旧市街には、「人を 1 人では居させない」濃厚なコミュニケーションとそれを支える人々の集う場が提供されている。密度の低下する都市でこのような場や機会を提供することには困難があるかもしれないが、しかしそのままにしておいては一層活気が失われてしまう都市であればこそ、集う場・機会が必要であろう。特に外来の客を歓迎する開かれた場が必要であろう。

　一人一人、あるいは一軒一軒が、人口が減り、密度が低下し、街の活気が失われてゆくことを嘆くよりも、共に暮らし、共に営むもの同士が、様々な場でつながり、公的にも私的にも意見を交わして街を維持してゆくための知恵を集める必要があろう。またそのような場や機会がある都市ならば、新たな住民や産業の誘致も可能になろう。

3-2　住民が共に考え、共有する場のデザイン

　台湾の夜市もハノイ旧市街の市場・集住地区も、それぞれの歴史があり、現在の状況がある。過去の状況について理解があり、経緯を知っているからこそ現状に前向きに評価し、適切に対処し、未来に向かって個々に、あるいは集って改善策を考えていく余裕がある。本研究の最後に、こうした場の具体的な例を上げ、既に明らかにされた都市の資源のうちどのような側面が利用されているか検討してみたい。

　ある対象についての感覚を共有すること、共有できる場所、また、それがあることが、そこに居住していることを誇りにできるような場や施設があれば、未来を共有し、共に生活を営んでいく"共生"の手がかりとなる事が既に説明されている。コミュニケーションを促進し、交流だけでなく、将来を共有できる間柄になるような場は、高密度都市環境にも必要である。また、広く居住環境全般を考えると、「コミュニケーションの欠如に伴う衰退・頽廃」の見られるあらゆる場所に応用可能ではないかと思われる。共有される過去や現在をもつ場所や施設の例をわが国で求めた結果、以下に示す 2 つの例を見出した。この 2 つの例では、いずれも「歴史を作り出す」所に共通点がある。

ハノイの旧市街のように特別な歴史性を持った場所ではなくても、過去から未来へとつながる展望の手がかりがある、もしくはつくりだされている点が共通している。

a) 熊本県合志町すずかけ台団地の「靴を脱ぐ」トイレ

わが国の居住地区でどのような共生のための資源が用いられているか調べたところ、意外にも長い歴史のない新興住宅地での試みが本研究の知見と類似している例として挙がった(荒川, 2002)。当該の地域は都市郊外のいわゆる「戸建住宅団地」であり、開発から20年を過ぎたところで、それ以前は居住者が居ない地域であった。したがってこの団地には20年以上の歴史はない。自治会の活動も当初はあまり活発なものではなく、役員も毎年順番に交代するのが定例化していた。

ところが1996年に自治会が、町が募る「地区魅力化事業」という住民主体の地区計画作りの制度を知ったことから団地の試みがスタートする。当初はこの事業によって、計画実施の資金が得られる事が魅力であったという。具体的な計画が始まると、ワークショップなどの幾つかの意見統合のプロセスを経て、団地内の改善計画がまとまり、住民の意見を反映した公園や、後に有名になる「靴を脱いであがるトイレ」(吉田・後藤・篠田, 1999)が1998年に建設された。その後の過程も所謂「箱もの整備」とは異なり、施設だけが残ることなく、常に自主的に管理維持される仕組みが残り、またそれに携わる住民の輪が広がった。

本例の舞台となった場所は、郊外の戸建住宅団地であり、古くから存在した集落とは異なり、歴史がない町である。また本論文が考察対象としてきた都心居住地区とは密度や役割の上で異なっている。しかしながら、都心の新たな計画やアイデアに繋がる要素を持っている。

前節で住商混合の都心高密度居住を支える要素として、歴史的背景について述べた。この戸建団地には誇るべき歴史はないはずであるが、それが新しく作られ短時間のうちに共有される誇りと明るい時間的展望を提供している。すなわち新しい施設への要望を十分に取り込み、困難を共有して計画を立て、建設に至ったプロセスが共有される「新たな歴史」となっている経緯である。これらの結果、実際に目に見える成

荒川康, 2002, まちづくりにおける公共性とその可能性：公園づくりを事例として, 社会学評論 **53** (1), 101-117.

吉田道郎, 後藤春彦, 篠田裕見, 1999,「靴を脱いであがる」トイレ, 日本建築学会技術報告集 7, 121-125.

果でありシンボルでもある公園とそのトイレが完成し、個々の経験から見ても、また完成したシンボルを見ても、お互いに十分評価できる歴史、成果として認められている。

地域の施設に、自分がこのように関わって、こんな困難があって出来上がった、という背景を住民が持つことによって、そこに出来た物の必然性が生まれる。過去に自分も協力し、現在みんなで運営していて、未来にもきっと受け継がれるであろうものを共有している感覚が新しい町に生まれ、住民一人一人が匿名的で傍観者的な姿勢から、より積極的な姿勢へ、また世帯に閉じ込まることなく、近隣との協力・共生する姿勢へと転換していくのではないか。荒川は、住民が自由に集まり出来上がった場所についての、自分のものでもなく他人のものでもない「すずかけ台団地のもの」という、統制・所有の感覚を「共同性」という言葉で説明している。偉人の歴史でもなく、長い過去を持たない場所が生み出した、「場所の力」であるともいえるだろう。

共有できる合意の積み重ねからなる一連のプロセスに各個人が自由な姿勢で取り組み、共有できる経験を積み重ねられるならば、ハノイの旧市街のような歴史的な地域でなくても誇りをもち、明るい見通しを持って自らの町を見つめることができる例である。本例は、本章1-1節のa)項の選択の自由と、1-2節のa)「誇りの根拠となる歴史」、b)項「未来を予測できる過去」の各項の条件を満たしている例である。

b)「地域の樹木」を防犯に役立て住民の共生を促進する提案

やぶうち, たかもち (2006) は、犯罪や防犯をテーマとした漫画のシリーズ「警視正椎名啓介」で、高度なテクノロジーや市民の管理強化に拠らない、都市の地域住民や訪問客相互の対人交流を中心に防犯・安全を確保する提案を行っている。

図8-1は、昔から維持され、住民の思い出が作り出されてきた「梅の木」を受け継ぐための場をつくり、地域のシンボルとして地域の人々が改めて出会い、交流する場を提案している。ストーリーの中で、地域住民がシンボルの共有を確かめるための催事「梅祭り」を行う。催事といっても可搬式のベンチを出すだけの簡易なものだが、それを契機に隣近所の顔が分かり、住民、特に子どもやお年寄りに外に出るきっかけを与え町内の防犯にも役立つストーリーが提案されている。フィクションの作品であるので、必ずしも現実の例に対応しているわけではなく、一つの理想が描かれている。

やぶうちゆうき, たかもちげん (原案), 2006, 「警視正椎名啓介」第4巻, 講談社イブニングKC160, 東京: 講談社.

やぶうちとたかもちは、地域に起こる犯罪やそれに対抗する防犯手段をテーマとして作品を描くなかで、「警察」という公的暴力組織が持つ示威的な側面や、強力な装備・機材の進歩で防犯を達成することを重要視するよりも、警察と地域住民との連携や、地域が持つ潜在的なマンパワーを利用して柔らかく地域を守る発想を多く提案している。エピソードは、警察庁や警察関係の資料を中心に検討されており、本論文で目指す、高密度都市居住の可能性とは全く出発点を異にするものである。しかし、結果として提案されているものは「人々が価値を共有する」「住民共有の財産をクローズアップし住民の交流を促す」など、結果的に本論文が提案する都市の財産とほぼ同じ結論に達しており非常に興味深い。5章で取り上げたハノイ旧市街の「居住地

図 8-1 やぶうちゆうき (2006)「警視正椎名啓介」に提案される地域共有シンボル

地域のシンボルである梅の木をテーマとして、地域のささやかな催事が行われている様子である。縁台が用意され、近年日本で問題となっている住宅地の通過交通を抑制して道路の安全を確保しながら、同時に地域住民の「顔が見える」ことによる防犯効果を提案している。このエピソードでは、私道の交通を制限し、クルドサックに類似する生活道路の管理も提案されている。
やぶうちゆうき著・たかもちげん原案／講談社イブニング KC160「警視正椎名啓介」第4巻 156p より抜粋、著者引用許諾済み
©Yuki Yabuuchi, 2006 all right reserved
(画像の乱れ・不鮮明さはオリジナルの作品が原因ではなく、本論文の著者の画像取り込み操作によって生じたものである。)

の保安設備」としての茶屋の存在とあわせて考えると、やぶうちとたかもちの提案は、自然に人々が住居の外、街路の上で生活活動を行ない、それに伴って街路を共同で見

守ることが、安心できる居住地域を作る事を提案している。この自然な地域の防衛力が共生構造の重要な一要素となっていると考えられる。「茶屋」の機能を異なった形で日本の都市へ応用することを試みる場合、やぶうち，たかもちの提案は一つの説得力のある展開例として考慮する必要がある。

なお、この事例で具象的シンボルとして利用されている"樹木"にも潜在的な力がある。一般に樹木は寿命が比較的長く、過去から未来へと住民の歴史をつないでゆく役割を担わせやすい。また木の年齢や寿命を考え、手入れをしたり、新たな株を養成することも住民の活動に取り入れれば、住民の集まる場として、街区のシンボルとして長期間役割を果たす。過去を見つめて生き続けるシンボルとなる樹木は、街区に歴史性を与え、受け継がれる存在となろう。やぶうち，たかもち (2003) は、前例とは別の機会にも樹木にまつわるエピソードを描いている。いずれも地域住民の核として存在する樹木の役割を取り上げており、居住地区の資源としての応用の可能性を示唆するものである。前項の例と同じく、必ずしも「都心居住」や「住商混合密集地」の例とはいえないかもしれないが、しかしそこに用いられている工夫や資源は、都心高密度地域をはじめとして、コミュニケーションの希薄さで説明されうる様々な居住地での生活や環境維持に役立てられるべき要素を持っている。

3-3 残された課題、密度研究の展望
a) 環境混合体・文化混合体としての密度

本研究では、密度の高い都市環境を調査対象として、密度の捉え方やその人間への影響、対処方略について検討してきた。しかし、検討を進めれば進めるほどに、時間や他の環境の側面、例えば社会的なつながりや気候、文化の一端としての商業習慣や物理的な建築物の配置などとの関連が示され、密度単体での影響やその対処について述べることは難しい事がわかった。

この種の環境の問題は、むしろ対象地に暮らす人々の声の中から、最も大きい本質的な問題と、それに付随する副次的問題を明らかにするような方法によって検討すべき側面を同定してゆくべきであるかも知れない。そのような方向で明らかにされてゆく問題には、その土地の風土や伝統が反映された、その場所に適合した問題が含まれるであろう。

やぶうちゆうき，たかもちげん (原案), 2003,「警察署長」第 12 巻，講談社イブニング KC34, 東京：講談社 .

一方で、密度そのものは、都市計画の中では非常に重視される指標であり、出来るだけ簡潔かつ明確で、他の指標とは異なる明瞭な基準を示すことが求められている。上述の通り、場所によってその土地の文化に合った密度があるはずであるが、それらを考慮しても妥当な基準が求められている。どんな街が住民にとって、あるいは都心であれば訪問者にとっても快適な街であるか、密度のみについても十分な合意があるとはいえない。難しいところではあるが、都市環境の最適化に向けて明らかにすべき密度の問題はまだ多く残っているのではなかろうか。

b) 時間軸の導入とその詳細検討

本論文第5章では、街路の一日の変動を明らかにしながら、同時により大きな単位の時間的変動の余地を示唆した。波長の長い変動の検出には相応の長い期間の継続的な観察が必要であるが、その一方で、得られたデータをうまく分析する方法が必要である。

個人を対象にした分析であれば第5章7-3項で示した、個々の測定値を時間で積分することによる当該環境への累積接触時間や累積接触強度の測定が一つの方向となるかもしれない。また、正確さは犠牲になるが、本論文第5章図5-1,5-2で行ったような、測定時点を補間するような方法で継時的な環境への関与を計算できるかもしれない。またこれらによって明らかにされた増減の波をスペクトル分析によって解析することで、どのような周期の波がどのように重なって現れているか明らかに出来るかもしれない。

この問題に対する別の試みとしては、Hägerstrand (1970) に端を発する時間地理学の展開が挙げられる。一日のあるいは一週間の個人についての記録が分析対象とされ、労働や自由時間の分布、消費や移動に費やされるエネルギーなどが時間に疎って分析される (例えば Ellegård, Hägelstrand & Lenntorp, 1977)。これら時間地理学での分析に、密度や温度などの環境要素が加わると環境心理学的な研究に近づく。

以上は、時間軸と環境とを結びつけより詳しく分析する上でのアイデアに過ぎない。しかし、いずれ時間と環境とを厳密につき合わせて考えること、とそのための工夫が必要とされるであろうし、密度もその必要性が最も高い環境の側面といえるだろう。

Hägerstrand, T., 1970, What about people in regional science? *Paper and Proceedings of Regional Science Association 24*, 7-21.
Ellegård, K., Hägelstrand, T., & Lenntorp, B., 1977, Activity organizationand the generation of daily travel: Two future alternatives, *Economic Geography 53*, 127-153.

引用文献

明石市民夏まつり事故調査委員会, 2002, 第 32 回明石市民夏まつりにおける花火大会事故調査報告書, 兵庫：明石市 (発行).

Allport, F. H., 1924, *Social psychology*, Boston: Houghton Mifflin.

Altman, I., & Chemars, M. M., 1980, *Culture and environment*, New York: Cambridge Unversity Press.

(邦訳：石井真治 (監訳), 1994, 文化と環境, 新潟：西村書店)

荒川康, 2002, まちづくりにおける公共性とその可能性：公園づくりを事例として, 社会学評論 *53* (1), 101-117.

Ellegård, K., Hägelstrand, T., & Lenntorp, B., 1977, Activity organizationand the generation of daily travel: Two future alternatives, *Economic Geography 53*, 127-153.

Evans, G. W., & Lepore, S. J., 1992, Conceptual and analytic issues in crowding, *Journal of Environmental Psychology 12*, 163-173.

Evans, G. W., Lepore, S. J., & Allen, K. M., 2000, Cross-cultural differnces in torerance for crowding: Fact or fiction?, *Journal of Personality and Social Psychology 79*, 204-210.

Evans, G. W., Lepore, S.J., Shejwal, B. R., & Palsane, M. N., 1998, Chronic residential crowding and children's well-being: an ecological perspective, *Child Development 69*, 1514-1523.

Evans, G, W., Lercher, P., & Kofler, W. W., 2002, Crowding and children's mental health: The role of house type, *Journal of environmental psychology 22*, 221-231.

Evans, G. W., Palsane, M. N., Lepore, S. J., & Martin, J., 1989, Residential density and psychological health: the mediating effects of social support, *Journal of Personality and Social Psychology 57*, 994-999.

Evans, G. W., Rhee, E., Forbes, C., Allen, K. M. & Lepore, S. J., 2000, The meaning and effeicacy of social withdrawal as a strategy for coping with chronic residencial crowding. *Journal of Environmental Psychology 20*, 335-342.

Green, H. B., & Knapp, R. H., 1959, Time judgment, aethetic preference, and need for achivement. *Journal of Abnormal and SocialPsychology 58*, 140-142.

Hägerstrand, T., 1970, What about people in regional science? *Paper and Proceedings of Regional Science Association 24*, 7-21.

Hyden, D., 1995, *The power of place: Urban landscape as public history*, Cambridge, MA: MIT Press.

(邦訳：後藤春彦・篠田祐見・佐藤敏郎 (訳), 2002, 場所の力：パブリックヒストリーとしての都市景観, 京都：学芸出版社)

Jacobs. J., 1961, *The death and live of great american cities.* Rondom House.

加藤英俊, 1976, 暮らしの思想, 中公文庫 (M30), 東京：中央公論社

Latane, B., & Darley, J. M., 1970, *The unresponsive bystander : Why doesn't he help ?*, NY: Appleton Century Crofts.

(竹村研一 (訳)・杉崎和子 (訳)『冷淡な傍観者——思いやりの社会心理学』1977).

Le Bon, G., 1895, *La psychologie des foules.* Paris: Presse Universitaire de France,

(邦訳：桜井成夫 (訳), 1993, 群集心理, 講談社学術文庫 #1092, 東京： 講談社 .)

Lennings, C. J., 1994 An investigation of the effects of agency and time perspective variables on career maturity, *Journal of Psychology 128*, 243-243.

Lepore, S. J., Evans, G. W., & Palsane, M. N., 1991, Social hassles and psychological health in the context of chronic crowding, *Journal of Health and Social Behavior 32*, 357–367.

Lepore, S. J., Evans, G. W., & Schneider, M., 1991, Dynamic role of social support in the link between chronic stress and psychological distress, *Journal of Personality and Social Psychology 61*, 889-909.

Lepore, S. J., Palsane, M. N., & Evans, G. W., 1991, Daily hassles and chronic strains: a hierarchy of stressors?, *Social Science & Medicine 33*, 1029-1036.

Lewin, K., 1941, Time perspective and morale. In G. Watson (Ed.), *Civilian morale*. Boston: Houghton Mifflin.
（邦訳：末永敏郎 (訳), 1954, 社会的葛藤の解決：グループダイナミクス論文集 , 東京：創元社)

Lewin, K., 1951, *Field theory in social science: Selected theoretical papers*, New York: Harper & Brothers.
（邦訳　猪股佐登留 (訳), 1979, 社会科学における場の理論 , 東京：誠心書房)

Martin, E. D., 1920, *The behavior of crowds*, New York: Harper and Brothers.

森枝卓士 , 1997, 図説東南アジアの食 , 東京：河出書房新社 .

Pyszczynski, T, Holt, K., & Greenberg, J., 1987, Depression, self-focused attention, and expectancies for future positive and negative events for self and others. *Journal of Personality and Social Psychology 52*, 994-1001.

Rapoport, A., 1975, Toward a redefinition of density. *Environment and Behavior 7* (2), 133-158.

Rapoport, A., 2000, *Culture, architecture, and design*, Chicago: Rockie Science.
（邦訳：大野隆造 (訳), 横山ゆりか (訳), 2008, 文化・建築・環境デザイン , 東京：彰国社 .)

社団法人日本フランチャイズチェーン協会 , 2006, コンビニエンスストア・セーフティステーション (SS) 活動：まちの安全・安心な生活拠点づくり－全国展開アンケート調査報告 , 非公刊 .

Stokols, D., 1976, The experience of crowding in primary and secondary environments, *Environment and Behavior 8*, 49-86.

辻鈴子 , 1996, ホーコーの暮らし , *SD*(Space and Design) *378*(9603), 50-52.

Turner, R. H., & Killian, L. M., 1987, *Collective behavior*, (3rd ed). Englewood Cliffs, NJ: Prentice Hall.

Wyrick, R. A., & Wyrick L. C., 1977, Time experience during depression, *Archives of General Psychiatry 34*, 1441-1443.

やぶうちゆうき , たかもちげん (原案), 2003, 警察署長：第 12 巻 , 講談社イブニング KC34, 東京：講談社 .

やぶうちゆうき , たかもちげん (原案), 2006, 警視正椎名啓介：第 4 巻 , 講談社イブニング KC160, 東京：講談社 .

読売新聞 , 2008, 恥ずかしくて値切りなんて…いまドキッ酉の市、熊手に " 値札 ", インターネット版 , 2008 年 11 月 22 日配信 .

吉田道郎 , 後藤春彦 , 篠田裕見 , 1999,「靴を脱いであがる」トイレ , 日本建築学会技術報告集 7, 121-125.

参考文献

SD 編集部 (編), 1996, SD 9603: ベトナム建築大博覧 , 東京：鹿島出版会

中村結菜 , 後藤春彦 , 吉田道朗 , 1998 熊本県合志町すずかけ台における公園づくりワークショップ (その 2): 参加の基本条件 , 日本建築学会大会学術講演梗概集 F-1 5-6, (発表番号 7003).

吉田道郎 , 後藤春彦 , 1999, 熊本県合志町すずかけ台における公園づくりワークショップ (その 3):「靴を脱いであがる」トイレと公園観察日記 , 日本建築学会大会学術講演梗概集 F-1 11-12. (発表番号 7006).

吉田道朗 , 後藤春彦 , 2000, 熊本県合志町すずかけ台における公園づくりワークショップ (その 4): ワークショップ後の住民による自主的まちづくり活動 , 日本建築学会大会学術講演梗概集 F-1 7-8.(発表番号 7004).

吉田道朗 , 後藤春彦 , 中村結菜 , 1998, 熊本県合志町すずかけ台における公園づくりワークショップ (その 1): デザインへの住民参加 , 日本建築学会大会学術講演梗概集 F-1 3-4. (発表番号 7002).

余章
文献

ハノイ：路上市場とバス

1. 第 1 章の部

引用文献

Alexander, E. R., 1993, Density measures: A review and anlysis. *Journal of Architectural and Planning Research 10* (3), 181- 202.

Altman, I., 1975, *The environment and social behavior: Privacy, personal space, territory, and crowding*. Monterey, CA: Brooks/Cole Publishing Company.

Baron, R.M., & Kenny, D.A., 1986, The moderator-meiator variable distinction in social psychological research: Conceptual, strategic, and statistical considerations. *Journal of Personality and Social Psychology 51*, 1173-1182.

Baum, A., & Valins, S., 1977, *Architecture and social behavior: Psychological studies in social density*. Hillsdale, NJ: Erlbaum.

Calhoun, J.B., 1962, Population density and social pathology. *Scientific American 206*, 571-603.

Congress for the New Urvanism, 1999, *Charter of the new urbanism*. New York: McGraw-Hill.

Cox, V. C., Paulus, P. B., & McCain, G., 1984, Prison crowding research: The relevance for prison housing standards and a general approach regarding crowding phenomena. *American Psychologist 39*, 1148-1160.

出口敦, 南博文, 2001, アジア的「高密度環境」の再考. アジア都市研究 *1*(1), 3-6.

Evans, G. W., & Lepore, S. J., 1992, Conceptual and analytic issues in crowding. *Journal of Environmental Psychology 12*, 163-173.

Evans, G. W., Lepore, S. J., & Allen, K. M., 2000, Cross-cultural differnces in torerance for crowding: Fact or fiction? *Journal of Personality and Social Psychology 79*, 204-210.

Evans, G. W., Lepore, S. J. Shejwal, B. R., & Palsane, M. N., 1998, Chronic residential crowding and children's well-being: An ecological perspective. *Child Development 69*, 1514-1523.

Evans, G. W., Lercher, P., & Kofler, A. W., 2002, Crowding and Children's Mental Health. *Journal of Environmental Psychology 22*, 221-231.

FAO(Food and Agriculture Organization of the United Nations), 2008, *"FAOSTAT": The FAO database*, retrieved Janualy 20, 2009, from FAOSTAT site: http://faostat.fao.org/

Fischier, C. S., 1984, *The Urban Experience*. (2nd Eds.). New York: Harcourt Brace.

Freedman, J.C., Heshka, S., & Levy, A. S., 1975, Population density and pathology: Is there a relationship? *Journal of Experimental Social Psychology 11*, 539-552.

Freedman, J. L., 1975, *Crowding and behavior*. San Francisco: Freeman.

Freedman, J. L., Birsky, J., & Cavoukian, A., 1980, Basic and environmental determinants of behavioral contagion: Density and number. *Applied Social Psychology 1*, 155-161.

布野修司 (編著), 2003, アジア都市建築史, 京都 : 昭和堂 .

Gans, H. J., 1962, *The urban villagers: Group and class in the life of Italian-Americans*. New York: Free Press.

Hall, , E. T., 1966, *The hidden dimension*. New York: Doubleday.

Howard, E., 1902, *Garden cities of tomorrow*. London: S. Sonnenschein.
(邦訳 : 長素連 (訳) 1968 明日の田園都市 . 東京 : 鹿島出版会 .)

Insel, P. M. & Lindgren, M. C., 1978, *Too close to comfort*. Englewood Cliffs, NJ: Prentice-Hall.

Jacobs. J., 1961, *The death and live of great american cities*. New York: Rondom House.
(邦訳 : 黒川紀章 (訳), 1977, アメリカ大都市の生と死 (SD 選書 118), 東京 : 鹿島出版会 .)

海道清信, 2001, コンパクトシティ : 持続可能な社会の都市像を求めて . 京都 : 学芸出版社 .

川添 登, 1985, 生活の母体としての都市, in 宮田登 (編),1985, 都市と田舎 : マチの生活文化 . 東京 : 小学館 .

今 和次郎, 1987, 考現学入門 (筑摩文庫). 東京 : 筑摩書房 .

Korte, C., & Grant, R., 1980, Traffic noise, environmental awareness, and pedestrian behavior. *Environment & Behavior 12*, 408-420.

Kotkin, J., 2005, *The city: A global history*. London: Weidenfeld & Nicolson.

Krupat, E., 1994, *People in cities: The urban environment and its effects*. London: Cambridge University Press.

真勢徹 , 2003, モンスーンアジアの農業水利 , in 山崎農業研究所 (編), 2003, 21 世紀水危機 : 農からの発想 , Pp32-45, 東京 : 農文協 .

McCain, G., Cox, V. C & Paulus, P. B., 1980, *The effect of prison crowding on inmate behavior*. Washington, DC: Nationalinstitute of Justice.

McGuire, W. J. & Gaes, G. G., 1982, *The effects of crowding versus age composition in aggrigate prison assult rate*. Washington, DC: Office of Research, Federal Prison System

Mitchell, R. E., 1971, Some social implications of high density housing. *American Sociological Review 36*, 18-29.

Milgram, S., 1970, The experience of living in cities. *Science 167*, 1461-1468.

Newman, P. 1992, The compact city: An australlian perspective. *Built Environment 18*, 285-300.

Noesjirwan, J., 1977, Contrasting cultural patterns of interpersonal closeness in doctor's waiting rooms in Sydney and Jakarta. *Journal of Cross-Cultueral Psychology 8*, 357-368.

Park, R. E., 1916, The city: Suggestions for the investigation of human behavior in the urban environment, *American Journak of Sociology 20*, 577-612.

Park, R. E., Burgess, E. W., & McKenzie, R. D., 1925, *The city*. Chicago: Chicago University Press. (邦訳 : 大道安二郎 , 倉田和四生共訳 , 1972, 都市 : 人間生態学とコミュニティ論 . 東京 : 鹿島出版会 .)

Regoeczi, W. C., 2003, When context matters: A multilevel analysis of household and neighbourhood crowding on aggression and withdrawal. *Journal of Environmental Psychology 23*, 457–470

Saegert, S. (Ed.) (1975). *Crowding in real environments*. Beverly Hills, CA: Sage Publications.

桜井由躬夫 , 1995, 世界の稲作地域と文化 . in 吉川弘之 , 1995, コメ . Pp115-144, 東京 : 東京大学出版会 .

佐藤洋一郎 , 2003, 稲の文明 : PHP 新書 262. 東京 : PHP 研究所 .

Schmitt, R. C., 1963, Implications of density in Hong Kong. *The American Institute of Planner, Journal 24*, 210-217.

Simmel, G., 1905. The metoropolis and mental life, In R. Sennet, (Ed.), 1969, *Classic essays on the culture of cities*. New York: Appleton Century Crofts. (Paperback ed. 1969, published from New York: Prentice Hall College Div.)

Stokols, D., 1972, On the distinction between density and crowding : Some implications for future research, *Psychological Review 79*, 275-278.

United Nations, 2008, *World urbanization prospective*: *The 2008 revision database*. retrieved April 25, 2009, from United Nation Population Division Database site: http://esa.un.org/unup/

White, R. W., 1959, Motivation reconsidered: The concept of competence. *Psychological Review 66*, 297-333.

Whyte, W. H., 1988, *City: Rediscovering the center*. New York: Doubleday. (邦訳 : 柿本照夫 (訳) 1994 City: 都市という劇場 : アメリカン・シティ・ライフの再発見 . 東京 : 日本経済新聞社)

Wirth, L., 1938, Urbanism as a way of life. *American Journal of Sociology 44*, 1-24.

Zlutonic, S., & Altman, I., 1972, Crowding and human behavior. in J. F. Wohlwill, & D. H. Carson, 1972, *Environment and the social sciences: Perspective and applications*. Washington, DC: American Psychology Association.

参考文献

吉川弘之, 1995, コメ, 東京：東京大学出版会.

2. 第2章の部

引用文献

馬場健彦, 佐伯静香, 小倉一平, 南博文, 出口敦, 2002, アジア都市におけるにぎわいの構造(3), アジア都市研究 *3*(4), 63-78.

中華民国内政部戸政司 (2007), 戸籍人口統計月報, 台北：中華民国内政部.

出口敦, 小倉一平, 志賀正規, 2001, 台湾・台中市における夜市と攤販に関する制度と課題, アジア都市研究 *3*(2),1-12.

出口敦, 松尾桂一郎, 小倉一平, 馬場健彦, 南博文, 2002, 台中市における攤販集中区の立地と仮設的空間の構成, アジア都市研究 *3*(4), 47-62.

" 逢 甲 夜 市 (FengChia Night Market)" in 維 基 百 科 (Wikipedia 繁体字中国語版) retrieved December. 04, 2008, from wikipedia (traditional chinese version) site: http://zh.wikipedia.org/wiki/ 逢甲商圏 /

Fischier, C. S., 1984, *The urban experience*. (2nd Ed.). New York: Harcourt Brace.

小倉一平, 志賀正規, 出口敦, 2001, 夜市における攤販の占用形態とにぎわい空間に関する研究. アジア都市研究 *3*(2), 13-26.

United Nations (Department of International Economic and Social Affairs, Statistical Office), 2006, *Statistical Yearbook*: Forty-ninth Issue, New York: United Nations Publications.

United Nations Population Fund, 2008, *State of the world population on-line database*. retrieved December 25, 2008, from database site: http://www.unfpa.org/swp/

Wirth, L., 1938, Urbanism as a way of life. *American Journal of Sociology 44*, 1-24.

参考文献

永吉知郁代, 南博文, 李素馨, 2001, 利用者から見た台湾の夜地の現状と問題点：台中市の愛甲夜市と中華路夜市を事例に, アジア都市研究 *2*(3), 27-39.

3. 第3章の部

引用文献

馬場健彦, 南博文, 2000, アジア都市におけるにぎわいの構造(I): 台北・ハノイ現地調査報告, アジア都市研究 *1*(1), 37-58.

Gehl, J., 1987, *Life between buildings*. New York: Van Nostrand Reinhold.

服部ひかる, 田中理嗣, 仙田満, 國吉真哉, 1997, 商業街路空間 (モール) における歩行線形の研究, 日本建築学会 1997 年度大会学術講演梗概集 (中国)F-1, 45-46.

西山賢一, 1994, 文化生態学の冒険. 東京：批評社.

小倉一平, 志賀正規, 出口敦, 2001, 夜市における攤販の占用形態とにぎわい空間に関する研究. アジア都市研究 *3*(2), 13-26.

岡秀隆, 藤井純子, 2006, 都市コミュニティの再生―両側町と都市葉. 東京：中央大学出版部.

Pushkarev, B. & Zupan, J. M., 1975, *Urban space for pedestrian*. Cambridge, MA: MIT Press. (邦訳：月尾嘉男 (訳), 1977, 歩行者のための都市空間. 東京：鹿島出版会.)

仙田満 , 1998, 環境デザインの方法 . 東京 : 彰国社 .

辻川ひとみ , 北浦かおる , 2000, 商業地における人の動きとストリートファニチュア : 戎橋周辺の事
例研究にみる . 日本建築学会計画系論文集 *533*, 119-126.

4. 第 4 章の部

引用文献

二宮道明 (編), 2008, データブック・オブ・ザ・ワールド Vol. 20: 2008 年版 , 東京 : 二宮書店

土田愛 , 1996, 36 通り地区の成り立ち , SD *9603*, 46-48.

辻鈴子 , 1996, ホーコーのくらし , SD *9603*, 50-52.

辻鈴子 , 西村幸夫 , 1996, ハノイの旧市街・36 通り地区における都市居住の形態に関する研
究 :1995 年の現地調査報告 , 日本建築学会 1996 年大会学術講梗概集 299-230. (発表
No.7150).

辻鈴子 , 西村幸夫 , 1997 ハノイ・36 通り地区の地域特性に関する基礎的研究 , 日本建築学会
1997 年大会学術講梗概集 555-556. (発表 No. 7278).

参考文献

早稲田大学アジア建築研究室・太田正一 , ハノイ建築マップ . SD *9603*. 36-46

友田博通 (編), 2003, ベトナム町並みガイド , 岩波アクティブ新書 *77*, 東京 : 岩波書店

皆川一夫 , 1997, ベトナムのこころ - しなやかさととしたたかさの秘密 -, 東京 : めこん

5. 第 5 章の部

引用文献

乾正雄 , 1988, 柔らかい環境論 , 東京 : 海鳴社 .

Jacobs, J., 1961, *The death and life of great american cities*, NY: Random House.
(Paperback Reissue edition: Jane Jacobs, 1992, The death and life of great american cities,
"Vintage Books Edition" NY: Random House.)

小林秀樹 , 1992, 集住のなわばり学 , 東京 : 彰国社 .

Krupat, E.,1986, *People in cities.* Boston: Cambridge University Press.

久野覚 , 1996, 室内に住む - 熱環境のアメニティ -, 中島義明・大野隆造 (編), すまう - 住環境の
心理学 - 第 5 章 , Pp. 92-110.

Kuno,S., Ohno,H., & Nakahara,N., 1987, A two-dimensional model expressing thermal sensation in
transitional conditions. ; *ASHRAE Trans., Vol.93*, Part.2, 1987, pp.396-406

Mitchell, R. E. 1971, Some social implicationsof high density housing, *American Sociological
Review 36* 18-29.

Newman, O., 1972, *Defensible space: Crime prevention through environmental design*, N Y:
Macmillan.

Proshansky, H. M., Ittelson, W. H. & Rivlin, L. G., 1970, *Environmental Psychology*, NY: Holt,
Rinehart & Winston.

Saegert, S. (Ed.) (1975). *Crowding in real environments.* Beverly Hills, CA: Sage

Shumit, R. C., 1963, Implications of density in Hong Kong, *The AmericanInstitute of Planners,
Journal 24,* 210-217.

Sommer, R., 1969, *Personal space*, Englewood Cliffs, NJ: Prentice-Hill.

Sommer,R. & Becker, 1969, Territorial defense and the good neighbor. *Journal of Personality and Social Psychology 11,* 85-92.

田島 奏, 加藤敏, 1987, 航空計器, 新航空工学講座第 10 巻第 1 版 第 5 刷, 東京：日本航空技術協会. (第 1 刷は内容が異なるため、版・刷まで示した)

6. 第 6 章の部

引用文献

Agresti, A., 1996, *An introduction to categolical data analysis*, NJ: John Willey & Sons, Inc.

Agresti, A., 2002, *Categorical data analysis* (2nd Eds.), NJ: A John Willey & Sons, Inc.

Dobson, A. J., 2002 *An introduction to generalized linear models* (2nd ed.), London: Chapman and Hall/CRC.

Dobson, A. J.(著), 田中豊・森川俊彦・山中竹春・富田誠 (訳), 2008, 一般化線形モデル入門, 東京：共立出版

林知己夫 , 1974, 数量化の方法 , 東京：東洋経済新報社

林知己夫 , 1993, 数量化 - 理論と方法 , 東京：朝倉書店

岩原信九郎 , 1988, 教育と心理のための推計学 (新訂版), 東京：日本科学文化社

石村貞夫 , 2006, 入門はじめての統計解析 , 東京：東京図書

駒沢勉 (著), 林知己夫 (監修), 樋口伊佐夫 (監修), 1970, 情報処理と統計数理 , 東京：産業図書

松田紀之 , 1988, 質的情報の多変量解析 , 東京：朝倉書店 .

McCullagh, P., 1980, Regression models for ordinal data, *Journal of the Royal Statistical Society: Series B 42* 109-142.

McCullagh, P. & Nelder, J. A., 1989, *Generalized linear models* (2nd ed), London: Chanpman and Hall.

SPSS Inc., 2003, *SPSS® 12.0 Command syntax reference*, US: PDF File (Attached SPSS ver. 12.0)

丹後敏郎 , 山岡和枝 , 高木晴良 , 1996, ロジスティック回帰分析 -SAS を利用した統計解析の実態 -, 東京：朝倉書店 .

東京大学教養学部統計学教室 (編), 1992, 自然科学の統計学 (基礎統計学 #3), 東京：東京大学出版会 .

1-7. 第 7 章の部

引用文献

Bates, E., Camaioni, L. & Volterra, V., 1975, The acquisition of performances prior to speech, *Merrill-Palmer Quarterly 21*, 205-226.

Benjamin, W. (au)., Tiedemann, R(ed)., Schweppenhäuser, H(ed)., Adorno, T. W(ed)., Scholem, G(ed)., 1975, *Gesammelte Schriften, IV,* Frankfurt: Suhrkamp Verlag KG. (Original articles are printed in 1925-1935.)

(邦訳：浅井健二郎 (編訳), 久保哲司 (訳), 1997, ベンヤミンコレクション 3: 記憶への旅 , 東京：ちくま書房)

Bollnow, O. F., 1963, *Mensch und Raum*, Stuttgart: Kohlhammer.

(邦訳：大塚恵一 , 池川健司 , 中村浩平 (訳), 人間と空間 , 東京：せりか書房)

闕銘崇，田中禎彦，布野修司，1996，台北艋舺の街区構成に関する研究：その2 寺廟と街区構成，日本建築学会大会学術梗概集 287-288, (発表番号 7144).

出口敦，松尾桂一郎，小倉一平，馬場健彦，南博文，2002，台中市における灘販集中区の立地と仮説的空間の構成 - 台湾の夜市と灘班に関する研究 (3)-, アジア都市研究 *3* (2), 47-62.

黄永融，鳴海邦碩，1996，清末における台北城形態計画の理念に関する考察，第 31 回日本都市計画学会学術研究論文集 259-264.

岩田純一，1988，言葉の発達に必要なもの，発達 *35*(9), 17-26

神崎宣武，1993，盛り場の民族史 (岩波新書 300), 東京：岩波書店

片山賢太郎，李東毓，戸沼幸一，1997; 台北市の夜市に関する研究：その 2 重層利用の観点からの萬華地区の夜市の現状，日本建築学会大会学術梗概集 559-560, (発表番号 7280)

加藤秀俊，1981，習俗の社会学 (角川文庫 4918), 東京：角川書店
　　　(加藤秀俊，1978，習俗の社会学，東京：PHP 研究所．の再発行版とおもわれる。)

Le Bon, G., 1895, *La psychologie des foules*. Paris: Presse Universitaires de France,.
　　　(邦訳：桜井成夫 (訳), 1993, 群集心理，講談社学術文庫 #1092, 東京：　講談社 .)

李東毓，戸沼幸一，1997，台北市の夜市に関する研究：その 1 都心部における夜市の分布状況，日本建築学会大会学術講演梗概集 557-558, 発表番号 7279.

Merleau-Ponty, M., 1945, *Phenomenologie de la perception*. Paris: Gallimard.
　　　(邦訳：竹内芳郎，木田元，宮本忠雄訳，1974，知覚の現象学，東京：みすず書房 .)

永吉知郎代，南博文，李素馨，2001，利用者から見た夜市の現状と問題点：台中市の逢甲夜市と中華路夜市を事例に，アジア都市研究 *2* (3), 27-39.

中村航，古谷誠章，2006，マレーシア・シンガポールの華人系屋台街にみる空間の " にぎわい " 比較調査：都市と多数性に関する研究，日本建築学会大会学術講演梗概集 669-670, 発表番号 9335.

Nelson, K., 1988, Constraints on word lerning?, *Cognitive Development 3*, 221-226.

Stern, J., & Stern M., 1990, *The encyclopedia of bad taste*, NY: Harper Collins.
　　　(邦訳：ジェーン＆マイケル・スターン (著), 伴田良輔 (監訳), 1996, 悪趣味事典．東京：新潮社)

常田美穂，2007，乳児期の共同注意の発達における母親の支持的行動の役割，発達心理学研究 *18*, 97-108.

8. 第8章の部

引用文献

明石市民夏まつり事故調査委員会，2002，第 32 回明石市民夏まつりにおける花火大会事故調査報告書，兵庫：明石市 (発行).

Allport, F. H., 1924, *Social psychology*, Boston: Houghton Mifflin.

Altman, I. & Chemars, M. M. 1980, *Culture and environment*, NewYork: Cambridge Unversity Press.
　　　(邦訳：石井真治 (監訳), 1994, 文化と環境，新潟：西村書店)

荒川康，2002，まちづくりにおける公共性とその可能性：公園づくりを事例として，社会学評論 *53* (1), 101-117.

Ellegård, K., Hägelstrand, T., & Lenntorp, B., 1977, Activity organizationand the generation of daily travel: Two future alternatives, *Economic Geography 53*, 127-153.

Evans, G. W., & Lepore, S. J., 1992, Conceptual and analytic issues in crowding, *Journal of Environmental Psychology 12*, 163-173.

Evans, G. W., Lepore, S.J., & Allen, K.M., 2000, Cross-cultural differnces in torerance for crowding: Fact or fiction?, *Journal of Personality and Social Psychology 79*, 204-210.

Evans, G. W., Lepore, S.J., Shejwal, B.R., & Palsane, M.N., 1998, Chronic residential crowding and children's well-being: an ecological perspective, *Child Development* **69**, 1514-1523.

Evans, G, W., Lercher, P., & Kofler, W. W., 2002, Crowding and children's mental health: The role of house type, *Journal of environmental psychology* **22**, 221-231.

Evans, G. W., Palsane, M. N., Lepore, S. J., & Martin, J., 1989, Residential density and psychological health: The mediating effects of social support, *Journal of Personality and Social Psychology* **57**, 994-999.

Evans, G. W., Rhee, E., Forbes, C., Allen, K. M. & Lepore, S. J., 2000, The meaning and effeicacy of social withdrawal as a strategy for coping with chronic residencial crowding. *Journal of Environmental Psychology* **20**, 335-342.

Green, H. B., & Knapp, R. H., 1959, Time judgment, aethetic preference, and need for achivement. *Journal of Abnormal and SocialPsychology* **58**, 140-142.

Hägerstrand, T., 1970, What about people in regional science? *Paper and Proceedings of Regional Science Association* **24**, 7-21.

Hyden, D., 1995, *The power of place: Urban landscape as public history*, Cambridge, MA: MIT Press.
（邦訳：後藤春彦・篠田祐見・佐藤敏郎（訳）, 2002, 場所の力：パブリックヒストリーとしての都市景観，京都：学芸出版社）

Jacobs. J., 1961, *The death and live of great American cities.* Rondom House.
加藤英俊, 1976, 暮らしの思想, 中公文庫 (M30), 東京：中央公論社

Latane, B., & Darley, J. M., 1970, *The unresponsive bystander : Why doesn't he help ?*, NY: Appleton Century Crofts.
（竹村研一（訳）・杉崎和子（訳）『冷淡な傍観者——思いやりの社会心理学』1977).

Le Bon, G., 1895, *La psychologie des foules.* Paris: Presse Universitaires de France,
（邦訳：桜井成夫（訳）, 1993, 群集心理, 講談社学術文庫 #1092, 東京：　講談社 .)

Lennings, C. J., 1994 An investigation of the effects of agency and time perspective variables on career maturity, *Journal of Psychology* **128**, 243-243.

Lepore, S. J., Evans, G. W. & Palsane, M. N., 1991, Social hassles and psychological health in the context of chronic crowding, *Journal of Health and Social Behavior* **32**, 357–367.

Lepore, S.J., Evans, G.W., & Schneider,M., 1991, Dynamic role of social support in the link between chronic stress and psychological distress, *Journal of Personality and Social Psychology* **61**, 889-909.

Lepore, S. J,, Palsane, M. N. & Evans, G. W., 1991, Daily hassles and chronic strains: a hierarchy of stressors?, *Social science & medicine* **33**, 1029-1036.

Lewin, K., 1941, Time Perspective and Morale. In G. Watson (Ed.), *Civilian Morale.* Boston: Houghton Miffilin.
（邦訳：末永敏郎（訳）, 社会的葛藤の解決：グループダイナミクス論文集, 東京：創元社）

Lewin, K., 1951, *Field Theory in Social Science: Selected Theoretical Papers*, NY: Harper & Brothers.
（邦訳　猪股佐登留（訳）, 1979, 社会科学における場の理論, 東京：誠心書房）

Martin, E. D., 1920, *The Behavior of Crowds*, NY: Harper and brothers.
森枝卓士, 1997, 図説東南アジアの食, 東京：河出書房新社 .

Pyszczynski, T, Holt, K., & Greenberg, J., 1987, Depression, self-focused attention, and expectancies for future positive and negative events for self and others. *Journal of Personality and Social Psychology* **52**, 994-1001.

Rapoport, A., 1975, Toward a redefinition of density. *Environment and behavior* **7** (2), 133-158.

Rapoport, A., 2000, *Culture, architecture, and design*, IL: Rockie Science.

(邦訳: 大野隆造 (訳), 横山ゆりか (訳), 2008, 文化・建築・環境デザイン, 東京: 彰国社.)

社団法人日本フランチャイズチェーン協会, 2006, コンビニエンスストア・セーフティステーション (SS) 活動: まちの安全・安心な生活拠点づくり－全国展開アンケート調査報告, 非公刊.

Stokols, D., 1976, The experience of crowding in primary and secondary environments, *Environment and Behavior 8*, 49-86.

辻鈴子, 1996, ホーコーの暮らし, *SD(Space and Design) 9603*, 50-52.

Turner, R. H., & Killian, L. M., 1987, *Collective behavior*, (3rd ed). Englewood Cliffs, NJ: Prentice Hall.

Wyrick, R. A., & Wyrick L. C., 1977, Time experience during depression, *Archives of General Psychiatry 34*, 1441-1443.

やぶうちゆうき, たかもちげん (原案), 2003, 警察署長: 第 12 巻, 講談社イブニング KC34, 東京: 講談社.

やぶうちゆうき, たかもちげん (原案), 2006, 警視正椎名啓介: 第 4 巻, 講談社イブニング KC160, 東京: 講談社.

読売新聞, 2008, 恥ずかしくて値切りなんて…いまドキッ酉の市, 熊手に"値札", インターネット版, 11 月 22 日配信.

吉田道郎, 後藤春彦, 篠田裕見, 1999,「靴を脱いであがる」トイレ, 日本建築学会技術報告集 7, 121-125.

参考文献

SD 編集部 (編), 1996, SD 9603: ベトナム建築大博覧, 東京: 鹿島出版会

中村結菜, 後藤春彦, 吉田道朗, 1998 熊本県合志町すずかけ台における公園づくりワークショップ (その 2): 参加の基本条件, 日本建築学会大会学術講演梗概集 F-1 5-6, (発表番号 7003).

吉田道朗, 1999, 熊本県合志町すずかけ台における公園づくりワークショップ (その 3):「靴を脱いであがる」トイレと公園観察日記, 日本建築学会大会学術講演梗概集 F-1 11-12. (発表番号 7006).

吉田道朗, 後藤春彦, 2000, 熊本県合志町すずかけ台における公園づくりワークショップ (その 4): ワークショップ後の住民による自主的まちづくり活動, 日本建築学会大会学術講演梗概集 F-1 7-8. (発表番号 7004)

吉田道朗, 後藤春彦, 中村結菜, 1998, 熊本県合志町すずかけ台における公園づくりワークショップ (その 1): デザインへの住民参加, 日本建築学会大会学術講演梗概集 F-1 3-4. (発表番号 7002).

アジア都市に学ぶ
集住と共生のかたち

2019年3月29日　第1刷発行

著　者 —— 馬場　健彦

発行者 —— 仲西佳文

発行所 —— 有限会社 花 書 院
　　　　　〒810-0012 福岡市中央区白金2-9-2
　　　　　電　話 （092）526-0287
　　　　　ＦＡＸ （092）524-4411

振　替 —— 01750-6-35885

装　丁 —— 吉本 André 武志

印刷・製本 — 城島印刷株式会社

ISBN978-4-86561-162-5

©2019 Printed in Japan

定価はカバーに表示してあります。
万一、落丁・乱丁本がございましたら、
弊社あてにご郵送下さい。
送料弊社負担にてお取り替え致します。